KB067636

앰비언트

포스트 스마트폰 시대에 대비하라

앰비언트

Ambient

김학용 지음

책들의정원

머리말

앰비언트 세상이 온다

2007년 6월, 애플이 스마트폰을 출시한 이후, 지난 15년 동안 스마트폰은 세상에서 가장 널리 사용되는 컴퓨팅 플랫폼으로 진화했습니다. 우리는 아침에 일어나서 밤에 잠들기 전까지 스마트폰이 제공하는 다양한 서비스를 이용합니다. 친구들과 만날 약속을 잡기 위해서도, 만날 장소와 놀거리를 찾을 때도, 집에 돌아오기 위해 택시를 부를 때도, 모임의 회비를 정산할 때도 스마트폰을 이용하죠. 잠을 잘 때도 스마트폰을 머리맡에 두어야 숙면을 취할 수 있을 것 같다는 생각마저 듭니다. 정말 스마트폰이 없다면 아무것도 할 수 없는 것이 현실입니다.

그런데, 다른 한편으로는 스마트폰의 시대가 저물어가고 있다는 징표들도 하나 둘 나타나고 있습니다. 전세계 스마트폰 판매량이 4년 연속 줄어들었고 이용량도 거의 정점에 이른 것으로 드러났습니다. 게다가 스마트 워치는 물론 인공지능 스피커와 스마트 가전제품이 조금씩 스마트폰의 기능을 대신하기 시작했습니다. 심지어 애플이나 구글 같은 스마트폰 운영체제(OS) 개발사들은 스마트폰의 이용을 줄이기 위한 기능들까지 제공하고 있을 정도입니다. 스마트폰이 처음 등장한 지 어느덧 15년이 지났으니 이제 슬슬 스마트폰 이후의 세상, 즉 포스트 스마트폰(post smartphone) 시대의 싹이 움트고 있는 것인지도 모르겠습니다.

그렇다면 스마트폰 이후의 15년을 지배할 기술은 무엇일까요? 바로 앰비언트 컴퓨팅(ambient computing)입니다. 앰비언트 컴퓨팅은 컴퓨터나 스마트폰과 같은 별도의 디바이스가 아닙니다. 우리가 사는 세상의 다양한 사물들이 스마트폰처럼 똑똑한 장치가 되고 이들이 서로 연결되어 더 똑똑한 기능을 제공하도록 하는 기술의 총집합을 말합니다. 세상에 존재하는 많은 것에 센서, 디스플레이, 프로세서, 통신 기능이 내장되고 이들이 생성한 데이터가 다양한 방식으로 교환되고 처리되어 지능화된 서비스를 제공하는 세상이 되는 것입니다.

제가 포스트 스마트폰 시대의 핵심 키워드로 메타버스나 자율주행 기술, 6G 이동통신이 아닌 앰비언트 컴퓨팅에 주목하는 이유는 단순하지만 매우 명확합니다. 앰비언트 세상에서는 사용자들이 주변에 있는 컴퓨팅 장치들의 이용법을 배우지 않아도 되기 때문입니다. 이것이 가능한 것은 사람이 기계를 배우기 위해 노력하는 것이 아니라 사람 주변에 있는 다양한 사물들이 사용자를 이해하기 위해 노력하기 때문입니다. 앰비언트 세상에서 사물들은 사람의 말과 행동을 이해하기 위해 항상 사람 말에 귀를 기울이고 사람의 행동을 관찰합니다. 그리고 그 사람이 필요로 하는 일을 사람이 요청하기 전에 선제적으로, 그것도 사용자 맞춤형으로 제공하게 됩니다. 따라서 사람들은 기계와 씨름하는 대신 자신이 중요하게 생각하는 일에 집중하기만 하면 됩니다.

물론 이런 앰비언트 세상을 만드는 것은 스마트폰을 배워서 이용하는 것 이상으로 쉽지 않습니다. 앰비언트 세상을 만드는 다양한 기술들에 대한 연구와 고민은 이제 어느 정도 현실화가 가능한 수준에 이르렀지만, 사용자의 행동 방식이나 사용자와 기계 사이의 소통 방식에 대한 연구는 아직 미흡한 것이 현실입니다. 다행히도 2000년대 초부터 사용자가 다양한 형태의 컴퓨터를 이용하는 방법에 대한 의미 있는 연구들이 다수 진행되었으며, 2010년대 중반부터는 본격적으로 사용되고 있습니다. 음성 인식이 대표적이며 동작이나 표정 및 생체 인식도 다양한 분야에서 활용되고 있습니다. 뿐만 아니라 인공지능 기술은 사람들의 말이나 행동 속에 숨겨진 의도를 상당히 정확하게 파악하기도 합니다.

이런 다양한 내용들을 다루기 위해 이 책은 크게 세 부분으로 구성했습니다. 1부에서는 유비쿼터스 컴퓨팅 관점에서 스마트폰 시대가 메타버스와 앰비언트 시대로 전환해 가는 모습에 대해 살펴보고, 앰비언트 시대의 주요 특징에 대해 알아보겠습니다. 2부에서는 앰비언트 시대를 가능하게 하는 구현 기술들에 대해 살펴볼 것입니다. 사물인터넷(Internet of Things, IoT)이 진화한 지능형 사물인터넷(AIoT) 기술을 시작으로 사람이 다양한 장치나 이들을 포함하고 있는 환경과 자연스럽게 상호작용하는 인터페이스 기술에 대해 살펴볼 예정입니다. 또한 수많은 컴퓨팅 장치들을 서로 연결하여 앰비언트 환경을 구성하는 매터(Matter)라는 연동 표준에 대해서도 살펴보겠습니다. 마지막으로 3부에서는 다가오는 앰비언트 시대를 어떻게 대응해야 할 지에 대해 생각해 보겠습니다. 이미 앰비언트 컴퓨팅을 회사의 비전으로 삼고 있는 아마존, 구글, 삼성전자와 같은 기업들은 앰비언트 시대를 맞이하기 위해 어떤 준비를 하고 있으며 비즈니스 패러다임은 어떻게 바뀌게 될 것인지 살펴볼 것입니다. 또한, 이런 변화에 대응하기 위해 정부나 규제당국은 어떻게 대응해야 하며, 우리의 미래를 이끌 청소년들이 어떻게 준비해야 할지에 대해서도 고민해 볼 예정입니다.

2022년 여름, 나만의 노리터(老利터)에서

목차

PART 3 모든 산업에 예고된 지각변동

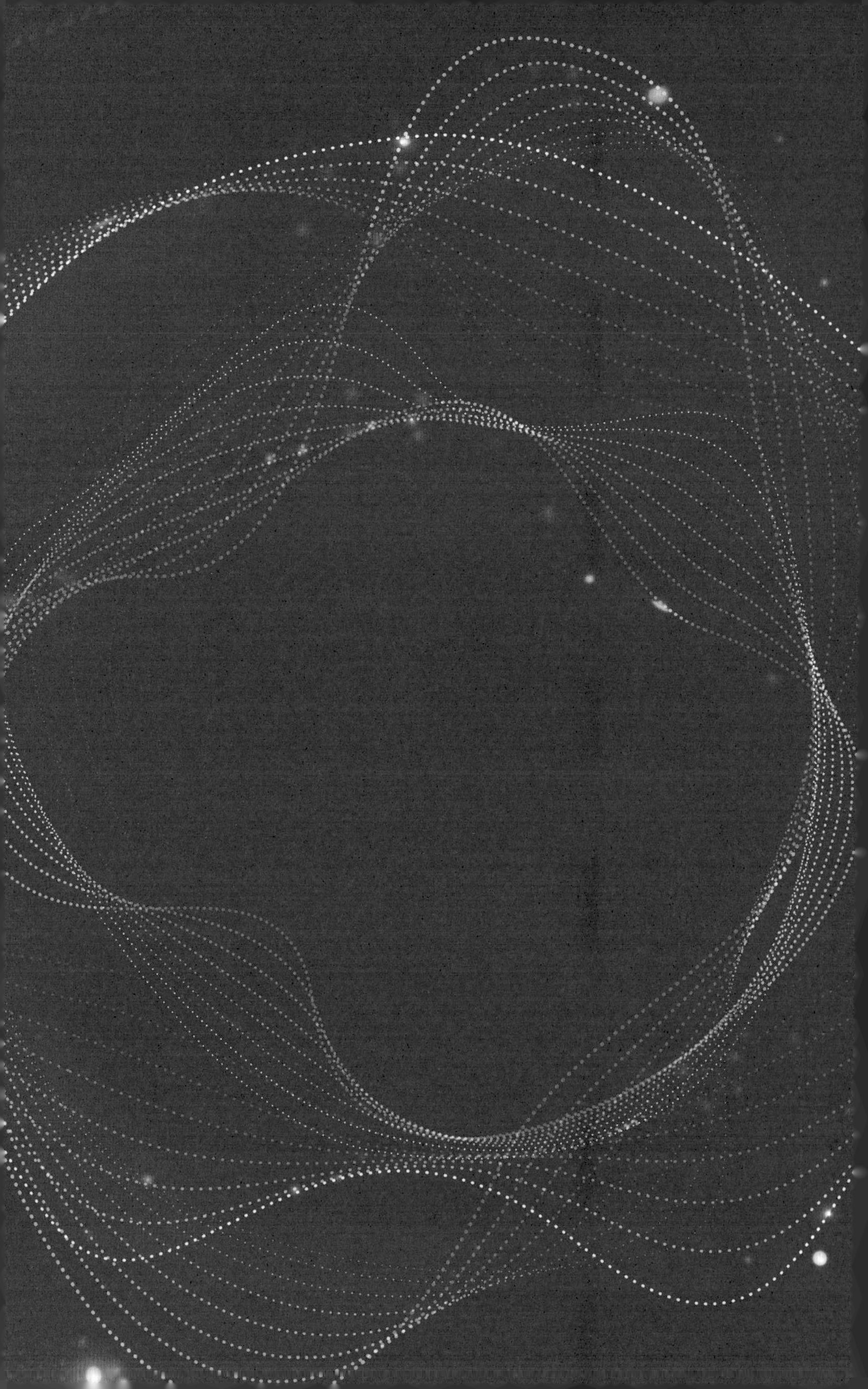

Part 1.

기술이 아닌 사람이 주인공인 세상으로

웹에서 앱으로,
앱에서 앰비언트로

프리챌이나 세이클럽을 아시나요? 그럼 싸이월드는요? 대충 연령대가 짐작되는군요. 한때 집집마다 PC가 보급되며 '웹(web)'이 전 세계를 휩쓸었던 때가 있었습니다. 사람들은 웹에 구현된 가상의 공간에서 모였고, 놀았으며, 연결되었죠. 그때 자주 찾았던 대표적인 플랫폼이 바로 프리챌, 세이클럽, 싸이월드였습니다.

그러나 스마트폰이 등장하면서 상황이 달라졌습니다. 우리는 굳이 책상 앞에 앉아 PC를 켜기보다는 소파에 앉거나 침대에 누운 채로 폰을 들기 시작했습니다. 화면이 작다든가 폰을 들고 있는 팔이 저리다든가 하는 것쯤은 문제가 되지 않았습니다. 압도적으로 편리했으니까요. 이런 변화에 발맞춰 기업들은 '앱(app)'을 개발하고 출시했습니다. 그러면서 자연스럽게 웹의 시대가 저물기 시작한 것이지요.

앱의 시대에 발빠르게 적응하지 못한 기업들은 도태되었습니다. 프리챌과 싸이월드의 자리는 페이스북과 인스타그램, 그리고 카카오톡이 대신하고 있습니다. 전세계적인 인플레와 경기침체로 인해 이 기업들의 가치가 조금 떨어지기는 했지만 여전히 시가총액 순위 상단에 이름을 올리고 있습니다. '대기업은 제조업'이라는 전통적인 공식을 깨고 말이죠.

그런데, 이런 앱의 시대마저 끝나가고 있다는 데이터가 속속 등장하고 있습니다. 시장조사기관인 스태티스타(statista)나 캐널리스(calanys)의 자료에 따르면, 글로벌 스마트폰 판매량은 2018년을 정점으로 4년째 연평균 3.3%의 속도로 감소하고 있습니다. 그리고 그 속도는 2023년 이후에 더 빠르게 나타날 것으로 전망되고 있습니다. 또한, 우리나라 통계청이 매달 발표하는 '온라인 쇼핑 동향' 자료를 보면 전체 소매판매액 대비 온라인 소매판매액은 물론 온라인 소매판매액 대비 모바일 소매판매액 비율은 1~2년째 정체 상태에 머물러 있습니다. 이는 코로나로 인해 온라인이나 모바일 소매판매액 비율이 크게 증가했던 2020년과는 사뭇 다른 현상입니다.

자, 이쯤 되면 눈치 빠른 사람은 이렇게 물어볼 것입니다. "그럼 웹과 앱의 자리를 차지할 다음 플랫폼은 무엇인가요?" 이 질문에 많은 사람들이 메타버스(metaverse)라고 답하고 있습니다. 인간이 현실 세계를 버리고 가상 세계로 들어간다는 메타버스는 멋있는 데다가 화려하기도 하고 뭔가 신세계 같으면서 미래적입니다. 그런데 한편으로는 허상으로 느껴지기도 합니다. 메타버스를 이용하려고 하니 뭔가 하나 빠져 있다는 느낌이 들기 때문입니다. 바로 '사람'이죠.

물론 메타버스에는 사람을 대신하는 아바타(avatar)가 존재하고 그 아바타가 나를 대신해서 현실세계에서 일어나는 다양한 일들을 대신해줍니다. 하지만, 아바타는 아바타고 사람은 사람입니다. 아무리 인터넷 기술을 통해 두 개체가 유기적으로 결합된다 하더라도, 비트(bit)로 구성된 아바타가 원자로 구성된 사람의 모든 것을 대신할 수는 없을 노릇입니다. 메타버스에서 아무리 크고 멋있는 집에서 산다 한들 따뜻한 집과 포근한 침대에서 맛있는 음식을 먹는 느낌을 전달해 주지는 못할 것입니다.

자 그렇다면 생각을 반대로 뒤집어 봅시다. 인간이 기술의 세계로 들어가는 것이 아니라, 기술이 인간의 세상으로 나오도록 말이죠. 이 세상에서는 사람들이 평소 하던 대로 자신의 일을 하고 있으면 우리 주변 환경이 사람에게 필요한 일들을 알아서 해주게 됩니다. 현관의 센서등이 자동으로 켜지는 것처럼 말이죠. 그것이 바로 앰비언트(ambient)입니다. 마치 적당량의 소금이 음식의 맛을 극대화하는 것처럼 현실세계에서의 일상을 보다 편리하고(distraction-free) 마찰이 없는(frictionless) 것으로 만들어주는 것이 바로 앰비언트인 것이죠. 웹에서 앱으로 넘어온 주도권은 이제 앰비언트로 이동할 것입니다.

앰비언트가 무엇인지는 이 책이 끝날 때까지 계속 다루게 될 테니, 여기서는 이 정도만 이해하고 넘어갑시다. 이렇게 생각하면 됩니다. '애니메이션 〈미녀와 야수〉에 나오는 왕궁에서는 주전자도, 빗자루도, 괘종시계도 모두 살아 있습니다. 그들(그것들이 아니라)은 나와 이야기하고 스스로 움직이죠. 어떤 때는 내가 아무런 말도 하지 않더라도 내가 필요한 일을 알아서 해주기도 합니다. 만약 내가 사는 집이 그 왕궁이라면, 여러분은 앰비언트 환경에서 살고 있다고 할 수 있습니다. 앰비언트란 주전자나 빗자루가 아니라 이 살아 움직이는 시스템 그 자체를 일컫는 말인 셈이죠.

여기서 가장 주목해야 하는 것은 우리가 주전자나 빗자루와 음성으로 대화한다는 점입니다. 마치 최근에 인공지능 스피커나 스마트폰에 대고 말로 명령을 내리는 것처럼 말입니다. 말은 모든 인간이 태어나면서부터 자연스럽게 배우는 가장 직관적인 소통 수단이자 가장 평등한 소통 수단입니다. 말만 할 수 있다면, 누구나 자신의 주변에 존재하는 수많은 사물들을 이용하는 것이 가능하게 되는 것입니다. 그러면 어느 순간 나를 둘러싼 환경이 내가 습관적으로 하는 일이나 행동, 나의 기호나 성향을 알게 되고 내가 무슨 일을 하려고 하기 전에 먼저 알아서 해주게 될 것입니다.

우리가 앰비언트에 주목해야 하는 것이 바로 이 때문입니다. 과거에 컴퓨터와 스마트폰을 쓰기 위해서는 도스(DOS, disk operating system) 명령어를 알아야 하거나 타이핑을 치고 마우스 클릭을 하며 검색 정도는 할 줄 알아야 했습니다. 혹은 자신이 필요로 하는 앱을 스스로 찾아 설치하고 이용법을 배울 필요도 있었습니다. 그리고 언제 올지 모르겠지만, 메타버스 세상도 스마트폰 세상과 크게 다르지 않을 것으로 보입니다. 그러나 앰비언트 세상에서는 말만 할 줄 알면 누구나 필요한 서비스를 이용할 수 있으며, 심지어 말 한 마디 하지 않더라도 자신이 필요한 서비스를 선제적으로 제공받는 것이 가능해질 것입니다.

이 외에도 기업들이 앰비언트에 주목해야 하는 이유는 더 있습니다. 기존에는 돈의 흐름을 상품을 구매하는 소비자가 결정했지만, 앰비언트 시대에는 제품을 판매하거나 서비스를 제공하는 사업자가 결정할 수 있기 때문입니다. 사용자가 필요로 할 것 같은 서비스를 선제적으로 제공하는 것은 물론 사용자에 대한 이해를 바탕으로 사용자 맞춤형 서비스를 제공하는 것도 가능해지기 때문입니다. 그런 측면에서 마케팅 방식도 이에 맞게 변화해 나갈 것입니다.

이런 시대에 뒤쳐지지 않으려면 기업들은 플랫폼 전환에 앞장서야 합니다. 지금 시점에 플랫폼의 최강자인 모바일 앱이 '시각'에 기반을 두고 있다면, 앰비언트는 음성과 대화를 기본으로 할 것입니다. 그러니 서둘러 음성 기반의 서비스 플랫폼을 준비해야 할 것입니다. 아마존, 구글, 삼성전자가 그러는 것처럼 말입니다. 만약 그러지 않는다면 프리챌이나 싸이월드가 그랬던 것처럼 조용히 사라질 수 있습니다.

이 정도면 앰비언트에 대해 대충은 감을 잡으셨으리라 생각합니다. 하지만, 여러분들의 이해를 돕기 위해 보다 현실적인 앰비언트 시나리오를 준비했습니다. 이 시나리오를 읽으며 앰비언트 시대가 되면 우리의 삶이 어떻게 변하게 되는지, 그리고 그 안에 어떤 비즈니스 기회가 존재하는지 찾아보면 좋을 것 같습니다.

나를 중심으로 돌아가는 세상

저녁 7시 20분. 드디어 집에 갈 시간이다. 주 52시간 근무제로 인해 6시 이후에는 잔업을 하지 않는 것이 일반적이지만 퇴근길 인파와 교통혼잡을 피하기 위해서 몇 달 전부터 이 시간 즈음에 퇴근하기 시작했다. 대신 그 시간 동안 조용한 사무실에서 밀린 업무를 마무리하거나 평소 관심이 있었던 디지털 기술 트렌드 및 투자 관련 서적을 읽었다. 이렇게 해서 읽은 책이 지난해에만 15권이 넘는다. 퇴근하는 데 걸리는 시간을 30분이나 줄일 수 있는 것도 좋은데 덤으로 책도 읽으며 관심 분야의 지식도 쌓으니 일석이조다.

그렇다고 해서 퇴근길이 순탄한 것만은 아니다. 빈번하게 끼어드는 차량에 주의를 기울여야 하고 배고픔과도 싸워야 한다. 이미 신형 차량에는 최첨단 운전자 지원 시스템(ADAS, advanced driver assistance systems)이 탑재되어 운전을 보조해 주기도 하지만 출퇴근길처럼 차량으로 가득해 거북이걸음을 해야 하는 경우에는 그것도 별다른 도움이 되지 않는다. 옆차선과 뒤쪽에서 차들이 달라붙을 때마다 삑삑거리는 경고음은 오히려 정신을 더 산만하게 만든다. 그나마 음성 명령으로 음악을 틀거나 창문을 열 수 있게 된 것은 크나큰 위안이다. 몇 년 전부터는 자율주행차 소식도 들리곤 하는데, 과연 이렇게 차들이 복잡한 출퇴근길에서 사람만큼 눈치껏 운전을 할 수 있을지는 모르겠다.

50분 정도 지나면 사랑하는 가족이 있는 집에 도착하고 새로운 세상이 펼쳐진다. 회사 사무실이나 자동차 안에서와는 달리 모든 것이 나를 중심으로 돌아간다. 눈치를 봐야 할 상사나 후배 사원들이 없고 항상 경계해야 하는 다른 차들도 존재하지 않는다. 업무와 관련된 복잡한 일들에 일일이 관여하지 않아도 되고 전방의 교통상황을 주시한 채 한 손으로 더듬거리며 자동차의 다양한 기능 버튼을 조작할 필요도 없다. 내 주위의 모든 것이 나를 인식하고 내가 하고자 하거나 늘 하던 일들을 알아서 해주기 때문이다. 말 그대로 나를 중심으로 돌아가는 앰비언트 세상이 시작되는 것이다.

지루하기만 한 퇴근길도 끝이 있는 법, 드디어 아파트 입구에 도착했다. 차를 몰고 아파트 입구에 다다르자 자동으로 주차 차단기가 올라간다. 주차장에 차를 주차하고 공동 현관문으로 다가가자 현관문 역시 자동으로 열린다. 현관문을 지나 엘리베이터 앞에 이르자 언제 도착했는지 엘리베이터가 나를 기다리고 있고 내가 사는 12층 버튼도 이미 눌러져 있다. 엘리베이터에서 내려 집 앞에 다다르자 이번에는 현관문의 도어록이 자동으로 열린다. 문을 열고 들어가자마자 현관의 센서 등과 현관 앞에 있는 내 방의 조명이 켜진다. 생활복으로 갈아입은 후 욕실 조명이 켜지고 환풍기가 돌아간다. 샤워기의 물 온도는 내가 좋아하는 33도다.

내가 욕실로 들어갈 즈음 아내는 저녁 준비를 시작했다. 스마트 오븐에 연어 스테이크 재료를 넣고 스마트폰으로 밀키트 포장지의 QR 코드를 찍기만 하면 저녁 준비가 끝난다. 스마트 오븐은 밀키트의 종류에 따라 그에 맞는 레시피로 가열도 하고 굽기도 하고 쪄 주기도 한다. 놀라운 점은 스마트 오븐이 식재료를 하나하나 인식하고 그에 맞는 방식으로 조리를 해 준다는 것이다. 동시에 여러 음식을 조리하는 것이 가능해서 시간까지 절약할 수 있다. 맞벌이를 하기 때문에 주중 저녁은 간단히 밀키트로 해결하고 있는데, 맛이 괜찮으면서 요리 준비도 간단하고 설거지를 해야 하는 그릇도 적어 매우 만족스럽다.

저녁을 먹고 식구들과 이야기를 나누다가 최근 개봉한 디즈니 애니메이션을 보기로 했다. 영화 검색을 위해 스마트폰을 집어 들자 얼굴인식을 통해 자동으로 화면 잠금이 해제되었다. "최신 디즈니 영화 알려줘!"라고 말하자 화면에 개봉일 순으로 디즈니 영화들이 나열됐다. 거실 소파에 자리를 잡고 인공지능 스피커를 향해 〈엔칸토: 마법의 세계〉를 틀어 달라고 말했더니 천장에 설치된 프로젝터에 전원이 들어오며 거실 벽에 대형 화면이 나타났다. 동시에 거실의 조명이 어두워지고 창문에 설치된 블라인드가 내려오며 거실은 작은 극장이 되었다. 영화를 보며 한참 웃고 있을 즈음 집사 로봇인 탱구가 맥주와 주스를 가져온 후 조용히 사라졌다.

영화를 보고 나니 어느덧 11시가 훌쩍 넘었다. 식구들에게 잘 자라는 인사를 건네고 침실로 들어온 나는 침대 옆에 있는 스마트 디스플레이*를 향해 "잘 자!"라고 말한 후 침대에 누웠다. 그러자 풀벌레 소리가 나지막이 들리기 시작하며 침실 조명이 천천히 어두워졌다. 내가 잠이 들자 풀벌레 소리가 멈추고 조명도 완전히 꺼졌다. 대신 나의 코고는 소리가 침실을 가득 채웠다. 하지만 이것도 잠시, 침대 윗부분의 높이가 조절되면서 코고는 소리는 사라지고 나는 편안하게 숙면을 취할 수 있었다.

다음날 아침 5시 53분. 침대 옆에 있는 스마트 디스플레이에서 시냇물 흐르는 소리와 함께 새들이 지저귀는 소리가 들리기 시작했다. 침실 조명은 마치 해라도 뜨는 것처럼 오렌지색에서 하얀색으로 서서히 밝아지기 시작했고 커튼도 스르르 열렸다. 기상 알람을 맞춰 놓은 6시보다 다소 이른 시간이었지만 침대가 측정한 수면 상태를 바탕으로 내가 가장 개운하게 일어날 수 있을 때 깨워준 것이다. 잠자리에서 일어난 나는 기지개를 켜며 크게 외쳤다. "그래, 오늘도 활기차게 시작해 보자!"

* 디스플레이가 내장된 인공지능 스피커

경기도에 거주하며 서울로 출퇴근하는 3~40대 직장인의 일상의 모습을 독백 형식으로 소개해 봤는데, 어떠셨나요? 마치 공상과학 영화에서나 나올 듯한 이야기처럼 들리지 않았나 모르겠습니다. 그러나 앞에서 소개한 시나리오 중 상당수는 이미 제가 집이나 사무실 혹은 자동차에서 사용하고 있는 것들이거나 최근 짓는 스마트 아파트에서 널리 사용되기 시작한 서비스들입니다. 눈치를 챘는지 모르겠지만 우리가 알고 있는 스마트홈과는 커다란 차이가 있습니다. 그건 사용자가 스마트폰 앱을 이용해서 하나하나 장치를 제어하는 것이 아니라, 집안에 있는 다양한 장치들이 알아서 사용자를 위한 서비스를 제공한다는 것입니다. 아직 서비스의 범위나 대상이 국한되어 있기는 하지만 세상이 조금씩 나를 중심으로 돌아가기 시작하는 거죠.

앰비언트 컴퓨팅 시대의 도래

이처럼 인간의 직접적인 명령이나 개입 없이도 사용자 주변에 있는 장치들이 사용자가 필요로 하는 서비스를 제공하는 것을 앰비언트 컴퓨팅이라고 말합니다. 앰비언트 컴퓨팅에서 '앰비언트'라는 말의 사전적 의미는 '둘러 쌓인 곳에 존재하는(existing in the surrounding area)' 혹은 '모든 방향에 존재하는(existing or present on all sides)'의 뜻을 가지고 있습니다. 따라서 앰비언트 컴퓨팅은 수많은 작은 컴퓨터들이 우리를 둘러싼 환경에 자연스럽게 스며들어 존재하며, 사용자를 이해하고 이를 바탕으로 사용자가 필요로 하는 서비스를 제공하는 것이라 할 수 있습니다. 사용자가 필요로 하는 서비스들은 사용자가 필요를 인식하기 전에 선제적, 맞춤형으로 제공됩니다. 그렇지만 사람들이 다양한 컴퓨터나 기계 장치의 사용법을 배울 필요는 없습니다. 일상생활을 하면 컴퓨터들이 알아서 모든 것을 처리해 줍니다.

즉, 앰비언트 컴퓨팅은 우리 주변에 존재하는 다양한 사물에 사용자가 인식할 수 없는 형태로 컴퓨터가 포함되거나 컴퓨터화 되어(computerized) 존재하는 것을 말합니다. 조금 더 쉽게 말하자면 거실에 있는 모든 가전 제품, 가구, 화분, 거실 그 자체가 각각의 컴퓨터가 되고 인터넷에 연결된다는 것입니다. 만약 여러분이 집에서 사용하는 제품의 상당수가 사물인터넷 제품이라면 어느 정도는 앰비언트 컴퓨팅 환경이 구축되었다고 말할 수 있습니다. 이런 의미에서 앰비언트 컴퓨팅은 기존에 사용했던 '유비쿼터스 컴퓨팅(ubiquitous computing)'과 비슷한 개념이라고 할 수 있습니다. 하지만 이 개념과 분명히 다른 부분이 있는데, 그에 대해서는 뒤에서 자세히 살펴보겠습니다.

우리를 둘러싼 컴퓨팅 장치에는 사용자와 소통하거나 사용자와 관련된 정보를 수집하기 위해 일반적으로 수많은 센서가 탑재되어 있습니다. 이들은 사용자의 동의 하에 사용자와 관련된 혹은 사용자 주변의 상태와 관련된 정보를 끊임없이 생성 혹은 수집하게 됩니다. 이렇게 얻은 정보들은 정보를 생성한 사물들이 자체적으로 이용하기도 하고, 필요에 따라서는 인터넷 어딘가에 존재하는 더 강력한 컴퓨터에 모여 사용자를 이해하는 용도로 활용합니다. 즉, 사용자가 누구이며 사용자가 지금 어디에 있고 무엇을 원하는지를 학습하게 되는 것입니다. 이때 사용자와 관련해서 생성된 수많은 정보를 빅데이터(big data)라고 하며 이런 빅데이터를 이용하여 사용자를 인식하고 이해하기 위해서 사용되는 인공지능 기술을 앰비언트 인텔리전스(AMI, ambient intelligence) 혹은 우리말로 '주변 지능'이라고 합니다.

원래 앰비언트 인텔리전스는 미국의 기업가이자 벤처 투자자이며 교수였던 일라이 젤카(Eli Zelkha)가 그의 팔로 알토 벤처스(Palo Alto Ventures) 동료들과 함께 1998년 처음 소개한 개념이자 용어입니다. 이들은 앰비언트 인텔리전스가 사용자 주변에 컴퓨터화된 사물들이 편재되어 있는 것을 말하는 유비쿼터스 컴퓨팅보다 진화한 개념이라고 말합니다. 컴퓨터화된 사물들이 연결된 환경에 숨겨진 정보와 인텔리전스를 사용하여 직관적인 방식으로 일상생활, 작업, 의식 등을 수행하도록 지원하는 것이 앰비언트 인텔리전스라는 것입니다. 즉, 사용자 주변의 컴퓨터화된 사물들이 생성한 데이터를 바탕으로 사용자를 인식하고 이해하는 것(앰비언트 인텔리전스)을 넘어 사용자가 원하는 서비스를 제공하는 것(앰비언트 서비스: AMS, ambient service)까지 포함하는 개념이었습니다. 하지만 이후 관련 연구가 진행됨에 따라 앰비언트 서비스를 앰비언트 인텔리전스와 분리하여 말하고 있습니다. 하지만 이 책에서는 특별한 언급이 없는 한 앰비언트 서비스와 앰비언트 인텔리전스를 구분하지 않고 이야기할 예정입니다.

마지막으로 앰비언트 서비스는 앰비언트 인텔리전스가 도출한 인사이트를 바탕으로 사용자가 원하는 혹은 사용자가 필요할 것으로 예상되는 서비스를 선제적으로 그리고 사용자 맞춤형으로 제공하는 것을 의미합니다. 즉, 그동안 사용자의 명시적인 요구 혹은 직접적인 개입에 의해 제공되던 서비스들을 사용자의 관여 없이 앰비언트 인텔리전스의 결정에 의해 제공하게 됩니다. 앰비언트 서비스는 조명을 켜거나 가스밸브를 잠그는 것처럼 디바이스가 제공하는 단편적인 기능일 수 있으며, 음악을 틀어 주거나 밀키트를 주문하는 것처럼 기존에 이용하던 서비스와 연결되어 콘텐츠를 대신 실행하거나 생필품을 주문하는 형태가 될 수도 있습니다. 물론 이런 여러 가지 서비스를 동시에 제공할 수도 있습니다.

앰비언트 서비스는 특정한 공간에 있는 여러 사람을 대상으로 제공되기도 하지만 기본적으로는 개별 사용자를 대상으로 합니다. 따라서 사용자 맞춤형으로 제공되며, 서비스가 제공되는 시간이나 장소 등 주변 환경에 따라 조금씩 다를 수 있습니다. 또한 앰비언트 서비스는 사용자가 해당 서비스를 명시적으로 요청하거나 해당 서비스에 대한 필요를 느끼기 전에 제공되므로 선제적이라는 특징이 있으며, 제공된 서비스에 대한 사용자의 반응을 바탕으로 지속적으로 서비스의 내용이나 제공 형태를 바꾸기도 합니다.

앰비언트 컴퓨팅 혹은 앰비언트 인텔리전스는 신처럼 전지전능할 수 없기 때문에 처음에는 인공지능 스피커에 음성 명령을 내리거나 스마트홈의 자동화 루틴(autonomous routine)을 설정하는 것처럼 사용자의 명시적인 요구에 의해 서비스가 제공되는 것을 포함합니다. 이후 시간이 지나면서 사용자와 관련된 데이터가 쌓이고 사용자의 행동 패턴이나 취향에 대한 이해가 깊어짐에 따라 사용자의 직접적인 관여 없이도 앰비언트 서비스가 제공됩니다. 이와 동시에 다른 사람들의 서비스 이용 패턴으로부터 '일반적인 것'을 학습하여 개인화된 서비스에 반영하는 등 서비스의 수준이나 깊이가 더욱 고도화됩니다. 한편 스마트폰 앱을 이용해서 개별적인 장치를 제어하거나 서비스를 이용하는 것도 앰비언트 인텔리전스가 사용자를 학습하는 데 매우 유용한 정보를 제공하지만 화면을 터치해 가며 사용자가 의식적으로 무엇인가를 해야 하기 때문에 이는 앰비언트 컴퓨팅에 포함되지 않습니다.

기술과 정보가 평등해지는 세상

앰비언트 컴퓨팅은 단순히 컴퓨터를 이용하는 방식의 변화, 즉 기술의 변화만을 의미하지는 않습니다. 앰비언트 컴퓨팅은 기술에 대한 인식의 변화, 사회 구조의 변화, 그리고 이로 인한 비즈니스 패러다임의 변화까지도 포함하는 광범위한 개념입니다. 앰비언트 세상에서는 누구나 차별 없이 컴퓨팅 파워 및 이것이 제공하는 서비스를 이용할 수 있습니다. 이러한 변화로 인해, 기술은 반드시 필요하며 기술을 제대로 활용하기 위해서는 적절한 수준에서 자신과 관련된 정보를 공유하는 것이 필요하다는 의식의 전환이 일어날 것입니다. 그리고 우리가 일하고 생활하는 방식은 물론 기업이 비즈니스를 전개하는 방식마저 송두리째 바뀔 것으로 예상됩니다.

앰비언트 컴퓨팅의 가장 중요한 특징은 다양한 컴퓨팅 기기의 이용법을 배울 필요가 없다는 것인데, 이는 크게 두 가지 측면에서 설명할 수 있습니다. 하나는 컴퓨팅 기기들을 마치 사람을 대하듯 대하면 되기 때문에 굳이 무엇인가를 배울 필요가 없다는 것입니다. 만약 무엇인가 필요한 것이나 궁금한 것이 있다면 누군가에게 부탁이나 질문을 하듯 컴퓨팅 기기들을 향해 말을 하면 됩니다. 만약 말 대신 어떤 특별한 동작이나 표정으로 의사 표시를 해 왔다면 그렇게 해도 상관이 없습니다. 이미 컴퓨터가 사람의 말이나 동작, 행동, 표정을 일정 수준 이상 이해하기 시작했기 때문입니다. 두 번째는 굳이 이런 말이나 행동조차 하지 않아도 사용자가 필요로 하는 것을 컴퓨팅 기기들이 알아서 해 준다는 것입니다. 그저 평소처럼 생활하며 자신이 좋아하거나 해야 할 일들을 하기만 해도 기기가 그 가운데서 나의 습관과 취향과 버릇을 이해하고 알아서 서비스를 제공해 줍니다. 나라는 존재 자체가 앰비언트 컴퓨터들에게는 훌륭한 교본이 되는 것입니다.

이처럼 사람이 컴퓨팅 기기의 이용법을 배울 필요가 없게 되면 인터넷 시대에 자주 언급되던 '디지털 디바이드(digital divide)', 즉 정보 격차 현상은 사라질 것으로 보입니다. 일반적으로 디지털 디바이드는 디지털 사회에서 세대나 사회계층 간 정보 및 기술 활용 능력의 차이로 발생하는 정보 격차를 의미합니다. 최근에는 상당수의 서비스가 스마트폰을 통해서만 이용할 수 있게 바뀌고 있고 심지어는 오프라인 매장에서도 키오스크 등 디지털 기기가 사람을 대신하기 시작하면서 단순히 정보의 격차뿐만 아니라 일상생활에서 이용할 수 있는 서비스의 격차까지 발생하고 있는 것이 현실입니다. 그런데 앰비언트 시대에는 말로 모든 것을 해결할 수 있고 심지어 말을 하지 않아도 필요한 서비스를 이용할 수 있게 되므로 디지털 디바이드는 상당 부분 사라질 것으로 보입니다.

디지털 디바이드 현상이 사라진다는 것은 그동안 디지털 기기에 익숙하지 않아서 디지털 경제에서 소외됐던 사람들이 중요한 고객으로 등장하게 됨을 의미합니다. 일반적으로 장년층이나 노령층이 이에 해당하는데, 이들은 노안이나 근력 감소 등과 같은 육체적인 불편함은 물론 다양한 사회적인 책임이나 외로움 등 정신적인 스트레스도 많은 사람들입니다. 따라서 단순한 자동화 서비스는 물론 다양한 생활 편의 서비스나 앰비언트 어시스티드 리빙(ambient assisted living)처럼 이들을 대상으로 하는 서비스들이 빠르게 앰비언트화할 것으로 기대됩니다. 무엇보다 이들은 다른 세대에 비해 높은 경제력까지 보유하고 있고 인구수도 많은 편이어서 기업들이 주목해야 할 고객층이 될 것입니다.

앰비언트 경제로의 비즈니스 패러다임 전환

앰비언트 컴퓨팅의 등장은 기존 스마트폰 중심의 경제 패러다임을 빠르게 변화시킬 것으로 예상됩니다. 스마트폰 중심의 경제에서는 스마트폰이 모든 상거래 행위를 시작하는 핵심적인 역할을 했습니다. 자장면이나 치킨을 주문할 때도 스마트폰을 이용했고 택시를 부르거나 생필품을 주문할 때도 스마트폰을 이용해야만 했습니다. 결제도 스마트폰을 통해서 이루어졌고요. 하지만 앰비언트 시대에는 우리 주변에 존재하는 다양한 장치가 각자의 분야에서 스마트폰의 역할을 대신할 것입니다. 자장면이나 치킨은 부엌이나 거실에 있는 인공지능 스피커를 통해 주문하게 될 것이며 커피캡슐은 커피머신이, 세제는 세탁기가, 프린트 용지는 프린터가 주문해 줄 것입니다.

이처럼 우리 주변에 존재하는 다양한 컴퓨팅 장치를 중심으로 상거래가 이루어지는 것을 '앰비언트 커머스(ambient commerce)'라고 하며 앰비언트 커머스가 중심이 되는 경제를 '앰비언트 이코노미(ambient economy)'라고 합니다. 앰비언트 커머스는 기존의 온라인 혹은 모바일 커머스와는 다른 몇 가지 특징이 있습니다. 가장 대표적인 것은 선제적이며 사용자 맞춤형으로 상거래가 이루어진다는 것입니다. 즉, 사용자가 상품을 직접 주문하거나 서비스를 요청하지 않더라도 사용자가 필요로 하는 서비스가 알아서 제공된다는 것입니다. 또한 그렇게 제공되는 상품이나 서비스는 사용자의 기호나 성향을 반영합니다.

예를 들어 매주 토요일 저녁에 가족과 함께 예능 프로그램을 보며 치맥을 즐겼다면 앰비언트 인텔리전스는 이번 주말에도 가족들의 위치를 확인한 후 치킨과 맥주를 주문할 것입니다. 그것도 평소 즐겨 먹는 닭다리로만 구성된 프라이드 치킨과 탄산이 풍부한 라거 맥주를 예능 프로그램이 시작되기 전에 배달되도록 미리 주문할 것입니다. 처음에는 주문하기 전에 사용자에게 "오늘도 치킨과 맥주를 주문할까요?"라고 물어볼 수도 있겠지만 사용자에 대한 이해가 깊어지고 앰비언트 서비스에 대한 사용자의 신뢰가 높아지면 일단 주문하고 그 사실을 알려 주는 식으로 바뀌리라 생각합니다.

사람이 컴퓨팅 기기의 이용법을 배우지 않아도 된다는 것은 컴퓨팅 기기들이 사람에 대해 충분히 이해하고 있다는 것을 의미합니다. 이는 기존의 경제 패러다임을 송두리째 바꿀 것으로 보입니다. 주로 생필품이나 생활 서비스 혹은 콘텐츠 서비스 등에 해당하는 이야기겠지만 사람이 어떤 소비 행위를 하기에 앞서 앰비언트 인텔리전스가 필요한 제품이나 서비스를 선제적으로 혹은 사용자 맞춤형으로 제공할 것이기 때문입니다. 이러한 변화는 서비스 플랫폼의 형태 및 고객의 마음을 잡기 위해 펼쳐야 했던 치열한 마케팅 활동의 양상도 바꿀 것으로 보입니다.

앰비언트 컴퓨팅은 집 안에 있는 가전제품이 자동적으로 혹은 지능적으로 작동하는 데서 시작됩니다. 기후 변화에 따라 냉난방이 자동으로 조절될 것이며 외출이나 수면 시에 사용하지 않는 제품들은 전력 소모를 최소화하는 방향으로 작동하게 될 것입니다. 또한 침대에서 잠이 들면 자동으로 전등이 꺼지고 현관문이 잠겼는지, 가스밸브는 잠겼는지 확인하게 될 것입니다. 하지만 이런 자동화는 스마트홈 서비스를 제공하는 기업에게 아무런 수익을 가져다주지 못합니다. 마찬가지로 사용자도 이런 단편적인 편리함을 위해 많은 돈을 들여가며 집을 앰비언트 공간으로 만들지는 않을 것입니다.

따라서 집과 같은 앰비언트 공간은 다양한 유형의 앰비언트 서비스를 제공하는 앰비언트 서비스 플랫폼의 역할을 하게 될 것으로 보입니다. 이는 기존의 모바일 서비스 사업자들이 스마트폰 앱을 중심으로 고객을 확보하고 서비스를 제공했던 것과는 전혀 다른 방식으로 비즈니스가 전개됨을 의미합니다. 기존에는 스마트폰 앱을 만들고 무료 쿠폰을 뿌리며 사용자를 모으면 서비스 플랫폼을 구축하는 것이 가능했지만 앰비언트 시대에는 사용자들로 하여금 다양한 스마트 디바이스를 설치해서 이용하게 만들고 여기서 생성되는 데이터를 기반으로 사용자 맞춤형 서비스를 선제적으로 제공할 수 있어야 합니다. 따라서 일찍부터 사용자에게 앰비언트 서비스 이용 습관을 길러

주는 기업이 앰비언트 시대의 주도권을 가져갈 수 있으리라 생각합니다.

이러한 변화는 광고 및 마케팅 방식에 있어서도 커다란 변화를 가져올 것으로 예상됩니다. 기존에는 일반인을 대상으로 하는 매스 광고가 보편적이었지만 앞으로는 개인 맞춤형 광고나 마케팅이 주를 이룰 것으로 보입니다. 앰비언트 인텔리전스가 사용자의 성향, 기호, 습관, 취미, 관심사 등 사용자에 대한 모든 것을 알고 있기 때문입니다. 그렇다고 해서 사용자 주변에 존재하는 기기들을 통해 무분별하게 광고가 노출되지는 않을 것입니다. 대신, 사용자가 기존에 이용하던 서비스를 다시 이용하려고 하거나 새로운 서비스를 추천해 달라고 할 때 사용자의 성향을 바탕으로 신규 서비스를 제안할 가능성이 커 보입니다.

물론 이런 변화의 바탕에는 개인정보의 공유와 활용이라는 대전제가 자리합니다. 하지만 지금처럼 서비스 사업자가 사용자와 관련된 모든 데이터를 일방적으로 요구하고 독점하지는 못할 것입니다. 사용자 데이터는 사용자 근처에서 안전하게 수집, 저장, 분석될 것이며, 사용자의 승인 여부에 따라서 서비스 제공을 위해 필요한 정보만 제한적으로 서비스 사업자에게 공유될 것입니다.

컴퓨팅 서비스의 진화

앰비언트 컴퓨팅 시대로의 변화를 제대로 이해하기 위해서는 컴퓨팅 기술의 발전 과정을 이해하는 것이 큰 도움이 됩니다. 따라서 간단하게 컴퓨팅 기술의 진화에 대해 살펴보겠습니다. 컴퓨팅 기술의 진화는 흔히 메인프레임 컴퓨팅, 개인용 컴퓨팅, 모바일 컴퓨팅, 그리고 유비쿼터스 컴퓨팅의 4단계로 설명됩니다.

먼저 1단계인 메인프레임 컴퓨팅(mainframe computing) 시대는 1950년대부터 2000년대 초반까지 이어진 시기를 가리킵니다. 메인프레임 컴퓨팅이라는 것은 당시 메인프레임이라 부르던 대용량 컴퓨터를 여러 사람이 함께 이용하던 형태를 말합니다. 저도 대학원을 다니던 1990년대 후반에 잠깐 VAX라는 메인프레임 컴퓨터를 이용해 본 적이 있습니다. 성능이 뛰어난 대형 컴퓨터를 이용하면 개인용 데스크탑을 이용할 때보다 컴퓨터 시뮬레이션을 하는 데 걸리는 시간이 훨씬 줄어들었기 때문이죠. 이 컴퓨터는 연구실에 있는 더미 터미널(dummy terminal), 즉 데이터 처리 능력은 없이 단순히 데이터를 입출력하는 키보드와 마우스, 모니터로 구성된 장치를 이용해서 접속해야만 했습니다. 물론 메인프레임 컴퓨터를 이용하기 위해서는 전산실 담당자에게 미리 사용할 시간과 컴퓨팅 파워를 할당받아야 했습니다. 이 과정이 번거로워서 결국은 개인용 컴퓨터에 시뮬레이션을 돌려 놓고 술을 마시러 나가곤 했던 기억이 납니다.

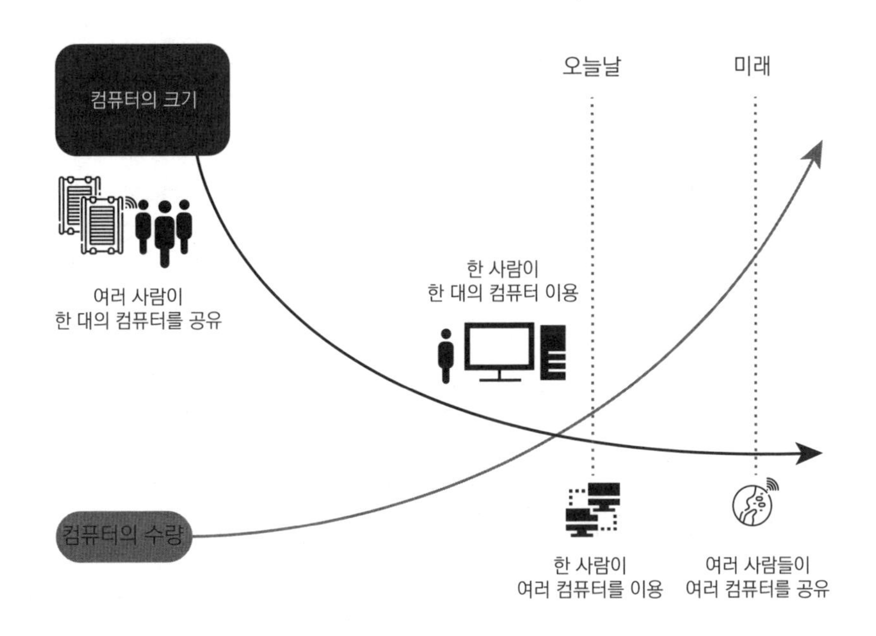

그림 1. 한 사람이 이용할 수 있는 컴퓨터의 개수와 컴퓨터 크기의 변화

이후 1990년을 전후해서 본격적으로 개인용 컴퓨터 시대가 도래했습니다. 컴퓨터 앞에 '개인용'이라는 말이 붙기는 했지만 당시의 컴퓨터는 '가족 공용'이 더 맞는 표현이었을 것입니다. 물론 주 사용자가 있었지만 온 가족이 함께 쓰는 컴퓨터였죠. 따라서 컴퓨터를 이용해서 특정한 서비스를 이용하려면 해당 서비스를 이용할 때마다 로그인을 해야 했습니다. 이메일을 사용할 때도, 쇼핑몰에서 쇼핑을 할 때도 마찬가지였습니다. 물론 뉴스를 보거나 인터넷 검색을 할 때는 굳이 로그인을 할 필요가 없었죠. 만약 혼자서 컴퓨터를 사용하는 경우에는 일부 서비스들에 대해서는 항상

로그인이 된 상태를 유지하기도 했습니다. 그러나 대부분의 경우 모든 서비스에서 로그아웃을 했으며 필요할 때만 로그인을 했습니다.

이런 상황은 스마트폰 시대 혹은 모바일 컴퓨팅 시대가 되면서 크게 바뀌었습니다. 스마트폰은 사용자가 단 한 사람이었기 때문에 진정한 '개인용' 컴퓨터로서의 역할을 할 수 있었습니다. 단 한 사람만이 스마트폰을 이용했기 때문에 24시간 내내 로그인이 된 상태를 유지했습니다. 처음에 한 번만 로그인하면 다시 로그인하지 않아도 앱을 실행시키는 순간 모든 기능과 서비스를 이용하는 것이 가능했습니다. 물론 웹 검색이나 지도 서비스처럼 여전히 로그인하지 않아도 이용할 수 있는 서비스가 많았지만 이런 서비스들 역시 로그인해 두면 좀 더 편리하게 이용하는 것이 가능했습니다. 이전에 검색했던 내용이나 목적지를 확인하고 이전에 방문했던 웹사이트를 쉽게 찾을 수 있기 때문입니다. 이처럼 개인용 컴퓨터와 다른 스마트폰의 사용 경험은 서비스 사업자들에게 고객에 대한 더 많은 정보를 제공해 맞춤형 서비스를 제공하거나 사용자 상황에 맞는 서비스를 제공할 수 있게 만들었습니다.

2007년을 기점으로 스마트폰이 등장하고 2010년에 태블릿이 출시되며 2015년에 스마트워치와 인공지능 스피커가 출시되면서 한 사람이 여러 대의 컴퓨터를 이용하는 시대가 펼쳐지기 시작했습니다. 이 외에도 스마트 플러그나 스마트 램프 같은 스마트홈용 액세서리들도 하나둘 이용하기 시작했죠. 즉, 2010년대 중반부터 한 사람이 여러 대의 컴퓨터를 이용하거나 여러 사람이 여러 대의 컴퓨터를 공유하는 유비쿼터스 컴퓨팅 혹은 앰비언트 컴퓨팅 시대가 조금씩 열렸습니다. 그리고 2025년이면 1인당 9.27대의 컴퓨터를 사용할 것으로 전망됩니다.

여러 사람이 여러 대의 컴퓨터를 공유하는 앰비언트 컴퓨팅 시대는 컴퓨터를 공유했던 개인용 컴퓨터 시대와 한 사람이 컴퓨터를 독점해서 사용하던 스마트폰 시대의 특징을 모두 가지고 있습니다. 보편적인 서비스는 로그인을 하지 않고도 이용할 수 있지만 개인적인 서비스는 로그인을 해야 합니다. 하지만 이전 시대와는 달리 로그인을 해야 할 컴퓨팅 기기들이 너무 많다는 차이점이 있습니다. 심지어는 이런 컴퓨팅 기기들이 보이지 않아서 어디 있는지 알 수 없는 경우도 많습니다. 따라서 스마트폰처럼 처음부터 로그인을 해 놓고 기기가 제공하는 기능이나 서비스들을 이용하게 됩니다. 하지만 쇼핑처럼 비용을 지불해야 하는 서비스나 사용자의 권한을 확인(구매 내역 등 프라이버시를 보호)해야 하는 경우에는 다시 한번 사용자를 확인하는 절차를 거쳐야 합니다. 스마트폰에서 은행 앱을 이용할 때 로그인을 했더라도 이체를 하고자 할 때 다시 한번 사용자를 확인하는 것처럼 말입니다. 하지만 키보드로 비밀번호를 입력하거나 지문 등 생체 인증을 하면 되는 스마트폰과는 달리 앰비언트 컴퓨팅 기기에서는 사용자를 확인하는 것이 쉽지 않다는 어려움이 있습니다.

시대 구분	주요 특징	서비스 제공 수단
메인프레임 시대	공유 기기 사용 사용할 시간과 용량을 예약	터미널 장치
컴퓨터 시대	공유 기기 사용 필요할 때만 로그인	웹 브라우저
모바일 시대	개인용 기기 사용 항상 로그인 필요시 사용자 확인	개별 서비스 앱
앰비언트 시대	개인용 기기 및 공유 기기 사용 항상 로그인 항상 사용자 확인 필요할 때마다 사용자 권한 확인	개별 장치 및 장치에 사용되는 인터페이스 수단

표 1. 컴퓨팅 기술의 진화

유비쿼터스 컴퓨팅을 구현하는 세 가지 방법

과거에는 한 대의 컴퓨터를 여러 사람이 썼고 1990년대는 한 사람이 한 대의 컴퓨터를 썼습니다. 그리고 지금은 한 사람이 여러 대의 컴퓨터를 이용하고 있죠. 하지만 머지않아 여러 사람이 여러 대의 컴퓨터를 이용하는 시대가 도래할 것으로 예측되고 있습니다. 바로 앰비언트 컴퓨팅의 시대가 펼쳐지는 것입니다. 사실 저만 하더라도 집과 사무실에 각각 데스크탑 한 대와 노트북 한 대를 두고 이용하고 있으며 여러 대의 인공지능 스피커와 스마트 램프, 스마트 플러그 등을 이용하고 있습니다. 이런 장치들은 거의 저만 이용하고 있죠. 하지만 최근에는 가족과 함께 이용할 수 있도록

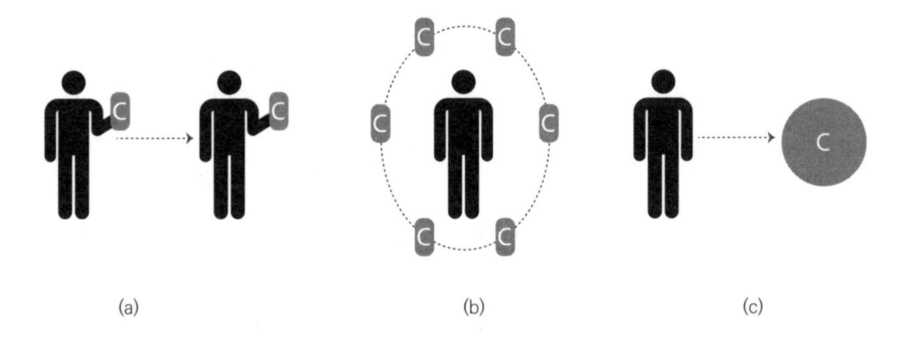

그림 2. 유비쿼터스 컴퓨팅을 구현하는 세 가지 방법

기능이 바뀌고 있습니다.

그런데 여기에 한 가지 고정관념이 있습니다. 언제 어디서나 컴퓨팅 파워를 이용하기 위해서, 즉 유비쿼터스 컴퓨팅을 구현하기 위해서는 우리 주변에 수많은 컴퓨터가 존재해야 한다고 생각하는 것입니다. 물론 이 생각이 틀린 것은 아니지만 이것이 유비쿼터스 컴퓨팅을 구현하는 유일한 방법은 아닙니다. 간단한 질문을 하나 해 보겠습니다. 여러분은 지금 언제 어디서나 컴퓨팅 파워를 쓸 수 없나요? 그렇지 않습니다. 바로 스마트폰이 있기 때문이죠. 즉, 인터넷에 연결되어 있는 아주 작은 컴퓨터를 항상 휴대하고 다니면서 필요할 때마다 컴퓨팅 파워를 이용할 수 있습니다. 스마트폰 역시 유비쿼터스 컴퓨팅을 가능하게 하는 방법이라는 것입니다. 그런데 이 두 가지 방법 외에도 유비쿼터스 컴퓨팅을 구현하는 방법이 또 있습니다. 바로 최근에 주목받고 있는 메타버스입니다. 즉, 거대한 컴퓨팅 세상 속으로 들어감으로써 (아직은 그렇지 않지만) 자유롭게 컴퓨팅 서비스를 이용하는 것입니다. 마치 스킨스쿠버가 거대한 바다 속으로 뛰어들어 자유를 느끼는 것처럼 말입니다.

유비쿼터스 컴퓨팅을 구현하는 방법이 세 가지나 된다는 것을 알게 되었는데, 먼저 스마트폰을 이용하여 유비쿼터스 컴퓨팅을 구현하는 방법부터 살펴보도록 하겠습니다. 우리는 24시간 내내 어디에서 무엇을 하든 스마트폰을 통해 원하는 모든 서비스를 이용할 수 있습니다. 인터넷 검색이나 이메일 확인은 물론 음악을 듣거나 게임을 할 수 있습니다. 또한 쇼핑을 하거나 음식 배달을 요청할 수 있고 배달되는 택배나 음식의 실시간 위치를 확인할 수도 있습니다. 캠핑장에서 원격으로 수업을 들을 수 있으며 이동하는 차 안에서도 화상회의를 할 수 있습니다. 주차장에 주차된 자동차를 호출할 수 있으며 집에 있는 로봇 청소기도 돌릴 수 있습니다.

하지만 스마트폰은 컴퓨팅 서비스에 접근할 수 있는 환경만 제공할 뿐이지 사용자의 상황을 인지하고 그에 맞는 서비스를 선제적으로 제공하는 것은 사실상 불가능합니다. 만약 지능화된 서비스를 이용하고자 한다면 스마트폰의 잠금을 해제하고 지능형 서비스를 제공하는 개별 서비스에 접속해야 합니다. 이는 스마트폰을 통해 제공되는 서비스는 사용자의 개입이 필수적이며 사후적인 성격이 있기 때문입니다. 물론 최근에는 스마트폰의 위치를 바탕으로 일부 지능화된 서비스를 선제적으로 제공하려는 움직임도 보이지만 딱 거기까지일 뿐입니다.

게다가 그런 서비스를 이용하기 위해서는 스마트폰 사용법은 물론 개별 서비스의 이용법까지 하나하나 배워야만 합니다. 스마트폰이나 개별 서비스의 이용법을 얼마나 잘 아느냐에 따라 받을 수 있는 서비스 수준은 달라집니다. 또한 스마트폰을 통해 제공되는 서비스는 대부분 사용자의 주의나 관심을 필요로 하는 편입니다. 물론 스트리밍 음악 서비스처럼 음악을 틀어 놓은 다음부터는 신경을 쓰지 않아도 되는 것도 있지만 대부분은 스마트폰의 화면이나 스마트폰이 제공하는 알람 소리에 주목해야 하며 그때그때 상황에 반응해야 합니다.

이 말은 스마트폰은 앰비언트 서비스를 제공하기 위한 장치가 아니라 컴퓨터나 노트북처럼 현실 세계의 일을 용이하게 해 주는 하나의 도구라는 의미입니다. 물론 스마트폰만 이용할 때는 기존에 존재하는 서비스의 새로운 전달 채널이 되기도 합니다. 이를 달리 말하면 현실 세계에서 다른 일을 하면서 동시에 스마트폰을 이용해 또 다른 서비스를 받는 것이 쉽지 않다는 것입니다. 그래서 운전 중에는 스마트폰을 이용하지 말라고 하는 것이며, 자녀들의 스마트폰 이용 시간을 통제하려는 것입니다. 스마트폰 제조사들이 업무 중이나 수면 중에 스마트폰이 반응하지 않도록 하는 기능을 포함시키는 것도 같은 이유라고 생각합니다.

유비쿼터스 컴퓨팅을 구현하는 두 번째 방법은 메타버스입니다. 항상 인터넷에 연결된 소형 컴퓨터를 들고 다니는 대신 거대한 컴퓨팅 파워가 있는 가상의 세상으로 들어가는 것이지요. 메타버스 서비스를 이용하기 위해서는 일반적으로 HMD(Head Mount Display)라 불리는 헤드셋을 이용해서 가상 세계에 접속하게 되는데, 헤드셋 말고도 컴퓨팅 파워를 이용하기 위한 다양한 인터페이스 장치를 동시에 이용함으로써 그 경험을 고도화할 수도 있습니다. 페이스북의 오큘러스 퀘스트(Oculus Quest)가 헤드셋과 함께 컨트롤러를 제공하는 것도 이런 이유입니다. 물론 일반 컴퓨터나 스마트폰을 이용해서 메타버스 경험을 할 수 있지만 헤드셋을 이용하는 것보다 몰입감이 떨어지게 됩니다.

우리가 들어간 가상 세계에서는 소프트웨어로 상상하는 모든 것을 만들 수 있기 때문에 다양한 형태로 컴퓨팅 서비스를 제공하는 것이 가능합니다. 이러한 서비스는 주로 사람의 오감을 통해 전달되는데, 시각과 청각을 사용하는 인터페이스가 가장 기본적이며 최근에는 촉각을 이용하는 기술도 광범위하게 개발되고 있습니다. 촉감이나 충격을 전달해 주는 스마트 장갑이나 수트가 대표적이며, 현실감을 높여 주기 위해 특수 제작된 장치를 이용할 수도 있습니다.

스마트폰의 경우 가상 세계에서 제공되는 서비스를 현실 세계에서 이용해야 하기 때문에 몰입감이 떨어지는 반면 메타버스 서비스는 사용자를 현실에서 단절시키고 가상 세계 서비스에 집중하도록 하기 때문에 몰입감이 뛰어납니다. 하지만 사용자가 헤드셋을 벗는 순간, 즉 가상 세계에서 빠져나오는 순간 모든 서비스는 중단됩니다. 따라서 디지털 트윈(digital twin)처럼 가상 세계와 현실 세계를 연결하는 방법을 시도하기도 합니다. 즉, 가상 세계에서 현실 세계에 존재하는 사물의 상태를 확인하고 이를 제어하도록 함으로써 몰입감을 높이는 동시에 현실 세계와의 연결성도 유지하게 합니다. 이에 대해서는 뒤에서 자세히 설명하도록 하겠습니다.

유비쿼터스 컴퓨팅을 구현하는 세 번째 방법은 사용자 주변을 수많은 컴퓨터로 가득 채우는 방법입니다. 지금까지 우리가 유비쿼터스 컴퓨팅이라는 말로 이야기하던 환경인데, 저는 이를 앰비언트라는 말로 설명하고자 합니다. 앞에서도 언급했던 것처럼, 앰비언트는 사용자 주변이 수많은 컴퓨팅 장치로 둘러싸여 있는 것만이 아니라 이들을 통해 사용자가 지금 당장 필요로 하는 서비스 및 앞으로 필요할 것 같은 서비스를 사용자 맞춤형으로 제공합니다. 이를 위해 사용자 주변의 컴퓨팅 장치들은 사용자와 관련된 정보를 끊임없이 수집하고 분석함으로써 사용자를 배우고 이해하려 노력합니다. 그 결과 사용자는 스마트폰이나 메타버스 세상과는 달리 서비스 장치(스마트폰과 헤드셋)는 물론 그런 서비스 장치를 통해 제공되는 서비스의 이용법에 대해 학습할 필요가 없게 됩니다. 대신 현실 세계의 일에 집중할 수 있습니다.

앰비언트 기반의 유비쿼터스 컴퓨팅이 가장 먼저 구현될 것으로 보이는 곳이 바로 집입니다. 우리가 사용하는 수많은 가전이나 디지털 소품은 이미 인터넷에 연결되는 컴퓨팅 장치이고 스마트홈 플랫폼을 통해 사용자를 학습하고 맞춤형 서비스를 제공하기 위해 노력하고 있습니다. 이런 개념은 집과 유사한 사무실이나 도시 내의 특정한 장소에도 그대로 적용될 수 있습니다. 하지만 집과 사무실 같은 앰비언트 공간을 벗어나는 순간 앰비언트 서비스를 이용할 수 없게 됩니다. 따라서 앰비언트 공간 사이에서 서비스 연속성을 보장해 주는 것이 중요한 이슈입니다.

그렇다면 유비쿼터스 컴퓨팅을 구현하는 이 세 가지 방법은 각각 따로 이용될까요? 그렇지 않습니다. 상황에 따라서는 개별적으로 이용될 수 있겠지만 두 가지 혹은 세 가지 방법이 함께 이용될 가능성이 더 높습니다. 자신이 이용하려는 서비스의 특성과 가장 잘 맞고 그 서비스를 가장 효과적으로 이용할 수 있는 방법이 선택적으로 이용될 것입니다. 하지만 스마트폰 시대가 되면서 스마트폰 이용이 컴퓨터를 압도했던 것처럼, 앞으로 펼쳐질 미래에는 앰비언트 컴퓨팅이 스마트폰이나 메타버스 기반의 서비스를 압도할 것이라 생각합니다. 혹은 앰비언트와 메타버스가 적절히 조합된 형태로 나타날 수도 있을 것입니다.

영원할 것만 같던 스마트폰 제국

언제 어디서나 컴퓨팅 파워를 쓸 수 있도록 하는 유비쿼터스 컴퓨팅을 구현하려면 어떻게 해야 할까요? 마크 와이저(Mark D. Weiser)의 정의에 따르면 우리 주변에 존재하는 수많은 사물을 컴퓨터화하고 이들을 서로 연결하여 사용자가 언제 어디서나 컴퓨팅 파워를 쓸 수 있게 하면 될 것입니다. 하지만 이런 식이라면 오랜 세월이 걸릴 것입니다. 유비쿼터스 컴퓨팅의 개념이 등장한 지 어느덧 30년이 지났지만 인공지능 스피커나 일부 스마트 가전제품을 제외하면 우리 주변에서 컴퓨터화된 사물을 찾기란 결코 쉬운 일이 아니기 때문입니다. 또한 있다 하더라도 거의 이용하지도 않고 있습니다.

그런데 이 방법 말고도 아주 간단하게 유비쿼터스 컴퓨팅을 구현할 수 있는 방법이 있습니다. 인터넷에 연결된 소형의 컴퓨터를 항상 휴대하고 다니면서 필요할 때마다 컴퓨팅 파워를 이용하도록 하는 것입니다. 유비쿼터스 컴퓨팅의 초기 개념처럼 수많은 컴퓨터를 이용하는 것은 아니지만 컴퓨팅 파워가 필요할 때라면 언제 어디서라도 컴퓨팅 파워를 이용할 수 있기 때문입니다. 그런데 놀랍게도 스마트폰이 이를 가능하게 하고 있습니다.

인터넷에 연결된 스마트폰만 있으면 가족이나 친구들과 전화통화나 메신저를 하는 것은 기본이고 소셜미디어 서비스를 통해 지인들의 일상이나 세상 돌아가는 소식을 접할 수 있으며 영화나 드라마를 볼 수 있고 음악이나 게임도 즐길 수가 있습니다. 온라인으로 쇼핑을 하는 것은 물론이요 음식을 주문하거나 택시를 부를 수도 있죠. 더 나아가 이동 중에 화상으로 회의를 하거나 온라인 수업을 들을 수 있고 주식이나 비트코인도 거래할 수 있습니다. 정말이지 시간과 장소를 가리지 않고 원하는 모든 것을 할 수 있으니 유비쿼터스 컴퓨팅이 구현됐다고 해도 과언이 아닐 것입니다.

실제로 우리는 하루 종일 스마트폰을 끼고 다니며 컴퓨팅 파워가 필요할 때면 언제나 스마트폰을 이용하고 있습니다. 하루 중 잠자고 일하는 시간(평균 7.7시간과 9.1시간)을 제외한 7.2시간 중 약 66.7%에 해당하는 4.8시간을 스마트폰을 이용하는 데 사용한다는 통계를 보면 우리가 스마트폰에 얼마나 많이 의존하는지를 알 수 있습니다. 그러다 보니 스마트폰 중독이나 스마트폰이 없으면 불안감을 느끼는 '노모포비아(no mobile-phone phobia) 증후군'이 중요한 문제로 떠오르고 있습니다.

또 한편으로는 스마트폰 사용의 어려움으로 인한 정보 격차, 즉 디지털 디바이드가 사회 문제로 대두되고 있습니다. 스마트폰이라는 것이 손바닥보다 작은 장치에 많은 기능을 담으려다 보니 사용성이 떨어지는 데다가 제공하는 서비스 이용 방법도 제각각인 경우가 많기 때문입니다. 수년 전부터 음성 인식 기능이 탑재되기는 했지만 아직까지 인식률이 떨어지고 음성 명령을 통해 이용할 수 있는 서비스도 제한적인 것이 현실입니다. 따라서 장년층 이상에서는 스마트폰의 보유 비율 및 활용 수준이 현격히 떨어지는 편입니다.

그래서 최근에는 스마트폰에 대한 의존 혹은 스마트폰의 영향을 줄이기 위한 다양한 움직임이 동시에 나타나고 있습니다. 스마트폰의 알람을 최소화함으로써 일상생활에 더 집중할 수 있도록 하거나 음성 명령으로 스마트폰이 제공하는 기능을 이용할 수 있게 하고 있습니다. 또한 그동안 스마트폰에서 이용할 수 있었던 몇몇 서비스는 스마트워치나 무선 이어폰을 통해서도 이용할 수 있게 바뀌고 있습니다. 그리고 조만간 스마트 안경이나 다른 웨어러블 장치도 이용할 수 있게 될 것 같습니다. 이런 변화는 뒤에서 설명할 앰비언트 컴퓨팅을 구현하기 위한 노력들로 이어지리라 생각합니다.

세상을 집어삼킨 스마트폰

2007년 1월, 애플의 CEO였던 스티브 잡스는 샌프란시스코에서 열린 〈맥월드 2007(Macworld 2007)〉에서 최초의 스마트폰이라는 아이폰을 발표합니다. 물론 아이폰이 출시되기 전에도 '스마트폰스러운' 것들이 존재했습니다. 하지만 우리는 그것을 스마트폰이라기보다는 그냥 휴대폰이나 이동전화라고 불렀습니다. 전화기로 음악을 듣고 사진도 찍고 인터넷 검색도 할 수 있었지만 이런 기능이나 서비스들보다는 전화 통화나 문자메시지 교환에 더 최적화되어 있었기 때문입니다. 하지만 아이폰은 달랐습니다. 아이폰은 기존의 휴대용 전화기와는 달리 물리적인 '쿼티(qwerty)' 키보드를 없애는 대신 더 넓은 정전식 터치스크린을 채택했으며, 멀티 터치 기능을 통한 편리하고 직관적인 사용자 인터페이스를 제공했습니다. 밀어서 잠금 해제, 손가락을 이용한 화면 스크롤, 그리고 엄지와 검지를 이용한 줌인과 줌아웃(pinch to zoom) 같은, 지금은 너무나도 당연하고 기본적인 인터페이스 방식이 이때 처음 소개된 것입니다. 이는 스마트폰의 사용성을 현격히 개선하고 다양한 스마트폰 앱의 이용을 활성화했습니다.

아이폰에 적용된 직관적이고 쉬운 사용법은 사용자로 하여금 스마트폰으로 더 많은 일을 하게 만들었습니다. 단순히 전화 통화를 하거나 음악을 듣고 사진을 찍는 것을 넘어서 그동안 컴퓨터로 하던 일을 하나하나 스마트폰으로 하게 만들었습니다. 메일을 쓰거나 확인하는 것은 물론 인터넷 검색도 스마트폰으로 하기 시작했고 인터넷 뱅킹이나 쇼핑도 스마트폰으로 하게 됐습니다. 그리고 그동안 인터넷 브라우저를 통해 이용했던 다양한 서비스가 개별 앱으로 등장하면서 스마트폰 하나만 있으면 원하는 모든 일들을 가능하게 만들었습니다. 이에 대해서는 더 이상 설명하지 않아도 충분히 공감하리라 생각합니다. '포노 사피엔스(Phono Sapiens)', 즉 '스마트폰 인류'라는 말이 나올 정도로 이제 세상은 스마트폰 없이는 돌아가지 않을 것 같은 세상이 되어 버린 것입니다.

스마트폰을 얼마나 많이 이용하는지, 그리고 스마트폰이 컴퓨터를 얼마나 빠르게 대체해 가고 있는지는 통계청이 매달 발표하는 온라인쇼핑 동향 자료를 보면 단적으로 확인할 수 있습니다. 2022년 10월을 예로 들면 PC 기반 인터넷쇼핑 거래액과 모바일 기반 인터넷쇼핑 거래액을 모두 포함하는 전체 온라인쇼핑 거래액은 약 17조 7,000억 원에 달합니다. 이는 같은 기간의 전체 소매 판매액 48조 원의 36.9%에 해당하는 것으로 전세계 국가 중 가장 높은 수준입니다. 더 놀라운 사실은 모바일 거래액이 무려 12조 9,000억 원으로 전체 온라인쇼핑 거래액의 72.9%에 해당한다는 것입니다. 즉, 온라인쇼핑의 4분의 3이 스마트폰에서 이루어지고 있다는 이야기입니다. [그림 3]을 보면 모바일쇼핑 거래액의 비중이 꾸준히 증가하는 것을 볼 수 있는데, 전체 온라인쇼핑 거래액의 80% 초반까지 성장할 것으로 전망하고 있습니다.

이런 결과는 스마트폰 이용 빈도나 일평균 이용 시간을 통해서도 확인됩니다. 리뷰스(reviews.org)의 연구 결과에 따르면 미국인은 2021년 기준 하루에 262번 스마트폰을 사용했다고 합니다. 5분 30초마다 한 번씩 스마트

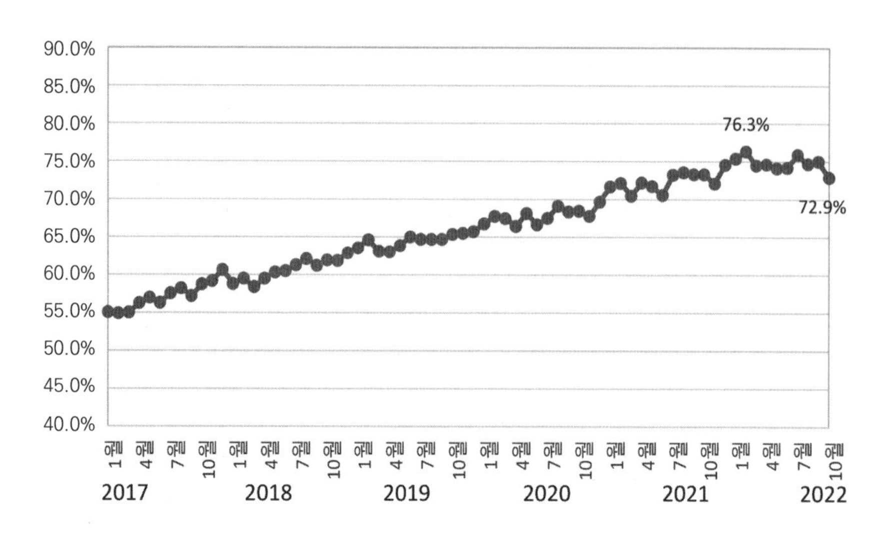

그림 3*. 온라인 쇼핑 거래액 중 모바일 쇼핑 거래액 비중의 증가 추이

폰을 이용했다는 이야기죠. 잠자는 시간(7.7시간) 동안에는 이용하지 않았다고 가정하면 스마트폰 이용 간격은 더욱 짧아져 약 3분 40초에 한 번 꼴로 스마트폰을 이용한 셈이 됩니다. 더 놀라운 사실은 2022년에는 스마트폰 사용 빈도가 더 많아져 하루 평균 344번 스마트폰을 이용할 것으로 보인다는 것입니다. 잠자는 시간을 제외하면 2분 47초에 한 번씩 스마트폰을 이용하는 것이며 2021년에 비해 이용 빈도가 31%나 늘어난 것이죠.

일평균 스마트폰 이용 시간은 어떨까요? 모바일 데이터 분석 플랫폼 'data.ai research'가 2022년 초에 발표한 자료에 따르면 전세계 사람들은 2021년 하루 평균 4.8시간 정도 스마트폰을 이용했다고 합니다. 이는 2년

---

* 출처: 통계청<https://kostat.go.kr> 온라인 쇼핑 동향 자료를 취합하여 재구성

전인 2019년의 3.7시간에 비해 무려 한 시간 이상 증가한 것이며 2016년에 비해서는 무려 3시간 가까이 증가한 수치입니다. 만약 잠자는 시간(7.7시간)과 일하는 시간(9.1시간)을 제외하면 여유 시간(7.2시간)의 66.7%를 스마트폰에 할애하고 있다고 말할 수 있습니다.* 국가별로 살펴보면 우리나라 사람들은 하루 평균 5.0시간 스마트폰을 이용했는데, 5.5시간의 인도네시아와 5.4시간의 브라질에 이어 3위를 차지했습니다.

이렇게 자주, 많은 시간 스마트폰을 이용한다는 것은 스마트폰을 어떤 용도로 활용하든 간에 스마트폰이 우리 삶에 있어서 그만큼 중요한 역할을 한다는 것을 의미합니다. 실제로 우리 국민은 스마트폰이 삶에 없어서는 안 되는 필수품이라고 생각하고 있습니다. 방송통신위원회가 발표한 '2020년 방송매체 이용행태 조사'에 따르면 우리 국민의 67.2%는 스마트폰이 일상생활의 필수 매체라고 응답했습니다. 이 수치는 10대의 경우 96.2%로 타 연령대 대비 매우 높은 수준을 보이고 있습니다.

이에 따라 스마트폰의 보급율도 거의 포화 상태에 다다랐습니다. 한국갤럽이 2021년 6월 초에 발표한 자료에 따르면 우리나라 성인의 스마트폰 이용률은 무려 95%에 달한다고 합니다. 이는 미국의 시장조사 기관인 퓨리서치(Pew Research)가 조사한 27개 국가 중에서 가장 높은 비율입니다. 또한 방송통신위원회가 2021년 2월에 발표한 자료에 따르면 10대에서 50대

---

* 하루 평균 수면시간은 OECD 국가의 평균 수면 시간이며, 하루 평균 일하는 시간은 리크루트의 2020년 조사 결과를 바탕으로 한 것입니다.

사이의 스마트폰 보유율은 98% 이상으로 사실상 포화 상태입니다. 스마트폰 보유율은 60대에서도 91.7%로 높게 나타나며 70세 이상의 고령층에서만 50.8%로 가까스로 절반을 넘긴 수준입니다. 뒤에서 살펴보겠지만 고령층의 스마트폰 보급률이 낮다는 것은 디지털 기술의 범용성에 문제가 있음을 의미할 수 있습니다.

온라인과 오프라인의 통합

인터넷의 등장은 온라인 세상에 현실 세계를 모방한 가상의 세계(virtual world)를 만들었습니다. 이 가상 세계에는 신문사나 방송사도 은행도 존재하며 상점이나 음식점도 존재했죠. 회사도, 아이들이 다니는 학교와 학원도 존재했습니다. 또한 비슷한 취미나 관심사를 가진 사람들이 모이는 공간도, 출신 학교가 같은 사람들이 모이는 공간도 존재했습니다. 그래서 전혀 알지도 못하고 만나 본 적도 없는 사람들과 흔히 '카페'라고 하는 가상의 공간에서 정보를 공유하고 교류를 하기도 했습니다.

이들 중 온라인 카페처럼 일부는 온전히 가상 세계에만 존재하는 것들도 있지만 비즈니스와 관련된 것들 중 상당수는 현실 세계에 존재하는 비즈니스를 가상 세계로 옮겨 놓은 것들이었습니다. 다만 대부분의 것들이 현실 세계의 비즈니스를 그대로 흉내만 내어 가상 세계에 만들어 놓은 것들이었죠. 예를 들면 Yes24와 같은 온라인 서점은 말 그대로 오프라인 서점을 가상 세계에 만들어 놓은 것에 불과했습니다. 초기 인터넷 백화점도 마찬가지였는데, 오프라인 백화점과 별개의 법인 혹은 별개의 사업 조직에 의해 운영되기도 했습니다. 하지만 시간이 지나면서 여러 가지 이유로 온라인과 오프라인에 존재하는 백화점은 하나로 통합되어 운영되고 있습니다.

이 외의 것들은 대부분 처음부터 현실 세계와 가상 세계가 밀접하게 연결되는 것들이었습니다. 인터넷 뱅킹을 예로 들면 현실 세계에 존재하는 은행 점포에서 이용해야 하는 서비스를 그대로 가상의 공간에 구현해 놓음으로써 굳이 은행을 방문하지 않고도 상당수의 금융업무를 처리할 수 있게 해 주었습니다. 즉, 인터넷이 현실 세계에서 제공되는 서비스를 이용하는 고객의 새로운 접점이자 서비스 채널로 활용되기 시작한 것입니다. 물론 아마존처럼 서비스 시작은 온라인에서 하고 이후 오프라인 매장을 구축하며 채널을 확장하는 경우도 존재했습니다.

이런 움직임은 스마트폰 혹은 모바일 시대에도 비슷하게 나타났습니다. 모바일 세상이 오프라인과 온라인의 뒤를 잇는 새로운 고객 접점이자 서비스 채널로 이용된 것입니다. 이를 두고 다채널화(multi-channelization) 현상이라고 합니다. 스마트폰의 화면이 작거나 스마트폰에서는 웹 대신 앱을 이용한다는 것은 크게 중요하지 않았습니다. 동일한 온라인 서비스가 모바일 환경에 맞게 최적화되었을 뿐이었죠. 사실 스마트폰은 이동성과 즉시성, 개인화 특성을 제외하면 기존의 인터넷과 크게 다를 바가 없기 때문에 모바일 세상은 온라인 세상의 연장선상에 있는 것에 불과했습니다. 이런 관점에서 다양한 인터넷 세상을 의미하는 메타버스 역시 새로운 고객 접점이자 서비스 채널로 인식하는 것이 바람직할 것입니다.

모바일 세상에서 특이한 점이 있다면 온라인 쇼핑몰이나 인터넷 뱅킹처럼 어느 정도 규모가 되는 비즈니스가 아닌 개인이나 영세 사업자들도 모바일 기반의 서비스를 제공하는 것이 가능해졌다는 것입니다. 그 이유는 상당수의 모바일 서비스가 기존의 비즈니스를 온라인으로 옮겨 놓는 형태가 아닌 다양한 서비스 제공자와 이용자를 중개해 주는 플랫폼의 특성을 띄기 때문입니다. 즉, 소규모 사업자는 오프라인을 중심으로 비즈니스를 전개하며 플랫폼 사업자들이 제공하는 채널을 이용해서 모바일 서비스를 제공하는 식으로 서비스 채널을 다양화할 수 있게 된 것입니다.

일례로 음식 배달 중개 서비스는 오프라인 음식점이 식당 매장을 방문하는 손님뿐만 아니라 모바일을 통해 들어오는 손님의 주문에도 대응할 수 있게 해주었습니다. 마찬가지로 부동산 중개 서비스는 오프라인의 부동산 중개 사무소가 매장 방문 손님뿐만 아니라 모바일 혹은 온라인을 통해 들어오는 손님에 대해서도 중개 서비스를 제공하고 있습니다. 이런 중개 플랫폼은 흔히 모바일(온라인)을 통해 서비스를 요청하면 실제 서비스는 오프라인을 통해 제공되기 때문에 O2O(online-to-offline) 서비스라 부르기도 합니다.

이와 같은 다채널화 현상과 온라인 및 오프라인의 결합 현상은 앰비언트 시대에도 이어질 것으로 전망됩니다. 즉, 앰비언트 시대에는 컴퓨터나 스마트폰 외에도 다양한 스마트 디바이스가 서비스 채널로 사용됩니다. 예를 들면 냉장고가 식재료를 주문하고 스마트오븐이 밀키트를 주문하는 채널로 이용되는 거죠. 물론 스마트 TV는 스트리밍 비디오 및 스트리밍 게임을 위한 서비스뿐만 아니라 온라인 교육이나 화상 회의는 물론 피트니스 서비스 제공을 위한 채널로도 사용될 것이며 쇼핑을 위한 채널로도 사용될 것입니다.

결국 중요한 것은 고객이 어떤 서비스 채널 및 그 채널에 맞는 디바이스를 이용하더라도 다양한 사업자가 제공하는 서비스를 이용할 수 있는 플랫폼을 구축하는 것이라 생각합니다. 물론 그 플랫폼의 핵심 구성 요소인 공급 측 고객과 수요 측 고객을 확보하는 것도 플랫폼 구축 못지않게 중요할 것입니다. 또 하나 중요한 것은 일관된 고객경험을 제공하는 것입니다. 즉, 고객이 어떤 수단, 어떤 채널을 이용해서 서비스를 이용하더라도 그 경험이 일관되게 유지되고 관리되어야 합니다.

TV의 뒤를 잇는 바보상자

스마트폰은 사용자로 하여금 작은 화면에 지속적으로 주의를 기울이고 집중하도록 제작되었습니다. 4인치에서 7인치밖에 되지 않는 스마트폰의 작은 화면은 13인치의 노트북이나 24인치 이상의 모니터 화면에 익숙한 사용자들로 하여금 미간을 찡그리며 작은 화면을 바라보게 만들었습니다. 이런 구조 때문에 사용자들은 마치 앞만 보며 달려야 하는 경주마처럼 스마트폰 밖에서 일어나는 일에 신경 쓰지 못하게 되었습니다.

이는 여러 우려를 낳았습니다. 스마트폰을 여유 시간에만 이용한다면 큰 문제가 없을지 모릅니다. 하지만 업무나 수업 중에도, 식사 중에도, 심지어는 목숨이 걸려 있는 운전 중에도 스마트폰을 사용하는 일이 비일비재한 것이 현실입니다. 실제로 앞의 통계자료에서도 확인한 것처럼, 사람들은 하루 평균 200~300번 스마트폰을 만지작거립니다. 스마트폰이 없어서는 안 될 필수품이 되고 있지만 스마트폰을 이처럼 시도때도 없이 사용한다는 것은 그만큼 현실에 집중하지 못하는 것이라고 해석할 수도 있습니다.

모든 것에 명암이 있듯 스마트폰으로 인해 우리는 시간과 장소에 구애받지 않고 다양한 형태의 컴퓨팅 서비스를 이용할 수 있게 되었습니다. 덕분에 일상생활이 그 어느 때보다 편리해졌지만 다양한 부작용 또한 감내해야 했습니다. 시력 저하나 안구 건조증, 거북목 증후군, 손목터널 증후군 같은 증상들은 시작에 불과합니다. 육체적인 문제 못지 않게, 또는 더욱 심각하게 디지털 격리 증후군, 감정 교감 저하, 팝콘 브레인 현상처럼 사회적이고 정신적인 문제들도 발생하고 있습니다.

이 중에서 가장 심각한 것은 스마트폰 중독 증세일 것입니다. 스마트폰 중독 증세는 스마트폰을 얼마나 사용하느냐에 따라 크게 두 가지 유형으로 구분할 수가 있습니다. 하나는 과도할 정도로 스마트폰을 많이 쓰는 유형인데, 말 그대로 스마트폰에 빠져서 일상생활이 불가능해지는 것입니다. 또 하나는 스마트폰을 많이 사용하지는 않지만 스마트폰이 없으면 불안해서 역시 일상생활이 어려워지는 것입니다. 이 중에서 스마트폰의 과다 사용은 의지만 가지고 노력하면 쉽게 해결할 수 있습니다. 스마트폰 사용 시간을 정해 놓고 사용하거나 몸을 움직이는 활동이나 취미 생활 혹은 영화나 공연 관람 같은 문화생활 등을 통해 스마트폰이 제공하지 못하는 다른 자극을 제공하는 것입니다.

또 다른 방법은 스마트폰을 이용하지 않고도 스마트폰이 제공하는 기능을 이용할 수 있게 함으로써 스마트폰의 이용 빈도나 전체 이용 시간을 줄이는 것입니다. 이에 대해서는 뒤에서 다시 살펴보도록 하겠습니다.

문제는 스마트폰이 없으면 불안해지는 일종의 '스마트폰 분리불안증'입니다. 스마트폰이 없으면 불안감을 느끼고 그래서 특별한 일이 없어도 스마트폰을 만지작거려야 마음이 편해지는 현상이 스마트폰 분리불안증입니다. 이 증상이 심해지면 베개 옆에 스마트폰을 놓아야 잠을 잘 수 있습니다. 시장조사 기관 리뷰스의 연구에 따르면 실제로 미국인의 62%는 스마트폰을 옆에 두고 잔다고 합니다. 자기 전 평균 50분 동안 스마트폰을 이용하며 80%는 기상 후 10분 이내에 스마트폰을 확인한다고 합니다. 정말이지 아침에 일어나서 잠이 들기까지 하루 종일 스마트폰만 이용하는 것 같습니다.

이처럼 스마트폰에 강박적인 집착을 보이고 스마트폰이 없으면 초조해하거나 불안감을 느끼는 증상을 '노모포비아 증후군' 혹은 '테크노스트레스(technostress)'라고 합니다. 노모포비아는 언어 발달 및 사회성, 애착, 비만 등 신체 건강뿐만 아니라 정신 건강에도 부정적인 영향을 미치는 것으로 알려져 있습니다. 지난 2013년 《디지털 치매》를 펴낸 만프레드 슈피처(manfred spitzer)는 2020년에 발행한 《노모포비아, 스마트폰이 없는 공포》에서 스마트폰이 아이들의 건강과 교육을 해치는 것은 물론 공감 능력과 의지 형성을 저해한다고 지적했습니다. 그는 "공감은 걸음마나 말하기처럼 사람들에게 배우기 때문에 매일 디지털 미디어를 많이 소비하는 아이일수록 공감 능력이 떨어진다."고 설명합니다. 공감 능력이 없다면 성인이 됐을 때 '사회적 연대'를 도모하는 데 어려움을 겪을 수 있다는 것입니다. 이를 극복하기 위해 슈피처는 "대화나 운동, 역할 놀이 등 사람과의 접촉을 늘릴 수 있는 다양한 프로젝트가 필요하다."고 말합니다.

뉴욕대학교 사회 심리, 소비자 행동, 메타 인지 등을 연구하고 있는 애덤 알터(adam alter)도 《멈추지 못하는 사람들》에서 최근 급속도로 확산하고 있는 노모포비아에 대해 언급하고 있습니다. 알터는 노모포비아를 '행위 중독'이라고 말하며, 왜 사람들이 스마트폰과 같은 기술 제품 및 기기 사용을 거부하지도, 멈추지도 못하는지에 대해 파헤쳤습니다. 그리고 손에 잡힐 듯 말 듯한 목표, 뿌리치기 어렵고 예측 불가능한 긍정적인 피드백, 조금씩 향상되고 있다는 느낌 등 행위 중독에 관여하는 여섯 가지 요소를 제시했습니다. 또한 이를 해결하기 위해 스마트폰을 보는 대신 다른 일을 하면서 스스로 변화하려는 노력을 해야 하고 스마트폰이 행복에 별다른 영향을 미치지 않으며 오히려 일상을 훼손한다는 사실을 깨달아야 한다고 강조합니다.

그러나 안타깝게도 코로나 팬데믹 기간에 사람들이 집에만 있으면서 이런 중독 현상은 더욱 심해졌습니다. 중독 없는 세상을 위한 다학제적 연구 네트워크인 '중독포럼'이 2020년 전국의 성인남녀 1,017명을 대상으로 실시한 '코로나19 전후 중독성 행동 국민 실태조사' 결과에 따르면 코로나19로 인한 사회적 거리두기 기간 중 스마트폰 이용률은 44.3% 증가했습니다. 조금씩 일상을 회복해 나가는 만큼 스마트폰 이용을 줄이기 위한 노력을 해 보면 좋을 것 같습니다.

스마트폰이 생산성에 끼치는 영향

1만 1,000명의 RescueTime 사용자를 대상으로 한 연구에 따르면 사람들은 하루에 약 3시간 15분 동안 스마트폰을 사용한다고 합니다. 이는 18

만약 스마트폰을 한번에 사용한다면

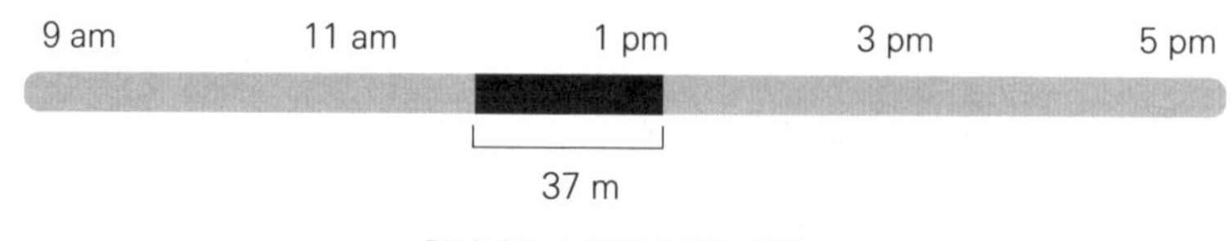

현실적인 스마트폰 사용 패턴

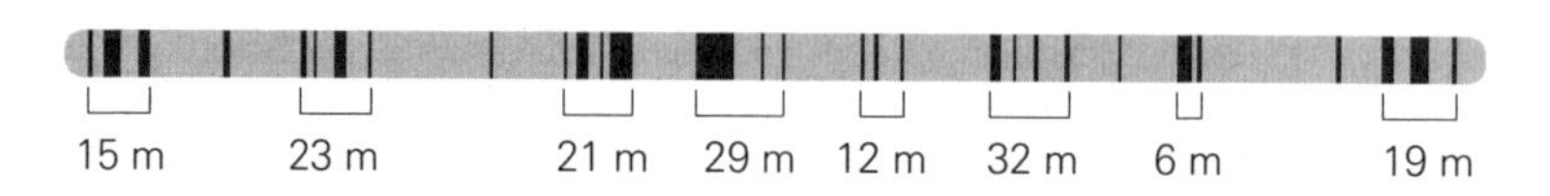

사람들 중 50퍼센트는 한 번 스마트폰을 사용한 후 3분 이내에 스마트폰을 다시 사용했다

그림 4. 빈번한 스마트폰 사용은 일상생활에 집중할 수 없게 만듦

세 이상의 미국 성인을 대상으로 한 eMarketer의 조사 결과나 영국인을 대상으로 한 CodeComputerLove의 3시간 54분이나 3시간 23분보다 훨씬 낮은 수치입니다. 평균 스마트폰 이용 시간은 조사 방식에 따라 크게 다르게 나올 수 있기 때문에 우선 스마트폰 사용 패턴에 대해서 살펴보도록 하겠습니다.

RescueTime에 따르면 대부분의 사람들은 하루에 58번 스마트폰을 확인한다고 합니다. 그중 절반이 조금 넘는 30번이 근무시간에 이루어집니다. 한번 스마트폰을 켰을 때 스마트폰을 이용하는 시간, 즉 스크린 타임 세션(screen time session)은 대략 1분 15초이며 근무시간 중에 사용하는 시간은 모두 37.5분 정도입니다. 58번의 스마트폰 이용 중에서 약 70%는 문자

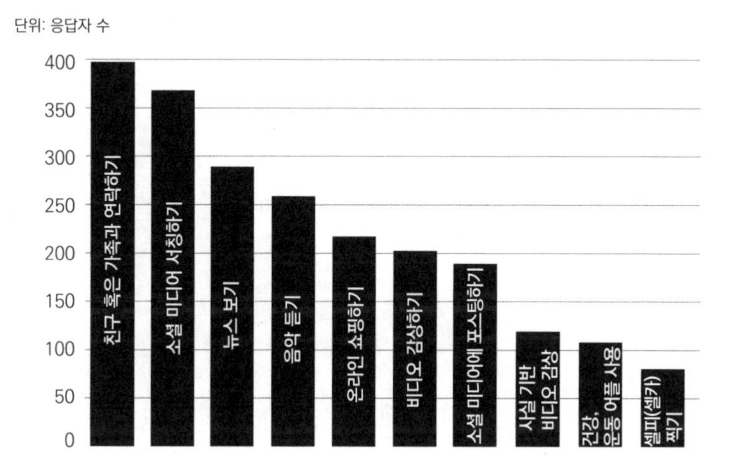

그림 5. 대부분의 경우 스마트폰은 생산성을 위해 사용되지 않음

나 알림을 확인하는 것처럼 2분 이내에 사용이 종료된다고 합니다. 하지만 이것이 연속적인 스마트폰 사용을 유도합니다. 즉, 다시 스마트폰을 이용하기 위해 화면 잠금을 해제하는 행동의 50%가 이전 세션의 3분 이내에 시작됩니다.

이것이 왜 문제가 될까요? 빈번하게 스마트폰을 확인하려는 행위는 생산성에 악영향을 미치기 때문입니다. 실제로 중단된 작업의 비용(the cost of interrupted work)에 대한 캘리포니아 어바인 대학교(university of california Irvine)의 연구 결과에 따르면 주의가 산만해진 후 어떤 일에 다시 깊게 집중하는 데 평균 23분 15초가 걸린다고 합니다. 미국 심리학회(APA, american psychological association)도 짧은 정신적 차단으로도 생산 시간의 40%를 잃을 수 있다고 지적합니다. 다시 집중하는 데 걸리는 시간은 다소 차이가 있을지 모르지만 집중력을 빼앗아 가는 스마트폰의 경우도 예외는 아닐 것입니다.

더 큰 문제는 우리가 스마트폰에 사용하는 시간에 대해 착각하고 있다는 것입니다. 저도 그렇지만 많은 사람이 자신이 생산적인 활동, 즉 업무나 공부를 위해 스마트폰을 이용한다고 생각합니다. 그러나 CodeComputerLove의 심층연구에 따르면 사람들은 대부분 친구들의 소셜미디어를 확인하거나 미디어 콘텐츠 서비스를 이용하는 등 전혀 생산적이지 않은 활동에 스마트폰을 주로 사용하는 것으로 나타났습니다. 실제로 저의 경우만 하더라도 스마트폰 이용 시간의 72% 정도를 SNS, 게임, 엔터테인먼트에 사용하고 있습니다.

스마트폰 이용 시간의 80% 정도가 버스를 타고 출퇴근을 하거나 잠자기 전에 침대에서 이용하는 것처럼 업무 시간이 아닐 때 이용하지만 하루 평균 적게는 3시간에서 많게는 5시간을 스마트폰에 할애하는 것이 현실입니다. 평균 4시간을 잡더라도 한 달에 5일, 즉 일 년이면 두 달을 스마트폰을 사용하는 데 쓴다는 것입니다. 그것도 비생산적인 것에 말입니다. 물론 유희의 인간(homo ludens)인 사람들이 하루 종일 일만 한다는 것 또한 말이 안 될 것입니다. 하지만 스마트폰을 사용하는 시간 동안 가족이나 친구 혹은 취미나 관심사에 집중할 수 있다면 더 값진 인생을 살 수 있지 않을까 생각합니다.

디지털 시대에 소외되는 사람들

누구나 그렇겠지만 기차나 고속버스로 여행을 하기 위해서는 일정에 맞춰 미리 표를 예매하고 역이나 터미널로 이동합니다. 저는 약간 여유 있게 역이나 터미널에 가는 편인데, 바나나맛 우유를 마셔야만 제대로 된 여행이 시작되는 느낌이 들기 때문입니다. 달달한 우유를 마시며 분주히 움직이는 사람들을 바라보는 것이 저만의 의식이죠. 그런데 70에서 80세 정도 되는 어르신들이 하염없이 기차나 버스를 기다리는 모습을 볼 때면 안타깝기 그지없습니다. 어르신들과 잠깐 이야기를 나눠 보면 누군가가 표를 예매해 주지 않는 한 한두 시간 기다리는 것이 다반사라고 합니다. 스마트폰을 이용해서 표를 예매하는 것을 몇 번 배우기는 했지만 고개만 돌리면 기억이 나지 않으니 어쩔 수가 없다고 하십니다.

이런 모습은 역이나 터미널에서만 발견되는 것이 아닙니다. 영화관이나 패스트푸드점은 말할 것도 없고 요즘은 동네 식당이나 커피숍에서도 예외가 아닙니다. 코로나 펜데믹으로 인해 경영상의 어려움이 커지자 매장 인력을 줄이는 대신 티켓 판매나 주문을 키오스크로 대체하고 있기 때문이죠. 지하철역 등에 설치된 무인 민원 발급기의 경우 역사 직원들의 도움을 받아 이용할 수 있는 곳도 있지만 그렇지 않은 곳이 대부분입니다. 그래도 천천히 해보려고 하면 뒤에서 기다리는 사람들의 눈총이 부담스러워서 아예 이용하는 것을 포기한다고 합니다.

상황이 이렇다 보니 어르신들은 직접 대면 서비스를 제공하는 오프라인 매장이 줄어드는 것에 대해 매우 심각하게 받아들이는 것 같습니다. 실제로 2012년 12월 서울 노원구에 있는 한 은행 지점이 폐쇄를 알리자 이에 반대하는 시위가 일어나기도 했습니다. 해당 은행은 오프라인 점포를 완전히 폐쇄하는 것이 아니라 ATM 기계와 AI 은행원을 이용한 무인형 점포로 전환하겠다고 밝혔는데, 어르신들께는 이런 첨단 기기나 기술이 무용지물처럼 느껴졌기 때문입니다. 운영 효율화를 해야 하는 은행의 입장도 이해가 되지만 어르신들은 얼마나 절실했으면 시위까지 하셨을까, 하는 안타까운 생각이 들었습니다. 사실 금융당국도 이런 일들을 막기 위해 사전영향평가를 실시하고 3개월 전에 폐쇄 예고를 하도록 하는 폐쇄 규정을 강화하기도 했지만 큰 효과는 없는 상황인 것 같습니다.

사실 스마트폰이나 키오스크 같은 첨단 장치의 이용을 어려워하는 모습은 어르신들만의 일이 아닌 것 같습니다. 최근에 출시되는 제품이나 서비스가 더 많은 기능을 제공하고 그에 따라 이용법이 점점 더 복잡해지면서 중장년층도 첨단 장치를 이용하기 어려워하는 경우도 많습니다. 전원을 연결하고 스위치만 누르면 작동해야 하는데, 요즘은 눌러야 할 것들이 너무 많습니다. 세탁기나 공기청정기 같이 일상적인 가전제품만 하더라도 버튼을 누를 때마다 작동 모드가 변경되기도 하고, 어떤 경우에는 두 개의 버튼을 동시에 몇 초간 눌러야만 원하는 동작을 실행시킬 수도 있습니다. 그래서 해당 제품이 제공하는 가장 기본적인 기능만 사용하는 경우가 다반사입니다. 게다가 이런 기능이나 서비스의 이용 방식이 제품이나 서비스마다 제각기인 것도 문제인 것 같습니다.

다수의 지자체가 어르신들을 대상으로 하는 다양한 디지털 문해(digital literacy) 교육을 진행하기는 합니다. 스마트폰을 이용해서 현금 이체를 하거나 근처 식당에서 음식을 주문하는 것은 물론 식당에 갔을 때 키오스크를 이용해서 식사를 주문하고 결제하는 방법도 교육합니다. 하지만 그때뿐입니다. 말 그대로 뒤돌아서면 아무것도 기억나지 않는다고 합니다. 저도 어머니께 카카오톡 이용 방법이나 스마트폰으로 임영웅 노래를 듣는 방법을 종종 알려 드리는데, 만날 때마다 미안해하며 다시 물어보십니다. 그나마 예전에 알려 드린 적이 있다는 사실이라도 기억하고 계신 것이 다행스러울 따름입니다.

다행스럽게도 인공지능 스피커는 잘 이용하시는 것 같습니다. "아리아, 임영웅 노래 틀어!"만 알려 드렸는데, 장윤정이나 태진아 노래도 들으실 수 있습니다. 궁금한 것이 있으면 뭐든 물어보라고 말씀드렸더니, 날씨도 물어보시고 뉴스도 틀어 달래서 듣곤 하십니다. 물론 이따금 이미자 선생님의 '섬마을 선생님'이 안 나온다고 전화를 하시기도 합니다. 아무래도 아직까지 인공지능 스피커가 노인들의 명확하지 않은 발음이나 말투를 제대로 인식하지 못하는 한계가 있지만 그래도 직관적이고 자연적인 사용법(인터페이스 방법)은 인공지능 스피커의 활용성을 한껏 높여주는 것 같습니다.

탈(脫)스마트폰의 물결

스마트폰은 우리의 삶을 편하고 윤택하게 해 주는 없어서는 안 되는 문명의 이기인 동시에 현실과 자신의 일에 몰입할 수 없게 만드는 애물단지이기도 합니다. 시시각각 울려 대는 알람은 말할 것도 없고 다른 이와의 대화 중에 걸려 오는 전화는 사람을 참으로 난감하게 만듭니다. 대화 상대를 생각하면 받지 말아야 하겠지만 행여나 중요한 전화일 수도 있기에 받지 않기도 애매합니다. 특히 사업을 하는 분들은 더욱 그럴 것입니다. 여기에 핸드폰 가입이나 투자를 유도하는 스팸 전화나 문자는 사람을 더 짜증나게 합니다. 스팸 필터링을 통해 이런 전화나 문자를 받지 않으려고 해도 띵동 소리가 나면 자동으로 주의가 쏠릴 수밖에 없습니다.

이런 문제를 해결하기 위해 어떤 사람들은 스마트폰의 모든 알람을 비활성화하거나 소리나 진동 없이 화면에만 알람이 표시되도록 설정해서 이용합니다. 어떤 스마트폰 제조사들은 전화기를 엎어 놓으면 알람이 울리지 않는 '매너 모드'를 제공하기도 했습니다. 최근에는 이런 기능을 고도화한

'방해금지 모드'나 '집중 모드' 같은 기능도 생겼습니다. 이는 사용자가 지정한 시간 동안에 알람을 최소화하는 기능입니다. 그 시간 동안에는 전화나 문자는 물론 다양한 앱으로부터 푸시 알람이 수신되더라도 벨소리나 진동, 불빛으로 알람을 표시하지 않게 됩니다. 스마트폰의 알람에 방해받지 않고 회사 업무나 공부에 집중하는 등 온전히 나만의 시간을 만들거나 편안한 잠자리를 원할 때 매우 유용한 기능입니다.

애플은 여기서 더 나아가 iOS 15부터 알림 요약 기능을 제공하기 시작했습니다. 기존의 집중 모드에서 진화한 이 기능은 전화나 문자뿐만 아니라 스마트폰에 설치된 수많은 앱이 시시각각으로 알려 오는 알림을 사용자가 지정한 시각에 한꺼번에 모아서 알려 주는 기능입니다. 그러면 사용자는 별로 중요하지 않은 스마트폰의 알람에 신경 쓰지 않고 일상생활에 집중할 수 있게 됩니다. 물론 중요한 사람의 전화나 특정한 앱이 보내는 알람은 예외적으로 수신할 수 있도록 설정할 수는 있습니다. 동시에 '스크린 타임' 기능을 통해 자신이 얼마나 오랫동안 그리고 얼마나 자주 스마트폰을 이용하고 있는지를 확인하며 동시에 자신의 상황에 맞게 스마트폰 사용을 통제할 수 있도록 하고 있습니다.

스마트폰 이용을 최소화하기 위한 또 다른 방법은 화면 터치 기반의 인터페이스 대신 음성 기반의 인터페이스를 이용하는 것입니다. 즉, 스마트폰의 바탕화면에 설치된 아이콘을 터치해서 앱을 실행하고 개별적인 기능을 수행하거나 가상 키보드를 이용하여 브라우저의 주소창에 검색 키워드를 입력하는 대신 모든 것을 '말'로 대신하는 것입니다. 이 기능은 2011년 말에 애플의 아이폰 4S 출시와 함께 사용되기 시작했고 이후 모든 스마트폰 제조사가 제공하는 기능입니다. 물론 아직까지 음성 인식 기능이 완벽하지 않고 사용할 수 있는 기능도 제한적이라는 한계가 있습니다. 게다가 인터넷 브라우저를 이용할 때와 달리 음성 명령을 통해 검색을 하는 경우 제시할 수 있는 답이 하나로 제한된다는 단점도 있습니다. 인터넷 브라우저가 다양한 기준에 따라 여러 개의 검색 결과를 보여 주는 것처럼 음성으로 여러 결과를 알려 주려고 한다면 시끄러워서 해당 기능을 제대로 이용하지 못할 수 있기 때문입니다. 따라서 음성 검색 서비스를 제공하는 서비스 사업자들은 그 어느 때보다 신중하게 답변을 찾아서 제공하려고 하고 있습니다. 아직까지는 위키피디아 같은 백과사전에 나오는 내용을 중심으로 검색 결과를 제공하고, 백과사전에서 찾을 수 없는 내용에 대해서는 컴퓨터나 스마트폰 검색에서 많이 클릭된 웹 페이지의 내용을 정제해서 제공하거나 과감히 모른다고 대답을 하기도 합니다.

이처럼 음성 인식 기술은 스마트폰에 처음 적용된 지 10여 년이 지났음에도 완벽하지 못합니다. 하지만 인공지능 스피커의 사용자 인터페이스 방식으로 사용되기 시작하면서 그 양상이 달라지고 있습니다. 인공지능 스피커는 아마존이 '에코(Echo)'라는 스피커를 출시한 2014년 11월에 처음 등장했는데, 시장조사 기관인 옴디아(Omdia)의 조사에 따르면 2021년 기준 인공지능 스피커의 전세계 누적 보급량이 무려 5억 대를 넘어섰다고 합니다. 그리고 이 수치는 2023년이면 10억 대에 가깝게 증가할 것으로 예상됩니다. 인공지능 스피커가 처음 출시되었던 2010년대 중반에는 음성 인식률이 떨어지고 이용할 수 있는 서비스도 많지 않아 보급량이 많지 않았지만 그런 문제가 개선되고 보급형 스피커의 가격도 50달러 이내로 낮아지면서 2018년부터 본격적으로 보급되고 있습니다. 실제로 80대인 저희 어머니는 인공지능 스피커를 스마트폰보다 더 잘 사용하고 계십니다. 처음에 기본적인 사용법, 즉 스피커에게 명령하는 방법을 알려 드렸더니 궁금한 일이 있을 때마다 인공지능 스피커에 질문을 하실 정도입니다.

스마트폰과 인공지능 스피커에 사용되기 시작한 음성 명령 기반의 인터페이스는 최근 다양한 장치에 확대 적용되고 있습니다. 무선 이어폰이나 스마트워치는 기본이고 아마존은 스마트 안경이나 반지, 홈서비스 로봇에도 음성 인식 기능을 사용하고 있습니다. 삼성전자를 위시한 가전 제조사들은 냉장고나 TV에 음성 인식 기능을 탑재하기 시작했고 자동차 회사들도 예외가 아닙니다. 자동차 제조사들도 운전 중에 운전자의 주의를 분산시킬 수 있는 기능은 음성 명령을 통해 제어할 수 있도록 하고 있습니다. 처음에는 구글의 '안드로이드 오토'나 애플의 '카플레이' 같은 자동차 연동 솔루션으로 자동차에 연결된 스마트폰을 이용해서 기능을 제어했는데,

최근에는 음성 인식 기술을 차량에 내장하는 방식으로 진화하고 있습니다. 세계 4위의 자동차 제조사인 스텔란티스(Stellantis)가 대표적인데, 아마존의 알렉사(Alexa)를 기반으로 자신의 브랜드에 맞춤화된 음성 비서를 개발해서 사용할 예정입니다.

이런 음성 인터페이스 기술은 해가 갈수록 사용자 친화적인 방식으로 진화하고 있는데, 사용자가 이전에 내린 명령이나 질문과 그에 대한 대답을 바탕으로 후속 질문에 대해 맥락에 맞는 답변을 하기도 합니다. 특히 아마존이 're:MARS 2022'에서 소개한 알렉사의 대화형 탐색(conversational exploration) 기능은 기존의 인공지능 스피커가 질문에 대해 답변만 하던 것과 달리 답변과 관련된 추가 질문을 하도록 함으로써 사용자가 원하는 답변을 보다 정교하게 제시하거나 사용자에게 도움이 되는 제안을 하기도 합니다. 음성 인식 기술이 이 정도로까지 똑똑해지니 굳이 스마트폰이나 노트북을 꺼낼 필요가 줄어드는 것입니다.

시각 인터페이스에서 음성 인터페이스로

스마트폰이 PC를 대체했던 것처럼, 스마트폰 역시 특정한 장치에 의해 대체될 것으로 전망하는 사람이 많습니다. 예를 들면 메타(Meta)가 집중하고 있는 AR/VR 헤드셋이나 인공지능 스피커, 웨어러블, 커넥티드카 같은 것들입니다. 하지만 스마트폰은 PC처럼 단일한 디바이스에 의해 대체되지는 않을 것 같습니다. 다양한 컴퓨팅 파워로 구성된 앰비언트 환경에 의해 대체되리라 생각합니다. 그렇지만 어느 날 갑자기 스마트폰이 사라지지는 않을 것입니다. AR/VR 헤드셋이나 스마트워치, 스마트 글래스의 허브 기능을 제공할 것이기 때문입니다.

음성 명령은 사용자가 직접 스마트폰을 조작하지 않더라도, 즉 '핸즈프리(hands-free)'로 원하는 일을 수행할 수 있게 해 줍니다. 하지만 스마트폰에서 음성 명령을 사용하는 것은 아직까지 그렇게 일반적인 것 같지 않습니다. 저만 하더라도 운전할 때 아니면 거의 사용하지 않습니다. 운전할 때는 운전에 집중해야 하기도 하지만 차 안에 혼자 있는 경우가 대부분이어서 전혀 남의 시선을 의식할 필요가 없기 때문입니다. 하지만 사무실이나 쇼핑몰 혹은 길거리에서 음성 명령을 사용하는 것은 조금 꺼려집니다. 아무도 저에게 신경을 쓰지 않겠지만 다른 사람이 있는 곳에서 혼자 중얼거리는 것이 남에게 폐를 끼칠 수 있고 이상하게 보일 것 같기도 하기 때문입니다.

하지만 2016년 이후 본격적으로 인공지능 스피커가 보급되기 시작하면서 상황이 달라지기 시작한 것 같습니다. 인공지능 스피커가 가족이 한데 모이는 거실에 설치되어 사용되다 보니 아무런 부담 없이 음성 명령을 사용할 수 있게 된 것입니다. "지니야 TV 틀어!", "헤이, 카카오, 볼 빨간 사춘기 노래 틀어 줘!", "하이, 빅스비(Bixby), 로봇청소기 돌려!" 등 사람들은 하루에도 몇 번이나 음성 명령을 실행하기 시작했습니다. 물론 여전히 할 수 있는 것이 별로 없어서 음성 명령을 사용하지 않는 분도 많습니다. 그러나 인공지능 스피커는 가족이 함께 사용하는 공용 기기이다 보니 스마트폰과는 달리 편안하게 음성 명령을 이용할 수 있다는 장점이 있습니다.

이런 상황은 이후 고성능 스마트워치나 무선 이어폰 같은 웨어러블 기기가 보급되면서 빠르게 변하기 시작합니다 워치나 이어폰으로도 스마트폰이나 인공지능 스피커에서와 같이 음성 명령을 사용할 수 있게 된 것입니다. 애플워치를 예로 들어봅시다. 애플워치에 대고 "시리야, 아내에게 전화해 줘!"라고 하면 블루투스로 연결된 스마트폰을 통해 전화가 걸리고 워치를 통해 음성 통화를 하는 것이 가능합니다. 물론 음성 통화나 음성 메모, 알람이나 타이머 등의 간단한 설정 등 여전히 음성 명령으로 이용할 수 있는 기능들은 제한적이지만, 가방이나 주머니에 있는 스마트폰을 꺼내 잠금화면을 해제하고 해당하는 앱을 찾아 실행하는 것보다는 음성 명령을 이용하는 것이 훨씬 빠르고 편리합니다.

물론 처음에는 다른 사람을 의식하기도 했고 통화 내용이 남에게도 다 들릴 수 있어서 많이 사용하지 않았지만 시간이 지나면서 조금씩 분위기가 바뀌기 시작하는 것 같습니다. 영상 통화는 이런 변화에 큰 영향을 끼쳤습니다. 저는 여전히 사람들이 있는 곳에서는 영상 통화를 하는 것이 꺼려지지만 생각보다 많은 분이 길거리는 물론 심지어는 지하철 내에서까지 화상 통화를 하곤 합니다. 더욱이 이어폰까지 이용하면 통화 내용이 남에게 들리지도 않을뿐더러 단지 귀만 막았을 뿐인데 주변 사람의 시선까지도 이전보다 훨씬 덜 느껴지는 것 같습니다. 그래서 보다 편한 마음으로 통화를 하거나 음성 명령을 이용하게 되는 것 같습니다.

미국에서는 웨어러블의 총판매량이 스마트폰의 총판매량에 버금가는 수준입니다. 웨어러블을 이용해서 통화를 하거나 음성 명령을 이용하는 것이 일반화되기 시작하자 아마존이나 구글 같은 기업들은 스마트 반지나 안경테에도 음성 인터페이스를 추가하기 시작합니다. 물론 2014년에 이미 모타(Mota)의 스마트링이나 2012년 6월에 처음 선보인 구글 글래스 같은 제품이 출시된 적이 있지만 본격적으로 음성 인터페이스가 사용되기 시작한 것은 아마존이 '에코 루프(Echo Loop)'라는 스마트 반지와 스마트 안경테인 '에코 프레임(Echo Frames)'을 발표한 2019년부터입니다. 이 중에 아직까지 성공적인 제품은 없었지만 스마트폰을 이용하는 대신 음성 인터페이스가 탑재된 웨어러블 장치를 이용하려는 시도는 계속되고 있습니다.

이처럼 다양한 기업이 다양한 장치에 음성 인터페이스를 탑재하려는 이유는 무엇일까요? 바로 사용자와 관련된 정보를 확보하기 위해서입니다. 그동안 스마트폰 운영체제를 보유하고 있는 구글이나 애플은 앱 사용 패턴이나 검색 키워드 등 스마트폰 이용자의 다양한 활동으로부터 사용자의 기

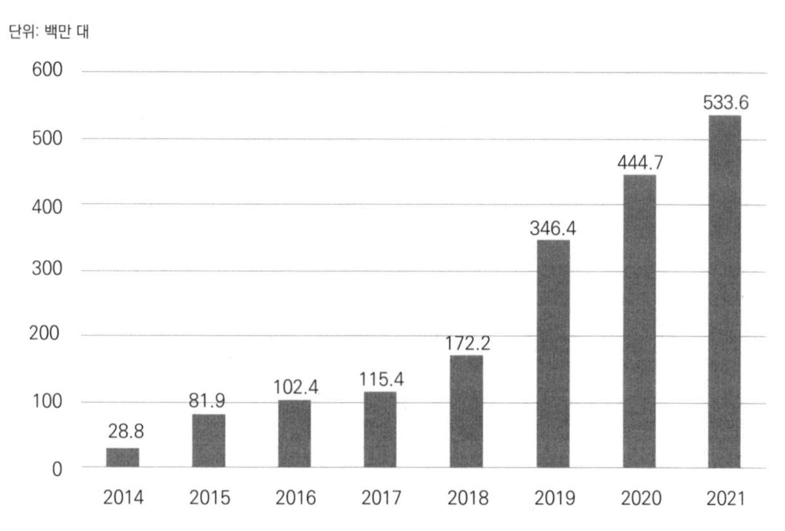

그림 6*. 2014년부터 2021년까지의 글로벌 웨어러블 디바이스 출하량

호나 관심사를 쉽게 파악할 수 있었습니다. 그리고 이를 이용하여 맞춤형 광고 등을 통해 어마어마한 수익을 올릴 수 있었습니다. 그런데 2016년에 제정되어 2018년부터 시행된 유럽연합의 개인정보보호법(GDPR) 등 개인정보의 보호가 중요한 이슈로 떠오르면서 스마트폰에서 확보한 고객정보를 개별 서비스 사업자에 제공하는 것을 중단하기로 결정합니다. 그로 인해 애플은 2021년부터 '앱추적 투명성(ATT)' 정책을 도입하기로 했고, 구글도 2023년부터 유사한 정책을 도입할 예정입니다. 그 결과 주요 온라인 플랫폼 서비스들의 광고 수익이 크게 감소하게 됩니다. 영국의 〈파이낸셜타임스〉 2021년 10월 31일자 기사에 따르면 애플 iOS에 ATT 기능이 적용된 후

* 출처: statista, <www.statista.com>

페이스북, 유튜브, 트위터, 스냅챗의 매출은 약 90억 달러나 감소했다고 합니다. 2022년 2월 초 페이스북의 주가는 하루에만 무려 26% 이상 폭락했고 그 이후에도 추가로 20% 이상 떨어지기도 했습니다. 심지어 스냅챗 서비스를 제공하는 스냅의 경우에는 하루만에 주가가 43%나 빠지기도 했습니다.

이런 상황은 주요 IT 기업들로 하여금 스마트폰 운영체제가 아닌 다른 방법을 통해 고객 관련 정보를 획득할 수 있는 방법을 찾도록 만들었습니다. 그중 하나가 음성 인식입니다. 아직까지는 음성 명령이 보편화되어 있지 않지만 인공지능 스피커나 다양한 형태의 웨어러블을 이용해서 스마트폰의 사용을 줄임과 동시에 고객 관련 정보를 확보할 수 있다면 기존과는 다른 차별화된 경쟁력을 얻을 수 있기 때문입니다. 하지만 주요 음성 인식 서비스 역시 스마트폰 운영체제를 제공하는 애플과 구글이 제공하고 있습니다. 그런 측면에서 가장 많은 인공지능 스피커를 판매한 아마존과 가장 많은 스마트폰을 판매한 삼성전자의 음성 인식 서비스에 주목하는 것입니다. 이들은 지금보다 음성 인식 서비스가 보편화된다면 지금의 애플이나 구글과 같은 무기를 확보할 수 있게 되는 것입니다. 스마트폰 운영체제의 종속에서 벗어날 수 있는 또 다른 방법은 별도의 서비스 장치를 기반으로 하는 생태계를 만들어 나가는 것입니다. 페이스북에서 이름을 바꾼 메타가 AR/VR 기기인 오큘러스 기기를 중심으로 하는 메타버스 생태계를 만들어

가려는 이유가 바로 여기에 있는 것입니다.

정점을 지나가는 스마트폰 시대

과학기술정보통신부가 매달 정기적으로 공개하는 〈무선통신 서비스 가입자 통계〉에 따르면 2021년 12월 기준 우리나라의 이동통신 서비스 가입자 수는 7,285만 회선입니다. 이 중 76%에 달하는 5,532만 회선이 실제로 우리가 사용하는 휴대폰이며 나머지 24%에 해당하는 1,753만 회선은 사물인터넷이나 기타 목적으로 사용됩니다. 또한 사람이 사용하는 5,532만 회선 중 스마트폰의 비중은 93.4%로 약 5,166만 회선이며 이는 우리나라 인구수와 비슷한 수준입니다. 미취학 어린이와 일반 휴대폰을 사용하는 학생과 어르신을 빼면 두 대 이상의 스마트폰을 사용하는 성인들이 꽤 된다는 이야기입니다. 그만큼 스마트폰은 우리 생활에 없어서는 안 되는 존재로 자리잡고 있다는 이야기일 것입니다.

그런데 스마트폰은 언제까지 이렇게 중요한 자리를 차지할까요? 제 생각에는 짧게는 5년에서 길어야 10년 정도 되지 않을까 싶습니다. 그 즈음이면 지금의 스마트폰과는 전혀 다른 형태의 장치를 이용할 수도 있고 어쩌면 아예 스마트폰을 이용하지 않을지도 모릅니다. 놀라운 사실은 이런 변화가 이미 나타나고 있다는 사실입니다. 스마트폰의 출하량은 2017년을

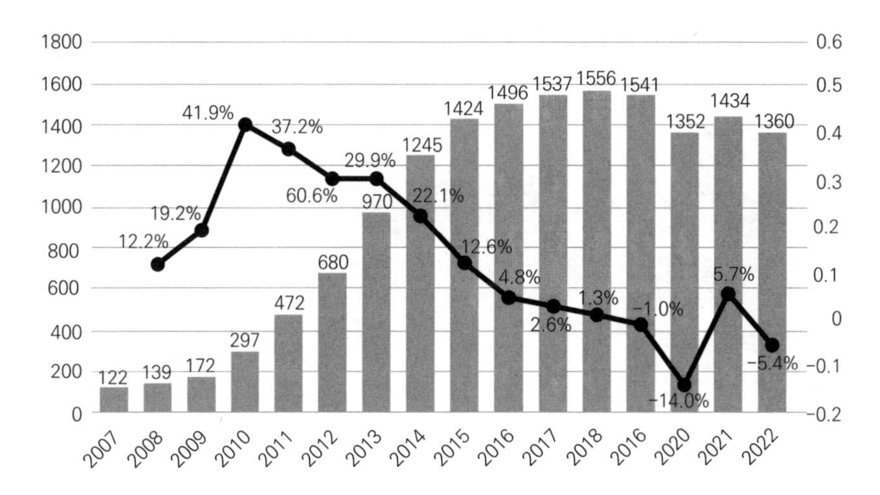

그림 7*. 연간 스마트폰 출하량 및 증감율

정점으로 조금씩, 하지만 꾸준히 줄어들고 있습니다. 시장조사 기관인 카운터포인트 리서치(Counterpoint Research)가 2022년 초에 발표한 자료에 따르면 전세계 스마트폰 출하량은 2017년을 정점으로 연평균 3% 수준으로 꾸준히 감소하는 것으로 나타나고 있습니다. 2021년 전세계 스마트폰 출하량이 2020년에 비해 4% 증가한 것으로 나타나기도 했지만 이는 코로나로 인해 10% 이상 생산량이 급감했던 2020년에 대한 기저 효과에 불과한 것이었고 2022년에도 3.5% 줄어들 것으로 전망됩니다.

스마트폰 출하량이 지속적으로 감소하는 이유는 여러 측면에서 생각해 볼 수 있습니다. 아무래도 최근의 감소세는 코로나 펜데믹으로 인한 공

---

* 출처: statista, <www.statista.com> Counterpoint Research, <www.counterpointresearch.com>

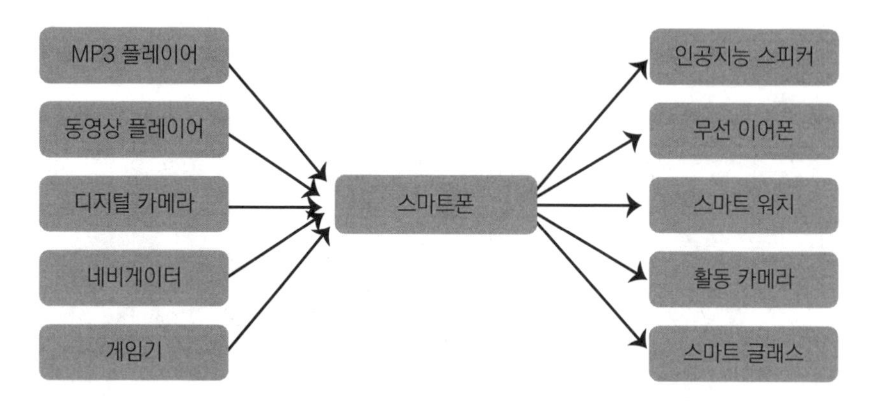

그림 8. 다양한 디지털 기기를 통합했던 스마트폰이 여러 스마트 기기에 의해 대체됨

급망 차질이나 과도한 유동성 공급 및 러시아-우크라이나 전쟁으로 인한 인플레이션의 영향도 클 것입니다. 하지만 2017년부터 감소된 부분은 이런 이유만으로는 설명이 되지 않을 것 같습니다. 그렇다면 어떤 이유 때문에 스마트폰 출하량이 계속해서 감소하고 있는 걸까요? 그건 기본적으로 스마트폰 시장이 포화되었기 때문일 것입니다. 게다가 스마트폰의 교체 주기는 지속적으로 늘어나고 있습니다. 한국인터넷진흥원의 조사에 따르면 2014년 약 23개월이었던 스마트폰 교체 주기가 2018년에는 33개월로 10개월이나 늘었으며 2022년에는 3년 이상일 것으로 예상하고 있습니다. 이는 글로벌 시장에서도 마찬가지입니다. 스트래티지 애널리틱스(Strategy Analytics) 자료에 따르면 전세계 스마트폰 평균 교체 주기는 2013년에 25.6개월에서 2020년에는 43개월로 길어졌다고 합니다. 스마트폰 시장이 포화

된 상황에서 교체 주기가 늘어나니까 스마트폰에 대한 수요가 줄어들 수밖에 없는 것입니다.

또 다른 이유는 더 이상의 혁신이 부재하기 때문일 것입니다. 물론 최근 화면이 접히는 폴더블폰이 출시되고 있고 화면이 돌돌 감기는 롤러블폰도 조만간 출시될 것으로 보이지만 더 이상의 성능 개선이나 카메라의 화질 개선은 큰 의미가 없다는 것이 일반적인 평가인 것 같습니다. 게다가 비싼 스마트폰의 가격도 또 다른 원인으로 지목되고 있습니다. 놀라운 혁신도 없는 스마트폰의 가격이 100만 원을 훌쩍 뛰어넘자 가성비를 따지기 시작한 것입니다. 애플이나 삼성전자가 스마트폰 구독 서비스를 출시한 것도 비싼 가격에 대한 부담을 완화하면서 스마트폰의 교체 주기를 줄이기 위함일 것입니다.

그렇다고 해서 미래에 일반 휴대폰이나 스마트폰 같은 휴대용 단말기를 전혀 사용하지 않는다는 것은 아닙니다. 비록 스마트폰이 앞으로 등장할 메타버스나 앰비언트 서비스에 비해 경험의 수준은 낮지만 언제 어디서나 동일한 수준의 경험을 제공할 수 있는 유용한 장치이기 때문입니다. 대신 다양한 웨어러블 기기를 통해 스마트한 기능을 제공하기 위한 휴대용 허브(mobile hub) 장치로 이용될 가능성이 큽니다. 해외여행을 갈 때 와이파이 라우터를 빌려 여러 대의 스마트폰을 연결해서 썼던 것처럼, 미래의 스마트폰은 스마트폰 본연의 기능보다는 다양한 웨어러블이나 서비스 전용 장치를 연결하기 위한 무선 라우터의 역할을 하게 될 것입니다. 그리고 웨어러블 장치를 통해 제공되는 음성이나 영상 정보를 '로컬'하게 처리하는 모바일 에지 허브(mobile edge hub)의 역할을 할 것으로 보입니다.

이런 가능성은 2013년에 개봉한 스파이크 존즈(Spike Jonze) 감독의 영화 〈그녀(Her)〉에 나오는 장치에서도 확인됩니다. 주인공인 시어도어 테오도르는 성냥갑처럼 생긴 모바일 라우터 장치에 무선 이어폰을 연결해 인공지능 운영체제인 사만다와 대화를 하고 장치에 설치된 카메라를 통해 자신이 보는 것을 사만다와 함께 공유하는데, 이와 비슷한 장치가 사용될 것으로 보입니다. 다만 지금의 스마트폰과 달리 굳이 디스플레이는 포함하지 않을 가능성이 높습니다. 대신 이 장치와 무선으로 연결되며 접히거나 둘둘 말리는 휴대용 디스플레이 장치가 따로 존재할 것 같습니다. 물론 모바일 라우터 같은 미래의 스마트폰이 출시되기 전에 화면을 돌돌 감는 롤러블 디스플레이를 탑재한 스마트폰이 등장할 가능성이 큽니다.

이런 변화는 스마트폰 제조사 및 스마트폰 기반의 서비스를 제공하던 서비스 사업자들에게 시사하는 바가 크다고 생각합니다. 실제로 스마트폰 제조사들은 이미 무선 이어폰이며 스마트워치, 스마트 글래스 등 다양한 웨어러블 장치를 보급하기 위해 노력하고 있습니다. 삼성전자만 하더라도 갤럭시워치, 갤럭시 버즈를 판매하고 있고 2023년에 첫 번째 AR 글래스를 출시할 것으로 보입니다. 애플도 마찬가지며 중국의 주요 스마트폰 제조사들도 상황은 비슷합니다. 다만 스마트폰 기반의 서비스 사업자들은 대부분 여전히 이런 변화를 인지하지 못하는 것 같습니다. 당장에 지금과 같은 스마트폰이 사라지지는 않겠지만 변화하는 시장 환경에 선제적으로 대처하지 않는다면 큰 어려움을 겪을 것이 자명합니다.

포스트 스마트폰 시대를 준비하는 아마존

세계에서 가장 잘 나가는 기업 중의 하나가 아마존입니다. 1995년 온라인 서점으로 시작해 이제는 전세계에서 가장 큰 유통기업 중 하나로 성장했으며 클라우드 서비스 분야에서도 가장 큰 시장 점유율을 차지하고 있는 기업입니다. 또한 샤오미에 이어 전세계 기업 중에서 두 번째로 많은 스마트홈 기기가 달라붙은 플랫폼을 운영하는 기업이기도 합니다. 그러나 이런 아마존도 처음 20년 동안은 제대로 된 수익을 내지 못했습니다. 수익은 꾸준히 증가했지만 다른 IT 기업들보다 훨씬 많은 비용을 연구개발(R&D)에 투자했기 때문입니다. 전세계에서 가장 많은 R&D 비용을 쓰는 기업이 바로 아마존이죠. 게다가, 장기적인 관점에서 당장에 이윤을 남기기보다는 그 혜택을 고객에게 돌림으로써 더 많은 고객을 확보하고 자신의 플랫폼에 묶어 두려 한 것도 원인 중의 하나일 것입니다. 그랬기 때문에 아마존은 현재 가장 성공적인 플랫폼 기업이 될 수 있었던 것이고 최근 몇 년 사이에 하나둘 그 결실을 맛보고 있습니다. 다수의 플랫폼 기업이 아마존을 따라 하려고 하고 있죠.

아마존 고(Amazon go)는 이미 많이 알고 계시리라 생각합니다. 우리나라에서는 무인 편의점으로 알려져 있지만 정확하게는 계산원이 없는 편의점입니다. 실제로 아마존 고 매장에 가보면 샌드위치를 만드는 직원도 있고 진열대에 물건을 채우는 직원도 있습니다. 그리고 주류 코너에 가면 신분증을 확인하는 직원도 있죠. 아무튼, 이런 아마존 고를 이용하기 위해서는 스마트폰에서 아마존 고 앱을 실행시킨 후 QR 코드를 찍고 게이트로 들어가면 됩니다. 코로나 시절 식당을 방문할 때마다 QR 코드를 찍었던 것처럼 말입니다. 그리고 원하는 물건을 고른 후 그냥 매장을 나오면 됩니다. 매장에 있는 카메라와 센서가 우리가 어떤 물건을 취했는지 정확히 알기 때문입니다.

저도 아마존 고 매장을 세 번 이용해 봤는데 너무나 편리했습니다. 그런데 아마존은 이런 아마존 고 매장에도 여전히 불편하고 개선해야 할 점이 있다고 생각합니다. 바로 매장에 들어갈 때 QR 코드를 찍는 것입니다. 본인임을 확인하기 위해서 QR 코드를 찍어야 하고 이를 위해 별로 쓸데도 없는 스마트폰을 들고 다녀야 한다고 생각한 것입니다. 그래서 아마존은 사용자의 손바닥을 인증하는 식으로 QR 코드를 찍거나 스마트폰을 들고 다녀야 하는 불편함을 해결했습니다. 이처럼 손바닥으로 본인을 인증하고 결제까지 연동되도록 하는 기술이 아마존 원이라는 기술입니다.

아직은 막 시작하는 단계이지만 아마존은 이 기술을 자사의 아마존 고 매장이나 홀푸드 매장뿐만 아니라 스타벅스를 포함한 다양한 리테일 매장에 확산시키기 위해 노력하고 있습니다. 야구경기나 콘서트를 보러 갈 때도 손바닥 인증을 통해 입장이 가능해지도록 만들고 있습니다. 아마존 고는 첨단기술로 계산원을 교체한 것이 아니라 고객과 계산원이 상호작용하는 것을 교체한 것입니다. 만약 대부분의 매장에 아마존 원과 같은 기술이 보급되면 어떤 일이 일어날까요? 아마도 스마트폰을 쓸 일이 현격히 줄어들 것입니다. 그렇다면 자체 스마트폰이 없더라도 고객과 관련된 다양한 정보를 확보하는 것이 가능해질 것입니다. 더욱이 집이나 사무실에서는 스마트폰보다 스마트 기기들을 이용해서 서비스를 이용하기 시작하고 있습니다. 따라서 더 이상 스마트폰에 집중할 이유가 없는 것입니다. 대신 아마존은 집에서는 서비스 로봇, 밖에서는 스마트 안경이나 무선 이어폰과 같은 웨어러블 및 자동차에서의 사용자 인터페이스를 장악하기 위해 노력하고 있습니다. 아마존은 자체 스마트폰을 포기하는 대신 스마트폰 이후 시대를 준비하기로 한 것입니다.

아마존은 매년 9월 말에 하드웨어 이벤트 행사를 개최합니다. 이 행사에서 아마존은 다양한 스마트 기기를 소개하는데, 2019년에는 다양한 형태의 에코 스피커는 물론 알렉사가 포함된 무선 이어폰인 에코 버즈(Echo

Buds), 알렉사가 포함된 안경인 에코 프레임, 그리고 알렉사가 포함된 반지인 에코 루프 등을 공개하기도 했습니다. 과거 파이어폰을 출시했을 때처럼 하나의 비싼 장치에 모든 리소스를 쏟아부었던 것과는 정반대의 접근 방식입니다. 게다가 경쟁사의 여러 유사 제품보다 가격도 훨씬 저렴합니다. 아마존은 분명히 유비쿼터스의 편재성을 추가하고 있습니다.

메타버스는 허상이라고?

유비쿼터스 컴퓨팅을 구현하는 첫 번째 방법은 스마트폰이라는 작은 컴퓨터를 항상 휴대하고 다니면서 필요할 때마다 컴퓨팅 파워를 이용하는 것이었습니다. 사람들은 컴퓨팅 서비스를 이용하기 위해 스마트폰의 작은 화면에 줄지어 배치된 애플리케이션 아이콘을 터치한 후 다시금 5~6인치 정도의 화면에 집중해야만 했습니다. 가상 세계에 존재하는 대부분의 서비스가 터치스크린이라는 2차원의 작은 화면을 통해 제공되었기 때문입니다.

하지만 이런 방식은 사람들이 현실 세계에 집중하는 것을 어렵게 만들었습니다. 스마트폰 화면을 통해 제공되는 재미있고 화려한 영상을 보면서 현실 세계의 일을 한다는 것은 불가능했습니다. 때에 따라서는 중독 현상을 일으키기도 해서 스마트폰 사용을 자제하거나 억제하려는 다양한 노력도 잇따랐습니다. 음성 명령을 통해서 스마트폰을 제어하거나 소리 기반의 서비스를 이용함으로써 현실 세계에 집중하려는 것도 그런 노력의 일환일 것입니다.

이 장에서 다룰 메타버스와 다음 장에서 소개할 앰비언트 서비스는 이런 문제, 즉 현실 세계 혹은 가상 세계에 집중할 수 없는 문제를 해결하기 위해 개발되고 있는 것들입니다. 즉, 컴퓨팅 서비스에 몰입하거나 아니면 현실 세계에 집중할 수 있도록 사람과 컴퓨팅 서비스를 같은 세상에 존재하게 하는 것입니다. 그것이 가상 세계이든 현실 세계이든 말입니다. 이 중에서 사람과 컴퓨팅 서비스를 모두 가상 세계에 존재하게 함으로써 사람들로 하여금 현실 세계는 잊고 가상 세계에 집중하도록 하는 기술이 바로 메타버스라는 것입니다.

그렇다고 해서 메타버스가 전혀 새로운 기술이라는 것은 아닙니다. 메타버스는 여전히 인터넷 기술을 바탕으로 하고 있으며 기존에 존재했던 인터넷 서비스가, 인터페이스 방식이나 서비스 구현 방식에 있어서 보다 고도화되고 복합적인 기술을 사용하는 것일 뿐입니다. 그로 인해 현실 세계에서 가능한 모든 일을 시공간의 제약이 없는 가상 세계에서 더욱더 실감나는 방식으로 할 수 있게 됩니다.

따라서 페이스북이나 마이크로소프트를 비롯한 주요 ICT 기업들은 초기 메타버스 생태계를 장악하기 위해 노력하고 있습니다. 페이스북은 사명을 메타로 바꾸고 사내에 리얼리티 랩스(reality labs)를 설치하여 메타버스 관련 기술과 서비스를 개발하는 데 여념이 없습니다. 하지만 아직까지 제대로 된 비즈니스 모델이 부재하며 유의미한 실적을 내는 사례를 찾는 것이 쉽지 않은 것이 현실입니다. 게다가 코로나 엔데믹이 다가오고 글로벌한 인플레이션과 유동성 축소 및 그로 인한 경기 침체 등의 여파로 관련 분야의 투자가 줄어드는 등 어려움을 겪고 있습니다.

가상 세계와 현실 세계의 결합

가상현실(VR, virtual reality)은 컴퓨터 기술을 이용해서 만들어진 실제와 유사하지만 실제가 아닌 환경이나 상황을 가리킵니다. 흔히 VR 헤드셋을 이용해서 3차원의 입체적인 경험을 할 수 있도록 하는 것을 가상현실 서비스라고 하는데, 이는 가상현실을 매우 좁게 생각하는 것입니다. 소프트웨어 기술을 이용하여 현실에 존재하는 것을 지금 우리가 보편적으로 이용하는 스마트폰이나 데스크탑 화면에 표현한다면 그것이 모두 다 가상현실인 것입니다. 온라인 쇼핑몰은 오프라인에 존재하던 쇼핑몰을 가상의 공간에 만들어 놓은 것이며 온라인 은행은 오프라인에 존재하던 은행 매장을 가상의 공간에 만들어 놓은 것이기 때문입니다. 이런 관점에서 과거 PC통신 시절 텍스트로 되어 있던 전자 게시판 시스템(BBS, bulletin board system)이나 텍스트와 이미지 중심의 웹(web)도 엄밀한 의미에서는 가상현실이라 할 수 있습니다. 다만 컴퓨터 기술이 발전함에 따라 가상 세계를 현실과 보다 더 비슷하고 사실적으로 표현하는 것이 가능하게 되었을 뿐입니다. 여기에 최근에는 냄새나 진동, 바람과 같이 현실 세계에서만 경험할 수 있을 것이라 생각했던 것들까지 가상 세계에서 경험할 수 있도록 진화하고 있습니다.

실제로 가상현실 기술은 가상 세계와 현실 세계를 결합함으로써 현실감과 몰입감을 높이는 방향으로 진화해 나가고 있습니다. 가상현실은 가상 세계와 현실 세계를 결합하는 수준에 따라 증강현실(AR, augmented reality), 혼합현실(MR, mixed reality), 거울세계(mirror world)로 구분합니다. 먼저 가상의 환경에 가상의 객체가 존재할 경우 이것은 완전한 가상현실이 됩니다. 게임, 인터넷 쇼핑 등 우리가 컴퓨터나 스마트폰에서 접하게 되는 대부분의 것이 이에 해당합니다. 만약 현실의 환경에 가상의 객체가 존재하거나 덧붙여진다면 이를 증강현실이라 부릅니다. 증강현실은 스마트폰이나 마이크로소프트의 홀로렌즈와 같이 현실 세계의 이미지와 가상 세계의 이미지를 겹쳐서 보여 줄 수 있는 씨쓰루(see-through) 장치를 통해서 구현됩니다. 한때 온가족이 즐겼던 포켓몬 게임이나 자동차 앞유리에 내비게이션 지도를 보여 주는 HUD(head-up display)가 대표적인 증강현실 장치이자 서비스입니다. 이 외에도 스마트 안경을 활용하여 현실 세계에 가상의 아바타를 형성하고 그 아바타와 함께 달리기를 할 수 있도록 하는 '고스트 페이서(ghost pacer)' 같은 서비스도 존재합니다.

각각 구분되는 현실 세계의 객체와 가상 세계의 객체를 겹쳐서 보여 주는 것이 증강현실이라면 두 객체를 정교하게 결합해서 마치 하나의 객체가 존재하는 것처럼 보여 주는 것을 혼합현실이라고 부릅니다. 새롭게 생성된 개체는 어떻게 결합하느냐에 따라 현실 세계에 존재하는 객체처럼 보일 수도, 가상 세계에 존재하는 객체처럼 보일 수도 있습니다. 화장품 전문기업인 로레알의 가상 메이크업 앱인 '메이크업 지니어스(makeup genius)'는 현실 세계에 존재하는 객체처럼 만들어 주는 앱인데, 사용자는 스마트폰 화면에 보이는 자기 얼굴의 특정 부위를 선택한 후 테스트해 보고 싶은 제품을 선택하면 해당 제품을 바른 효과를 보여 줍니다. 따라서 직접 화장품 매장을 방문하지 않고도 여러 화장품을 테스트해 볼 수 있으며 자신의 피부 색이나 옷에 어울리는 화장품을 온라인으로 구매할 수 있게 도와줍니다. '브왈라(voila)'라고 하는 앱은 사용자의 얼굴을 디즈니의 만화 캐릭터처럼 바꿔 줍니다.

최근에 틱톡(tiktok)이라는 사회관계망 서비스가 인기를 끌고 있는데, 여러 이유가 있겠지만 위와 같은 다양한 기능을 무료로 이용해서 영상을 촬영하거나 방송을 할 수 있게 해주기 때문입니다. 화장을 전혀 하지 않은 채 카메라를 켜도 아주 예쁘고 모델 같은 사람으로 만들어 주니 누구나 카메라를 들이대고 영상을 찍고 방송을 하려고 하는 것입니다. '라방'이라고 하는 실시간 방송을 보다 보면 방송을 보는 사람들이 선글라스나 모자 혹은 몸에 착용하는 다양한 아이템을 선물하는데, 이처럼 혼합현실에 가상현실이나 증강현실 기술을 동시에 적용하는 것을 확장현실(XR, extended reality)이라고 합니다.

마지막으로 가상 세계를 마치 현실 세계의 사진을 찍어 옮겨 놓은 것처럼 사실적으로 구현한 것을 거울세계라고 부릅니다. 컴퓨터를 이용해서 전세계를 볼 수 있도록 해주는 '구글 어스(google earth)'나 카카오맵 같은 지도 앱에서 제공하는 '로드뷰' 혹은 '스트리트뷰' 기능이 거울세계의 대표적인 사례라 할 수 있습니다. 이들은 실제로 존재하는 공간을 여러 장의 사진을 합성하여 사실적이며 입체적으로 보이게 만든 것인데, 3D 모델링 및 렌더링 기술을 이용하면 실제로 존재하지 않는 공간이라도 마치 실제 공간이나 실제 객체인 것처럼 느끼게 해 줍니다.

최근에는 여기에 인공지능 기술이 더해짐으로써 정말 자연스러운 모습을 제공해 주고 있습니다. 엔비디아(nvidia)의 NeRF(neural radiance fields) 기술은 2차원 사진 몇 장만 있으면 단지 몇 초 만에 3차원의 입체적인 이미지를 만들어 주기도 합니다. 이런 기술은 아직까지는 게임이나 지도 서비스 등 일부 영역에 국한되어 이용되고 있지만 앞으로는 제품의 설계나 스마트 도시 기획 등 다양한 응용 분야에 활용될 것으로 기대됩니다.

현실감을 높여야 가상 세계를 잡는다

거울세계는 극사실주의 기법으로 그린 작품처럼 현실을 있는 그대로, 혹은 현실보다 더 현실처럼 보이게 해 줍니다. 하지만 딱 거기까지입니다. 거울세계가 아무리 현실을 있는 그대로 옮겨 놓더라도 현실과는 완전히 분리되어 있기 때문에 활용성이 제한적입니다. 그래서 두 세상을 연결하여 가상 세계에서 현실 세계의 변화를 경험하거나 가상 세계의 변화를 현실 세계에서 경험하기 위한 기술도 함께 개발되고 있습니다. 이를 디지털 트윈 가상물리시스템(CPS, cyber-physical system) 기술이라고 합니다.

먼저 디지털 트윈은 우리가 흔히 아는 아바타처럼 현실 세계에 존재하는 객체와 흡사한 디지털 쌍둥이를 가상 세계에 만들어 놓은 것을 말합니다. 일반적으로 아바타가 현실 세계에 존재하는 객체의 외적인 이미지만 묘사한 것인 반면에 디지털 트윈은 객체와 관련된 다양한 특성까지도 반영한 것입니다. 전구를 예로 들면 디지털 이미지 합성 기술을 통해 전구와 아주 흡사한 디지털 객체를 만든 후에 전원 상태, 밝기, 색 등과 같은 전구의 특성에 해당하는 파라미터 값도 함께 형성해 줍니다. 그러면 디지털 객체의 상태는 이런 파라미터 값에 따라 수시로 바뀝니다. 만약 색이 녹색이면 전구의 디지털 객체도 녹색으로 바뀌고, 만약 전원 상태가 '꺼짐'으로 바뀌면 디지털 객체도 불이 꺼진 전구로 바뀌게 됩니다.

이런 디지털 트윈은 사물인터넷 기술을 이용하여 현실 세계에 존재하는 물리적인 객체와 연결될 수 있습니다. 그리고 실시간으로 상태 변화를 다른 세계에 있는 쌍둥이 객체에 전달하여 반영하는 것이 가능합니다. 스마트 전구를 예로 들면 우리가 스마트폰 앱의 전구 아이콘을 터치함으로써 가상 세계에 존재하는 전구를 켜게 되면 이와 동시에 현실 세계의 전구도 켜집니다. 마찬가지로 현실 세계에 존재하는 전구의 전원을 끄면 동시에 가상 세계(스마트폰 앱) 전구의 전원도 꺼지게 됩니다. 이처럼 현실 세계의 변화가 가상 세계에, 그리고 가상 세계의 변화가 현실 세계에 실시간으로 반영되어 함께 상태가 변하는 것을 가상물리시스템이라고 합니다. 즉, 현실 세계의 물리적 객체와 이것의 디지털 쌍둥이인 가상 세계에 존재하는 디지털 객체의 상태 변화가 양방향으로 동시에 일어나는 것을 의미합니다.

디지털 트윈과 가상물리시스템이 중요한 것은 큰 돈을 들이지 않고 특정한 상황에 대한 모의실험(simulation)이 가능하기 때문입니다. 스마트도시의 설계가 대표적인데, 특정한 위치에 고층 빌딩을 지었을 때의 영향을 실제로 건물을 짓기 전에 컴퓨터 시뮬레이션을 통해 확인할 수 있게 해 줍니다. 예를 들면 시간대에 따른 건물 그림자의 영향이나 그 건물에 드나드는 사람이나 자동차가 인근 지역의 교통체증에 미치는 영향, 혹은 그 건물이 도시 바람길에 미치는 영향 및 그로 인한 미세먼지 상태의 변화 등을 시뮬레이션을 통해 알 수 있게 해 줍니다. 이를 통해 도시 당국은 무분별한 도시 개발을 방지하거나 도로, 주차 공간, 전기, 수도 등 추가로 필요한 도시

인프라를 확인하고 개선하는 데 사용할 수 있습니다. 싱가포르가 2014년 말부터 구축하기 시작한 '가상 싱가포르(virtual singapore)'라는 스마트시티 플랫폼이 대표적인 사례인데, 도로, 빌딩, 아파트는 물론 가로수와 육교, 공원의 벤치까지 모든 도시 구조물과 그에 대한 상세한 정보를 3D 가상공간에 옮겨 놓음으로써 기존 설비의 유지 보수, 신도시 계획, 태양광 패널 설치 등에 유용하게 활용하고 있습니다.

가상 세계를 현실 세계와 연결하는 것 외에도 인간의 오감을 활용함으로써 가상 세계의 현실감을 높이는 방법도 있습니다. 아직까지 모든 유형의 가상현실 기술들은 주로 시각과 청각 중심의 경험에만 의존하고 있는데, 여기에 촉각이나 후각, 미각과 같은 경험을 추가하는 것입니다. 마치 4D 극장에서 영화를 보는 것처럼 말입니다. 가상 세계에서 롤러코스터를 타는 경우를 가정하면 언덕으로 올라갈 때 덜덜거리는 소리와 함께 진동을 느끼게 해 줄 때 현실감이 더욱 높아질 것입니다. 여기에 롤러코스터의 주행 속도나 각도에 따른 바람의 방향이나 세기까지 달라지게 한다면 이것이 현실인지 꿈인지 정말 구분이 안 될 것 같습니다. 이 외에도 콘텐츠에 따라 물방울이나 연기, 향수 등을 이용해서 마치 현장에 있는 것 같은 몰입감을 제공할 수 있을 것입니다. 이처럼 동시에 여러 가지 인터페이스 방법을 이용하여 현실감을 높이려는 노력을 다중경험(multi-experience)이라고 합니다.

최근에는 촉각을 이용하기 위한 기술이 광범위하게 개발되고 있는데,

손으로 어떤 사물을 만지는 느낌을 전달하기 위한 햅틱 장갑(haptic glove)은 물론 온몸으로 충격이나 진동을 전해주기 위한 햅틱 수트(haptic suit)도 개발되고 있습니다. 이런 장치들은 아직은 주로 전투 게임 등에만 제한적으로 사용되고 있는데, 옷감의 감촉을 느낄 수 있게 하는 식으로 가상 쇼핑 분야에서 사용될 수 있고 다양한 산업분야의 교육 과정에서도 활용될 수 있을 것으로 보입니다. 또한 아마존의 오리지널 비디오 중의 하나인 〈업로드(Upload)〉에 나오는 것처럼 사람 사이 혹은 현실 세계의 사람과 가상 세계에 존재하는 사람 사이의 신체적인 교감을 나눌 때도 사용될 수 있을 것입니다.

제 4의 물결을 대표하는 메타버스

최근 핫한 용어 중의 하나가 메타버스입니다. 메타버스는 가상 혹은 초월을 의미하는 '메타(meta)'와 우주를 의미하는 '유니버스(universe)'가 결합된 신조어인데, 일반적으로는 기존의 인터넷과는 차원이 다른 인터넷 세상을 가리키는 용어로 사용되곤 합니다. 1992년 출간된 닐 스티븐슨(Neal Stephenson)의 소설 《스노 크래시》에 처음으로 등장한 이 용어는 일반적으로는 '현실 세계와 같은 사회적, 경제적 활동이 통용되며 상호작용이 가능한 몰입형 3차원 가상공간' 정도의 의미로 이용되고 있습니다. 그래서 키보드나 마우스를 이용하는 대신 눈을 뒤덮는 헤드셋을 착용하고 인터넷 서비스를 이용하는 것을 메타버스라고 부르기도 합니다. 즉, 우리가 잘 아는 가상현실이나 증강현실의 상위 개념으로 현실을 디지털 기반의 가상 세계로 확장해, 가상의 공간에서 모든 활동을 할 수 있게 만든 시스템을 말합니다. 다시 말하면 메타버스는 직업, 금융, 학습 등 현실 세계에서 법적으로 인정되는 다양한 활동이 연결된 가상 세계를 의미한다고 할 수 있습니다.

그런데 포트나이트(fortnite)의 에픽 게임스(epic games)같은 인터넷 게임이나 로블록스(roblox)나 제페토 같은 사회관계망서비스(SNS)처럼 메타버스 서비스라고 일컬어지는 것은 대부분 기존과 동일한 컴퓨터 혹은 스마트폰 환경에서 마우스와 키보드 혹은 화면 터치를 통해 이용하고 있습니다. 물론 페이스북의 '호라이즌 월드(horizon world)'처럼 헤드셋을 착용해야만 이용할 수 있는 서비스도 존재합니다. 그리고 이런 플랫폼에서 제공되는 서비스들은 대부분 기존의 가상현실에서 작동하는 것들로 현실 세계와는 아무런 관련이 없습니다. 이처럼 메타버스에 대한 일반적인 정의와 우리가 현실에서 경험하는 메타버스는 너무도 차이가 크다 보니 많은 사람이 메타버스에 대해 혼란스러워하는 것 같습니다.

그 이유는 메타버스의 본질보다는 겉으로 보이는 표면적인 것에 집중했기 때문인 것 같습니다. 즉, 가상현실을 설명할 때 말씀드렸던 것처럼 메타버스 역시 2차원이냐 3차원이냐는 중요하지 않습니다. 헤드셋을 이용하든 컴퓨터를 이용하든 이 또한 중요하지 않습니다. 이는 기술과 비용의 문제일 뿐이며, 시간이 지남에 따라 더욱더 현실감과 몰입감을 높이는 방향으로 발전할 것이기 때문입니다.

메타버스에서 중요한 것은 '사람과 사람 사이의 관계'에 있습니다. 즉, 현실 세계에서 사람과 사람 사이에 일어나는 모든 일을 가상 세계에서도 그대로 구현할 수 있다면 그것이 메타버스인 것입니다. 그런 측면에서 기존에 존재하는 다양한 인터넷 서비스도 대부분 메타버스라고 할 수 있습니다. 예를 들어 카카오톡에 단톡방을 만들어 회의를 했다면 이 역시 아주 기본적인 형태의 메타버스 서비스라고 할 수 있을 것입니다. 만약, 스마트폰 앱을 이용해서 중고 거래를 하거나 동네 중국집에서 자장면을 주문해서 먹었다면 이 역시 기본적인 형태의 메타버스 서비스를 이용했다고 할 수 있습니다.

하지만 기존의 인터넷 서비스와 메타버스 서비스에는 또 하나 커다란 차이점이 있습니다. 기존의 인터넷 서비스가 현실 세계에 존재하는 사람이 인터넷 접속을 통해 가상 세계에 존재하는 서비스나 현실 세계에 존재하는 제3자와 소통하는 것이었다면, 메타버스에서는 가상 세계에 존재하는 분신을 통해 가상 세계에 존재하는 서비스나 가상 세계에 존재하는 제3자와 소통한다는 것입니다. 즉, 가상 세계에서 현실 세계의 나를 표현하기 위한 디지털 트윈이 필요하다는 것입니다. 이를 흔히 '아바타'라고 부르는데, 기존의 SNS 서비스에서 사용하는 캐릭터와는 달리 현실 세계에 존재하는 나와 다양한 방식으로 연결됩니다.

물론 현실 세계의 나와 가상 세계의 아바타가 연결되는 수준 역시 기술의 발전에 따라 달라질 것입니다. 처음에는 단순히 현실 세계의 나의 모습이나 내가 바라는 모습을 반영한 캐릭터에 불과하겠지만 시간이 지나면서 아바타의 작동을 제어하는 것도 가능해지며 웃거나 찡그리는 것처럼 감정 표현을 하는 것도 가능해질 것으로 예상됩니다. 궁극적으로는 소설《스노 크래시》에서도 소개되는 것처럼, 현실 세계의 나와 완전히 결합됨으로써 가상 세계의 아바타가 바이러스에 걸리면 현실 세계에 존재하는 사람도 바이러스에 감염된 것처럼 증상을 느끼게 될 것입니다. 그리고 현실 세계의 나의 습관이나 성향을 반영한 채 아바타 스스로 특정한 서비스를 이용하거나 사람들과 교류할 것으로 전망됩니다. 즉, 현실 세계의 나는 나대로, 가상 세계의 나는 가상 세계의 나대로 자신들의 일을 하게 된다는 것입니다. '디지털 세컨드라이프'가 가능해지는 것입니다.

메타버스 세상에서는 사용자, 즉 아바타만 현실에 있는 사용자와 밀접하게 연결되는 것이 아니라 메타버스 세상에 존재하는 모든 것이 현실 세계와 밀접하게 연결됩니다. 만약 메타버스 세상에 우리 집과 똑같은 가상의 우리 집을 만들게 된다면 메타버스 속의 우리 집은 현실 세계의 우리 집과 똑같은 방식으로 작동하게 됩니다. 예를 들어 메타버스 세상을 돌아다니고 있는데 현실 세계에 있는 몸이 추위를 느낀다면 메타버스 속 내 방의 온도를 올려 주는 식으로 현실 공간의 온도를 올릴 수도 있습니다.

이처럼 메타버스는 인터넷을 기반으로 하지만 현실 세계와 가상 세계가 유기적으로 결합된 세계를 의미합니다. 그래서 메타버스를 '차세대 인터넷'이라고 말하기도 합니다. 메타버스와 관련된 글을 다수 집필해 온 벤처캐피털리스트인 매튜 볼(Matthew Ball)은 "메타버스는 컴퓨터의 제4의 물결을 대표합니다."라고 주장하기도 했습니다. 메인프레임, 개인용 컴퓨터, 모바일 컴퓨터의 뒤를 잇는 새로운 물결이라는 이야기입니다. 또 "메타버스는 앰비언트 컴퓨팅으로 들어가는 것입니다."라고도 설명했습니다. 뒤에서 다시 설명하겠지만 컴퓨터 세상 안으로 들어가면 컴퓨터를 의식하지 않고 컴퓨팅 파워가 제공하는 서비스를 이용할 수 있기 때문에 메타버스 역시 앰비언트 컴퓨팅의 일부가 될 수도 있을 것입니다. 컴퓨터나 스마트폰을 이용할 때는 사용자가 개별 서비스를 찾아서 이용해야 하지만 메타버스에서는 궁극적으로 다양한 서비스가 사용자를 찾아와 제공될 것이기 때문입니다.

메타버스의 끝판왕, 디지털 영생

아마존의 동영상 스트리밍 서비스인 프라임 비디오 중에 〈업로드〉라는 작품이 있습니다. 아마존이 직접 제작한 오리지널 콘텐츠인 이 시리즈의 기본 내용은 사망 직전에 사람의 영혼을 레이크뷰(lake view)라는 가상 세계로 전송(upload)함으로써 영생의 삶을 살 수 있도록 하는 것입니다. 즉, 디지털 영생(digital eternal life) 혹은 디지털 불멸(digital immortality)을 다루고 있는 작품입니다. 가상 세계의 영생의 모습은 사용자가 얼마의 비용을 내느냐에 따라 달라지는데, 칼라일 수도 혹은 흑백일 수도 있으며, 해상도가 좋을 수도 혹은 나쁠 수도 있습니다. 돈을 많이 내면 현실 세계와 거의 동일한 또는 오히려 현실 세계보다 더 좋은 칼라로 된 거울세계에서 살게 되며 돈을 적게 내면 아바타가 레고 블록 같이 변하고 흑백인 세상에서 살게 되는 것입니다.

중요한 것은 어떤 가상 세계이든 그 가상 세계에 들어가면 그곳에서의 생활은 현실 세계에서의 생활과 거의 동일하다는 것입니다. 단지 의식만 살아 있고 나머지는 다 허상이라는 차이만 있을 뿐이죠. 예를 들어 식당에서 자장면을 먹을 수 있지만 진짜 자장면을 먹는 것이 아니라 자장면을 먹는 것과 관련된 신호만 전달해 줄 뿐입니다. 사실 식사라는 것이 가상 세계에서는 굳이 필요하지 않은 활동일 수 있지만 비즈니스적인 측면에서 식사를 해야만 살아 있는 의식에게 배가 부르다는 신호를 보낼 수 있을 것입니다. 이 세상은 현실 세계와도 연결되어 있는데, 현실 세계에 있는 사람과 휴대용 디스플레이를 이용해서 화상통화도 할 수 있고, 돈이 필요하면 돈을 요청해서 주고받을 수도 있습니다. 그래서 어쩌면 현실 세계에 남아 있는 가족이 돈을 잘 보내 주지 않을 것에 대비해서 앞으로는 유산 같은 것을 남기는 일이 없어질 것도 같습니다.

실제로 이와 같은 일들이 하나 둘 준비되고 있습니다. 아직까지는 사람의 의식을 가상 세계에 업로드해서 마치 그 사람이 살아있는 것처럼 활동하고 현실 세계에 있는 사람들과 소통하도록 하는 수준은 아닙니다만 인공지능 기술을 이용해서 그 사람의 영상과 목소리 혹은 활동을 만들어 낼 수 있는 것입니다. 예를 들면 딥페이크(deep fake) 기술을 이용하면 나와 똑같이 생긴 아바타 영상을 만들 수 있습니다. 현재도 은행의 점포나 뉴스 앵커, 기상 캐스터 등의 분야에 이미 실제 사람과 똑같이 생긴 가상 인간(virtual human) 혹은 인공지능 인간(AI human)이 사용되고 있습니다.

음성 합성 기술을 이용한다면 목소리도 마찬가지일 것입니다. 아마존은 2022년 6월에 개최된 're:MARS' 행사에서 1분 정도의 목소리 샘플을 이용하여 돌아가신 할머니의 목소리를 합성한 후 손자에게 책을 읽어 주는 모습을 보여 주기도 했는데, 이런 기술들은 단순히 인간의 외모나 목소리만을 그대로 흉내 내는 것이 아니라 감정이나 건강 상태에 따른 미세한 변화까지 나타낼 수 있을 정도입니다. 그리고 구글의 대화형 인공지능 챗봇인 람다(LaMDA)처럼, 내가 평소에 썼던 글이나 동영상을 통해 말하는 습관이나 생각까지 학습한 후 나를 거의 비슷하게 흉내 냄으로써 진짜의 나와 가상의 나를 구분할 수 없게 만들 수도 있을 것입니다.

하지만 아직까지는 영원히 사는 것도, 가상 세계에서 의식만이라도 영원히 살아갈 수 있는 것도 아닙니다. 따라서 과연 죽은 사람을 흉내 낸 가상의 아바타와 소통하는 것이 무슨 의미가 있을까 하는 생각도 듭니다. 맞습니다. 아직은 한계가 분명하다고 생각합니다. 하지만 2020년 한 방송사에서 제작했던 가상현실 특집 다큐멘터리를 보면 나름의 활용처는 있다고 생각합니다. 이 다큐멘터리에서는 엄마가 세상을 떠난 일곱 살 딸을 가상 세계에서 만나고 그동안 하고 싶었던 이야기를 하며 슬퍼하는 장면이 있습니다. 저도 이 모습을 보며 눈물을 흘리기도 했는데, 적어도 유족들의 심리 치료 목적으로는 매우 유용할 것 같습니다.

이처럼 디지털 영생이 널리 퍼지면 죽음에 대비하는 우리의 자세가 달라질 수도 있을 것입니다. 과거처럼 유언을 남기고 재산을 정리하는 것을 넘어 어떤 디지털 영생을 살 것인지도 미리 고민해야 할 것입니다. 디지털 아바타의 모습을 혈기 왕성하던 젊은 시절의 모습으로 할 것인지 아니면 죽기 직전의 모습을 그대로 남길 것인지도 결정해야 할 것입니다. 어쩌면 이를 위해 그동안 자신과 관련하여 생성된 데이터의 이용 범위에 대해서 권한을 부여해야 하며 필요시에는 디지털 아바타를 학습시키기 위한 영상을 촬영하거나 목소리를 녹음해야 할 수도 있을 것입니다. 그리고 은행의 잔고나 현실 세계에서 이용하던 제품들의 디지털 소유권도 가상 세계로 이전해 놓아야 할 것입니다.

디지털 화폐와 복제 불가능한 토큰

가상 세계에서는 모든 것이 디지털 화폐로 거래됩니다. 그래서 비트코인이나 이더리움 같은 가상화폐가 주목받는 것이죠. 가상화폐는 일종의 디지털 화폐로 말 그대로 현실 세계에 존재하지 않는 가상의 화폐를 말합니다. 사실 지금도 현금 결제 대신 카드 결제나 은행 이체 등을 통해 가상 세계에서만 돈이 왔다 갔다 하고 있어서 사실상 디지털 화폐를 사용하고 있는 셈입니다. 하지만 현재의 디지털 화폐는 언제든 종이 화폐로 인출해서 사용할 수 있죠. 반면에, 가상 화폐는 말 그대로 디지털 세상, 가상 세계에서만 이용할 수 있는 화폐입니다. 따라서 메타버스 같은 가상 세계에서는 디지털 화폐가 다양한 서비스를 이용하는 데 있어서 필수적이라 할 수 있습니다.

이러한 디지털 화폐는 우리가 지갑에서 돈이나 신용카드를 꺼내 건네는 것처럼 지불 의사를 표시하고 지불을 승인하는 과정을 통해 이용됩니다. 거래하는 사람을 믿는다는 것을 의미합니다. 하지만 통신요금이나 전기요금처럼 믿을 수 있는 주체가 제공하는 서비스를 반복적으로 이용하는 경우에는 지불 의사를 표시하고 승인하는 과정을 서비스 사업자에게 위임할 수도 있습니다. 마치 통신요금을 자동 이체하는 것처럼 말이죠. 디지털 화폐의 이용도 이와 비슷하리라 생각합니다. 차이가 있다면 가상 세계는 현실 세계보다도 더욱더 신뢰를 바탕으로 하기 때문에 더 많은 서비스에서 결제 과정이 단순화될 것으로 보입니다.

디지털 화폐와 더불어 또 하나 주목받는 것이 있다면 그것은 복제 불가능한 토큰, 즉 NFT(non-fungible token)입니다. NFT는 블록체인 기술을 기반으로 하고 있는데, 어떤 거래에 대한 일련의 내역을 포함하고 있습니다. 하지만 기존의 블록체인 기술과 다른 점이 있다면 거래 대상인 특정 자산에 대한 소유권까지 포함한다는 것입니다. 그것이 현실 세계에 존재하는 것이든 가상 세계에 존재하는 것이든 상관없습니다. 디지털 세상에서는 어떤 자산을 아주 쉽게 복제하는 것이 가능한데, 복제를 불가능하게 하는 NFT 기술은 디지털 자산에 대한 소유권을 인정하는 것입니다.

어떤 토큰이 복제가 불가능하다는 것은 그 토큰이 다른 토큰과 구분되는 고유한 값을 가지며, 비트코인이나 이더리움과 달리 토큰과 토큰을 1:1로 맞교환하는 것이 불가능하다는 것을 말합니다. 내가 가지고 있는 토큰을 다른 토큰과 맞교환할 수 없기 때문에 불편한 점도 있겠지만 그 토큰이 가리키는 자산에 대한 원본 인증과 소유권을 증명할 수 있기 때문에 희소성을 가질 수 있습니다. 따라서 NFT는 메타버스 세상의 핵심 자산이자 관련 서비스를 활성화할 촉매제로 여겨집니다.

NFT는 디지털 자산뿐만 아니라 실물 자산 혹은 추상적인 개념까지도 그 소유권과 저작권을 명시해 줍니다. 실물 자산이나 추상적인 개념에 대해서는 디지털 쌍둥이를 만들어 이에 대한 소유권과 저작권을 인정해 주는 것이지요. 문제는 실물 자산이나 추상적인 개념을 디지털 쌍둥이와 고유하게 연결시키는 방법이 없다는 것입니다. 현실 세계에 존재하는 자산을 디지털 쌍둥이와 연결하고 NFT로 소유권과 저작권을 명시해 준들 그 자산이 진품이 아닌 가품이라면 가품에 대한 고유성을 보증하기 위해 NFT 같은 기술이 사용된 것에 불과합니다. 이는 마치 수입산 쇠고기를 포장한 후 한우를 인증하는 RFID 태그를 붙여 진품 한우라고 말하는 것과 마찬가지입니다.

NFT는 메타버스 세상에서 사용자의 사유 재산을 증명할 때 유용합니다. 기존에는 콘텐츠를 유통하는 회사를 통해 저작권이 걸린 콘텐츠를 구매해서 소유하거나 이용했지만 NFT가 사용자 사이의 거래를 가능하게 해 줄 것이기 때문입니다. 즉, 메타버스 세상에서 에르메스 가방 한정품 아이템을 300만원에 구입했다고 가정했을 때, 그 아이템에 대한 토큰을 다른 사용자에게 더 비싼 가격에 판매할 수 있게 된다는 것입니다. 에르메스 가방 아이템이 한정품 아이템의 이미지만 복제한 것이 아니라 한정품이라는 것을 NFT를 통해 보증할 수 있기 때문입니다.

도약을 준비하는 메타

2021년 10월 28일, 세계 최대 소셜미디어 기업인 페이스북은 사명을

'메타'로 변경한다고 밝혔습니다. 마크 저커버그 페이스북 창업자 겸 최고 경영자(CEO)가 하버드대 대학생이던 2004년 학교 기숙사에서 창업한 페이스북이 17년 만에 이름을 바꾼 것입니다. 마크 저커버그는 사명 변경을 알리는 연례 화상 행사에서 "오랫동안 우리 회사가 메타버스 기업으로 보이길 희망했다."며 페이스북의 새 이름을 메타로 지은 것은 메타버스에 초점을 맞춘다는 의미라고 밝혔습니다. 회사 로고도 페이스북의 머리글자인 f를 내세우는 대신 메타의 머리글자인 M과 무한대를 뜻하는 수학 기호(∞)를 결합함으로써 무한 성장의 의지를 담기도 했습니다.

하지만 사명 변경과 같은 중차대한 일이 너무나 갑작스럽고 뜬금없이 일어났던 것입니다. 그래서 일각에서는 증오 발언과 허위 정보, 극단주의적 사상을 유포하고 10대들의 정신건강과 사회적 안정보다 수익을 우선했다는 내부 고발자의 폭로로 인한 페이스북에 대한 비판 여론을 희석하기 위한 시도라는 시각도 존재했습니다. 이유야 어찌 되었든 중요한 것은 페이스북이 컴퓨터나 스마트폰에서 서비스되던 기존의 소셜미디어 서비스는 그대로 유지한 채 메타버스 기반 서비스에 집중하겠다는 것입니다. 기존 서비스 생태계에서는 더 이상 성장할 수 없다는 것이 여기저기서 감지되었기 때문입니다.

실제로 사명을 변경하기 며칠 전에 발표된 2021년 3분기 실적은 시장의 기대치에 미치지 못했습니다. 그리고 2021년 4분기 실적을 발표하면서 주가가 23%나 폭락했습니다. 4분기 매출은 전년 동기 대비 20% 증가한 336억 7,000만 달러였으나 비용이 급증하면서 순이익이 8%나 감소했기 때문입니다. 메타가 역점을 둔 증강 및 가상현실 사업 부문인 리얼리티 랩스의 연간 순손실이 102억 달러에 달하며 전년 손실액인 66억 달러보다 적자 폭이 더욱 커졌고, 일간 활성 사용자(DAU)도 사상 처음으로 감소했습니다. 설상가상으로 2022년 1분기 실적 전망치도 시장 예상을 훨씬 밑돌았습니다.

페이스북에 대한 비판 여론과 함께 사용자가 이탈한 것도 영향이 컸겠지만 애플의 사생활 보호 기능 때문에 기업들이 소셜미디어 사이트에 하던 광고를 줄일 것으로 예측됐기 때문입니다. 페이스북의 매출 중에서 광고가 차지하는 비중이 무려 97%나 달하는데 이런 광고 매출이 타격을 받는다는 것은 페이스북 전체 매출이 크게 감소할 수 있음을 의미합니다. 설상가상으로 구글도 애플의 사생활 보호 기능과 비슷한 정책을 도입할 것으로 알려지면서 이런 상황은 더욱 심화되리라 전망됩니다. 반면 스마트폰 운영체제라는 플랫폼을 보유한 애플과 구글의 광고 매출은 가파르게 증가하는 것으로 나타나고 있습니다. 실제로 2021년 3분기 및 4분기의 애플과 구글의 광고 매출은 전년 대비 큰 폭으로 성장한 것으로 나타났습니다.

페이스북은 이런 상황을 누구보다 정확히 알고 있었을 것입니다. 그리고 모바일 생태계를 양분하고 있는 애플이나 구글에 의존하지 않고 직접 소비자와 연결하기 위해서는 스마트폰이 아닌 새로운 독자 플랫폼을 찾아야 했습니다. 그런 플랫폼을 구현할 수 있는 새로운 장이 바로 메타버스였던 것입니다. 실제로 페이스북은 이미 오래전부터 증강현실, 가상현실 분야에 공격적인 투자를 하고 있었습니다. 페이스북이 처음으로 VR 사업에 야심을 드러낸 것은 2014년 오큘러스 퀘스트로 잘 알려진 오큘러스를 20억 달러에 인수하면서부터입니다.

물론 페이스북이 메타버스 기술에만 집중한 것은 아닙니다. 아마존이 스마트폰 운영체제의 종속에서 벗어나고자 자체 스마트폰을 만들고 인공지능 스피커와 다양한 음성 인식 기반의 웨어러블 기기를 만들었던 것처럼 페이스북도 자체 스마트폰과 '포털(Portal)'이라는 스마트 디스플레이를 만들기도 했습니다. 하지만 시장의 반응은 싸늘했습니다. 그럼에도 스마트워치나 스마트 글래스를 만들기 위한 시도를 멈추지 않고 있습니다. 메타버스로 시끄러운 우리나라와 달리 마크 저커버그는 메타버스 시대가 금세 오지 않을 것으로 생각하고 있기 때문입니다. 마크 저커버그는 메타버스는 차세대 소셜 플랫폼이기 때문에 향후 10여 년에 걸쳐 만들어질 것으로 생각하고 있습니다. 이를 위해 다양한 시행착오와 기술의 축적이 필요하다고 생각하는 것입니다. 실제로 현재 서비스되고 있는 주요 메타버스 서비스의 경우는 동시 접속자 수가 고작 5천 명도 채 되지 않는 상황입니다. 서비스에 대한 별다른 철학도 없이 새로운 기술이 등장하면 들불처럼 달아올랐다가 꺼져 버리는 우리나라 기업들이 반면교사로 삼아야 할 것입니다.

결국은 오프라인이다

기업들이 메타버스에 열광하다 보니 상황이 이렇다 보니 메타버스가 인터넷보다 더 큰 시장을 형성할 것이라고 주장하는 사람들도 있을 정도입니다. 물론 미래에는 메타버스가 오늘날의 인터넷보다 더 큰 시장을 형성할지도 모릅니다. 하지만 메타버스는 인터넷 서비스의 또 다른 유형일 뿐입니다. 가상 세계에서만 존재하는 서비스가 현재도 많고 앞으로 더 많아지겠지만 그 규모가 현실 세계에 존재하는 비즈니스보다 더 커질지에 대해서는 장담할 수 없습니다. 디지털 영생이 일반적이 되어 현실 세계에 사는 사람들보다 가상 세계에 존재하는 사람들이 더 많아지면 또 모르겠지만 말입니다.

현재의 인터넷 기반 비즈니스를 보면 메타버스 기반의 비즈니스도 어느 정도 예측이 가능합니다. 즉, 아무리 인터넷 비즈니스가 다양하고 편리하더라도 이는 결국 현실 세계에서 이루어지는 일들의 여러 채널 중 하나에 불과할 것이며, 사람들은 여전히 현실 세계를 중심으로 생활할 것이기 때문입니다.

또 다른 문제는 메타버스의 경우 스마트폰보다 사용하는 데 더 큰 제약이 존재한다는 것입니다. 스마트폰을 놓고 외출하는 경우 컴퓨팅 파워를 사용할 수 없는 것처럼, 메타버스의 경우에도 전용 장치를 휴대하지 않는다면 강력한 컴퓨팅 파워를 전혀 이용할 수 없습니다. 게다가 메타버스는 그 형태가 너무 다양하기 때문에, 사용하려는 서비스 유형에 따라 이용하는 장치도 달라질 가능성이 큽니다. 즉, 다양한 장치를 준비하고 선택하지 않으면 메타버스 기반의 컴퓨팅 파워를 이용하는 것이 불가능해집니다. 앰비언트 컴퓨팅에 주목하는 이유가 바로 여기 있는 것입니다.

해결해야 할 문제가 산더미 같은 메타버스

현실 세계에서 할 수 있는 모든 일을 아바타를 이용하여 가상 세계에서 할 수 있다면 그것은 모두 메타버스 서비스가 됩니다. 이런 메타버스 서비스에는 어떤 것들이 있을까요? 대학교의 입학식이나 졸업식, 부동산 거래가 있을 수 있습니다. 아리아나 그란데는 콘서트를, 디센트럴랜드(Decentraland)에서는 패션위크를, 삼성전자는 채용 박람회와 신입사원 오리엔테이션을 메타버스 세상에서 개최했습니다. 또한 개더타운 서비스는 가상의 사무실을 만들어 놓고 함께 일을 할 수 있게 해 줍니다.

문제는 이처럼 다양한 서비스를 이용하기 위해서는 개별 서비스 플랫폼마다 서로 다른 아바타를 만들어야 한다는 것입니다. 그리고 동일한 유형의 여러 서비스 사이에 고유성이 존재하지 않습니다. 디지털 작품은 플랫폼이 달라지더라도 NFT를 이용하여 저작권이나 소유권을 인정받을 수 있지만 가상 부동산 거래 플랫폼에서는 다소 상황이 다를 수 있습니다. 가상 부동산 플랫폼에서도 NFT를 이용해서 특정 지역의 가상 부동산이나 그 부동산 위에 지어진 건물의 소유권이나 거래 내역을 관리하는 것은 가능합니다. 하지만 이것은 가상 부동산 거래 플랫폼이 하나만 있거나 여러 개의 플랫폼이 서로 겹치지 않는 지역의 부동산을 거래하는 경우에만 의미가 있습니다. 그러나 현실은 그렇지 않습니다. 가상 부동산 거래 플랫폼의 경우 이미 대표적인 서비스 플랫폼만 하더라도 여러 개가 존재합니다. 만약 이런 경우 특정한 지역의 부동산을 플랫폼마다 서로 다른 사람이 소유하고 있다면 어떤 일이 발생할까요?

일례로 여러 가상 부동산 플랫폼에 있는 지역의 소유권은 여러 사람에게 흩어져 존재합니다. 강남역 부근의 삼성전자 본사 땅을 샌드박스에서는 A라는 사람이 소유하고, 디센트럴랜드에서는 B라는 사람이 소유하며, 어스2(Earth 2)에서는 C라는 사람이 소유하는 경우 소유권 분쟁이 발생할 수도 있습니다.

메타버스 플랫폼과 관련해서는 여전히 해결해야 할 문제가 많습니다. 가장 큰 것이 표준 문제입니다. 이를테면 마이크로소프트의 메타버스에서 사용한 아바타나 VR 헤드셋을 페이스북의 메타버스에서 100% 그대로 사용하는 것이 불가능하기 때문입니다. 이와 관련해서 마크 저커버그나 사티아 나델라(Satya Nadella)가 "단일 기업이 메타버스 플랫폼을 지배하는 것은 바람직하지 않다."라고 주장하는 것도 이런 사정과 관련이 있습니다. 특히 나델라는 블리자드 인수 발표 직후 "중앙 집중적인 단일 메타버스 플랫폼이란 없다. 또 있어서도 안 됩니다."며 "많은 메타버스 플랫폼을 지원해야 합니다."라고 말하기도 했습니다.

하지만 현재의 분위기로는 개별 기업별로 서로 호환되지 않는 독자적인 메타버스 플랫폼이 구축될 것으로 보입니다. 즉, 시장이 파편화되어 단기간에 메타버스 시장이 펼쳐지지는 않을 것으로 보입니다. 그저 '메타버스스러운' 다양한 것들을 한데 묶어 메타버스 시장이 점점 커지고 있다고만 주장할 것이라 생각됩니다.

《스노 크래시》에 등장하는 '스트리트'처럼 단일한 아바타를 이용하여 다양한 메타버스 서비스를 이용할 수 있도록 하는 통합 플랫폼이 개발되어야 할 것입니다. 혹은 현재 사용하고 있는 '간편 로그인'과 유사한 방식으로 특정한 플랫폼에서 사용하는 아바타를 다른 플랫폼에서도 이용할 수 있어야 할 것입니다. 그러기 위해서는 다양한 메타버스 플랫폼에서 사용하는 아바타의 특성에 대한 표준화가 선행되어야 할 것입니다.

우리가 여러 온라인 쇼핑몰을 돌아다니며 쇼핑을 하듯 메타버스 세상도 여러 개가 존재할 것입니다. 그리고 각각의 메타버스 세상에는 나를 표현하는 아바타 혹은 디지털 대리인(Digital Proxy)이 존재할 것입니다. 이 아바타들은 각기 다른 곳에서 활동하며 다른 참여자들과 교류할 것입니다. 문제는 나를 표현하는 수많은 아바타가 생성한 정보들이 하나로 통합되지 않아 여러 아바타가 온전한 나를 표현하는 것이 불가능할 수 있다는 것입니다. 게다가 행여라도 이런 디지털 대리인 중의 하나가 탈선하게 된다면 그 책임은 누가 져야 할까요?

구글·아마존·삼성은 이미 준비를 마쳤다

유비쿼터스 컴퓨팅을 구현하는 세 번째 방법은 우리가 가장 일반적으로 아는 방법입니다. 즉, 우리 주변을 인터넷에 연결된 수많은 컴퓨터로 가득 채우는 것입니다. 이 방법은 유비쿼터스 컴퓨팅의 개념이 등장한 1980년대 말부터 제시되었지만 여러 가지 현실적인 이유로 구현되지 못했습니다. 컴퓨팅 장치를 작게 만들고 적은 전력으로도 작동하며 주변 환경에 자연스럽게 어울리도록 만드는 것이 쉽지 않았기 때문입니다. 그러다 반도체 기술의 발전 및 저전력 통신 기술의 등장으로 2010년대 중반부터 조금씩 현실화되고 있습니다.

일반적으로 앰비언트 컴퓨팅은 유비쿼터스 컴퓨팅과 비슷하지만 그와는 또 다른 것으로 이야기됩니다. 유비쿼터스 컴퓨팅이 물리적으로 우리 주변을 인터넷에 연결된 컴퓨터들로 가득 채우는 것인 반면 앰비언트 컴퓨팅은 이를 활용하는 소프트웨어 같은 것이라 말합니다. 하지만 이는 유비쿼터스 컴퓨팅에 대해 제대로 알지 못하는 사람들의 주장일 뿐입니다. 유비쿼터스 컴퓨팅의 개념을 제시한 마크 와이저 박사와 그의 팀원들은 유비쿼터스 컴퓨팅의 마지막 모습으로 앰비언트 컴퓨팅을 제시한 바 있습니다. 단지 앰비언트 컴퓨팅 대신 캄 컴퓨팅(calm computing)이라는 용어를 썼을 뿐입니다. 즉, 유비쿼터스 컴퓨팅은 앰비언트 컴퓨팅 환경을 구현하는 것에서 지능화된 서비스를 제공하는 것까지 포함하는 광의의 개념입니다.

그렇다면 앰비언트 컴퓨팅이 스마트폰이나 메타버스 기반의 유비쿼터스 컴퓨팅과 다른 점은 무엇일까요? 그것은 바로 인간이 스마트폰이나 메타버스 기기를, 그리고 그 기기에 설치된 서비스들을 직접 조작하지 않는다는 점입니다. 인간이 컴퓨터 혹은 컴퓨터화된 장치를 직접 조작하지 않는다는 것은, 그런 장치의 사용법을 배울 필요가 없으며 심지어는 인식조차 하지 않아도 된다는 것을 의미합니다. 즉, 컴퓨터가 사람을 배우고 이해하며 사람을 위해서 일을 하게 된다는 것입니다. 이로써 사람들은 스마트폰이나 메타버스 헤드셋에서 벗어나 가족과 함께 순간을 즐길 수 있게 됩니다. 앰비언트 컴퓨팅 시대가 되면서 사람이 주인공이 되기 시작하는 것이죠.

앰비언트 컴퓨팅의 등장 및 부활

약 2017년 경부터 주목받는 제품 중의 하나로 앰비언트 라이트(ambient light)라는 것이 있습니다. 무드 등 혹은 무드 조명이라고도 하는데, 자동차 내부나 컴퓨터 모니터 주변에 설치함으로써 차량 내부의 분위기를 고급스럽게 만들거나 게임이나 음악 감상 시 몰입감을 높여 주는 용도로 주로 사용됩니다. 코로나가 확산되기 시작한 2020년 이후부터는 앰비언트 사운드(ambient sound)라는 것도 주목을 받고 있습니다. 온몸을 감싸는 듯한 명상 음악으로 코로나19로 인한 우울감과 스트레스를 달래거나 카페 분위기의 음악이나 노이즈를 들으며 재택 근무나 공부를 하기도 하는데, 이때 사용되는 음악을 가리키는 말입니다.

이처럼 '앰비언트'는 '분위기'나 '주변을 둘러싼' 혹은 '환경의'와 같은 의미를 가지고 있는 단어입니다. 실제로 캠브리지 사전(Cambridge Dictionary)에는 '둘러싸인 곳에 존재하는(existing in the surrounding area)'이라고 설명되어 있고 메리엄 웹스터(Marriam-Webster) 사전에는 '모든 방향에 존재하는(existing or present on all sides)'이라고 정의되어 있습니다. 단어의 뜻만 보면 사실상 유비쿼터스라는 말과 크게 다르지 않습니다. 그러나 유비쿼터스 컴퓨팅이 어디에서나 컴퓨팅 파워를 이용할 수 있게 하는 환경을 구축하는 것에서부터 이를 기반으로 지능적인 서비스를 제공하는 것까지 포함하는 개념인 반면 앰비언트 컴퓨팅은 지능적인 서비스를 제공하는 것에 주로 초점을 맞춘 개념입니다. 이런 관점에서 유비쿼터스 컴퓨팅은 앰비언트 컴퓨팅보다 큰 개념이라고 할 수 있습니다.

따라서 앰비언트 컴퓨팅은 사용자 주변을 둘러싸고 있는 수많은 컴퓨터를 기반으로 하여 '사용자의 직접적인 명령이나 개입 없이 일상생활과 함께 컴퓨터 작업을 가능하게 하는 환경'으로도 정의되고 '필요할 때 거기에 있고 필요하지 않을 때 배경으로 사라지는 기술'이라고도 정의됩니다. 먼저 사용자의 직접적인 명령이나 개입 없이 컴퓨터 작업을 가능하게 한다는 것은 사용자 주변에 지능이 존재해서 사용자와 사용자의 니즈를 파악하고 필요한 서비스를 제공해 준다는 것을 말합니다. 즉, 하드웨어보다는 그 안의 지능(intelligence)이 더 중요합니다. 또한 일상생활과 함께 컴퓨터 작업을 가능하게 한다는 말은, 사람은 일상생활에 집중하고 컴퓨터 작업은 백그라운드로 이루어진다는 것을 의미합니다. 즉, 컴퓨터 작업에 상관없이 일상생활에 집중할 수 있다는 것을 의미하죠. 그리고 필요할 때만 나타나서 필요한 서비스를 제공해 주고 필요하지 않을 때 배경으로 사라진다는 것은, 조용한 컴퓨팅의 개념과 완전히 일치한다고 할 수 있습니다.

이런 앰비언트 컴퓨팅이라는 용어가 처음으로 등장한 것은 약 25년 전인 1998년으로 거슬러 올라갑니다. 의료, 가전, 조명 전문 기업인 필립스(Royal Philips Electronics)는 1998년 대량생산 중심의 소비자 가전 산업을 사용자 친화적인 산업으로 바꾸기 위한 전략 및 시나리오에 대해 팔로 알토 벤처스의 일라이 젤카와 사이먼 비렐(Simon Birrell)에게 자문을 의뢰합니다. 1990년대의 가전제품들이 본격적으로 디지털 기술을 채택하게 되면서 품질이나 성능에 있어서 다른 경쟁 기업들과 차별화하는 것이 쉽지 않았기 때문입니다. 이 과정에서 일라이 젤카는 주변 지능, 즉 앰비언트 인텔리전스(ambient intelligence)라는 말을 만들어 냅니다. 미래의 가전제품은 단순히 차별화된 기능을 제공하며 단독형으로 사용되는 것이 아니라 사용자 주변의 다양한 정보를 이용하여 사용자를 이해하고 사용자에게 맞는 서비스를 제공할 수 있어야 한다는 것입니다.

이후 필립스는 유럽연합의 정보사회 및 기술 자문그룹(ISTAG, Information Society and Technology Advisory Group)과 함께 물리 세상이 센서와 지능형 시스템과 통합되는 환경에 대해 연구하며 앰비언트 인텔리전스에 대한 이해를 높이고 자사의 미래 비전을 개발하기 위해 노력합니다. 2002년에는 이런 비전의 실현 가능성과 유용성을 확인하기 위해 홈랩(HomeLab)을 오픈하고 21세기의 컴퓨터 기술을 개발하기 위해 MIT 대학의 '옥시전 프로젝트(Oxygen project)' 주도의 '옥시전 얼라이언스(Oxygen alliance)'에도 참여합니다. 하지만 우리나라와 중국 가전기업들이 차별화된 기술 경쟁력과 가격 경쟁력을 바탕으로 시장 점유율을 확대해 나가자 2013년에는 회사 이름을 필립스(Royal Philips)로 바꾸며 가전 및 반도체 부문을 매각하고 맙니다.

앰비언트 인텔리전스의 비전을 이끌어 가던 필립스가 가전 부문을 매각하자 앰비언트 인텔리전스에 대한 관심도 빠르게 식기 시작했습니다. 이런 상황에 변화를 가져온 것은 2017년 5월 월트 모스버그(Walt Mossberg)가 은퇴를 고하며 마지막으로 쓴 《Mossberg: The Disappearing Computer》

라는 칼럼이었습니다. 월트 모스버그는 1991년부터 월스트리트저널 및 리코드(Recode)와 같은 유수의 신문과 잡지에 '개인 기술(personal technology)'에 대한 다양한 기고 글을 게재해 왔는데, 이 마지막 칼럼에서 그는 "앞으로 기술은 배경으로 사라질 것이며 소위 앰비언트 컴퓨팅이 도처에 존재하게 될 것입니다."라고 전망했습니다. 그리고 "앰비언트 컴퓨팅 세상의 많은 부분이 10년 내에 등장하기 시작할 것이며 앰비언트 컴퓨팅과 관련된 모든 것이 20년 내에 실현될 것입니다."라고 기대를 밝혔습니다. 즉, 앞으로의 기술 발전 방향에서 중요한 것은 경험이며 이런 경험을 가능하게 해 줄 핵심적인 기술이 앰비언트 컴퓨팅이라고 한 것입니다. 결국 앰비언트 컴퓨팅이 모든 컴퓨팅 기술의 지향점이자 종착점이 될 것임을 밝힌 것이죠.

이후 구글, 아마존, 삼성전자, 마이크로소프트, HP, 인텔 등 글로벌 주요 기업들이 앰비언트 컴퓨팅 및 이에 기반한 앰비언트 서비스를 핵심 사업 전략으로 채택하기 시작합니다. 가장 먼저 앰비언트 컴퓨팅을 언급하며 관심을 보인 곳은 구글입니다. 구글은 이미 오래전부터 스마트폰, 인공지능 스피커, 스마트 글래스 등 다양한 장치와 인공지능, 머신러닝, 에지 컴퓨팅(edge computing)과 관련된 기술들을 개발해 왔는데, 그동안 개발해 온 이런 것들이 고객의 서비스 경험을 개선하기 위한 것이었고, 결국은 앰비언트 컴퓨팅을 위한 장치와 핵심 기술이었다는 것을 뒤늦게 깨달은 것입니다. 결국 구글은 2019년 'Made by Google 19' 행사를 기점으로 앰비언트 컴퓨팅이 구글의 미래이자 구글의 비전이라고 발표합니다.

아마존도 예외가 아닙니다. 가장 먼저 가정에 인공지능 스피커를 보급하기 시작했고 다양한 스마트홈 기기를 통해 앰비언트 환경 구축에 적극적이었던 아마존이 앰비언트 컴퓨팅을 자사의 비전이라 발표하는 것은 어쩌면 너무나 당연한 일일 것입니다. 아마존은 앰비언트 컴퓨팅을 다음과 같이 정의하고 있습니다. '앰비언트 컴퓨팅은 배울 필요가 없는 인터페이스 방식에 기반하여 집의 상황(context)을 이해할 수 있고 고객의 니즈를 예측할 수 있으며 개인적이지만 동시에 공동의 것이다. 음성은 일반적으로 집 및 기술과 인터페이스 할 수 있는 놀라울 정도로 자연스러운 방법이지만 진정한 앰비언트 경험은 덜 말하거나 아예 말을 하지 않더라도 앰비언트 서비스를 받을 수 있을 때 이루어진다.'

아마존은 'Alexa Everywhere'라는 구호 아래 집이나 자동차는 물론 호텔이나 리조트 심지어는 길거리에서도 알렉사를 이용할 수 있게 하고 있으며, 스마트홈 작동 중 사용자가 아닌 알렉사가 제어하는 것이 전체의 30%를 넘어설 정도로 앞서 나가고 있는 기업입니다. 뒤에서도 소개하겠지만 음성 인식 기술인 알렉사와 인공지능 스피커인 에코를 기반으로 하는 아마존의 앰비언트 서비스는 정말 상상을 초월할 정도입니다.

최근 캄테크를 기반으로 고객경험을 강화하겠다는 삼성전자도 2017년부터 앰비언트 컴퓨팅에 관심을 보였습니다. '프로젝트 앰비언스(Project

Ambience)'가 바로 그 주인공인데, 사물인터넷과 인공지능을 결합함으로써 어떤 가전제품에서도 음성 인식 기능을 이용할 수 있도록 해 집을 인공지능 집으로 만들어 보자는 것이었습니다. 최근에는 매터 및 HCA 등과 같은 스마트홈 연동 기술을 적극 주도해 나가고 있으며 다양한 가전제품에서 음성 명령을 통해 스마트홈 기기를 제어할 수 있도록 하고 있습니다.

이 기업들 모두 스마트폰 이후의 시대를 대비하기 위해 앰비언트 컴퓨팅 시대를 위한 기술 개발에 여념이 없는 것입니다. 세계 최대의 회계 및 컨설팅 기업인 딜로이트는 2022년 5월에 발행한 《Tech Trend 2022》에서 향후 5년에서 10년 이내에 주류로 자리 잡을 기술 및 트렌드로 양자 기술(quantum technology) 및 기하급수적 지능(exponential intelligence)과 더불어 앰비언트 컴퓨팅을 꼽고 있습니다. 구글, 아마존, 삼성 같은 글로벌 기업들이 저물어 가는 스마트폰 이후의 시대를 대비하기 위해 앰비언트 컴퓨팅에 집중하고 있는 이유가 바로 이 때문입니다.

유비쿼터스 컴퓨팅과 앰비언트 인텔리전스

모스버그가 앰비언트 컴퓨팅의 개념을 다시 소환한 지 어느덧 5년 여가 지난 지금, 그의 예언처럼 앰비언트 세상의 작은 부분들이 하나씩 현실이 되어 가고 있습니다. 우리나라만 하더라도 새로 짓는 스마트 아파트에는 알게 모르게 앰비언트 컴퓨팅의 개념이 적용되고 있습니다. 그럼에도 불구하고 아직까지 앰비언트 컴퓨팅에 대한 개념조차 명확하지 않으며 유비쿼터스 컴퓨팅의 개념과도 헷갈려 하는 것 같습니다. 그래서 먼저 두 개념부터 명확하게 하고 넘어가는 것이 좋을 것 같습니다.

유비쿼터스 컴퓨팅이라는 말은 사무용 복합기 전문기업인 제록스(Xerox)의 팔로 알토 연구소에서 근무하던 마크 와이저 박사가 1988년에 처음으로 사용한 것으로 알려져 있습니다. 그리고 1991년에 쓴 《21세기의 컴퓨터(The Computer for the 21st Century)》에서 유비쿼터스 컴퓨팅의 개념에 대해 자세하게 설명합니다. 라틴어 '유비크(ubique)'에서 유래한 단어인 'ubiquitous'는 '동시에 어디에나 존재하는(existing or being everywhere at the same time)' 혹은 한자어로 '편재(遍在)하는' 이라는 사전적 의미를 가지고 있습니다. 즉, 유비쿼터스 컴퓨팅이라는 것은 컴퓨팅 파워가 어디에나 존재하고 있어서 언제 어디서나 컴퓨팅 파워를 이용할 수 있는 환경을 말합니다.

물론 유비쿼터스 컴퓨팅이라는 용어와 개념이 1988년에 처음 등장한 것은 아닙니다. MIT의 니콜라스 네그로폰테(Nicholas Negroponte) 교수가 1974년 네덜란드의 한 세미나에서 "우리는 유비쿼터스적인 분산된 형태의 컴퓨터를 보게 될 것입니다. 아마 컴퓨터라는 것이 장난감, 아이스박스, 자전거 등 가정 내 모든 물건과 공간에 존재할 것입니다."라고 언급한 적도 있습니다. 실제로 구글 검색만 해 보더라도 1988년 이전에도 'ubiquitous computing'이라는 용어가 컴퓨터 사이언스 분야에서 광범위하게 사용되고 있었음을 알 수 있습니다. 그러나 이 개념을 컴퓨팅과 연결시켜 본격적으로 연구하고 활용하기 위해 노력한 것은 마크 와이저 박사와 그의 동료들이었습니다.

이들은 개념적이었던 유비쿼터스 컴퓨팅을 새로운 컴퓨팅 패러다임으로 발전시키게 되는데, 메인프레임(mainframe)과 개인용 컴퓨터의 뒤를 잇는 제3의 컴퓨팅 패러다임으로 규정합니다. 즉, 여러 사람이 한 대의 컴퓨터를 공유하던 메인프레임 컴퓨터 시대를 넘어 한 사람이 한 대의 컴퓨터를 이용하는 개인용 컴퓨터 시대가 도래하고 그 다음이 여러 사람이 여러 대의 컴퓨터를 공유하는 유비쿼터스 컴퓨팅의 시대라는 것입니다.

마크 와이저 박사는 21세기의 컴퓨터에 관한 글에서 유비쿼터스 컴퓨팅 환경은 여러 기기나 사물에 컴퓨터와 정보통신 기술을 통합하여 언제 어디서나 사용자와 커뮤니케이션 할 수 있도록 해 주는 유비쿼터스 네트워킹 기술 및 사용자 인터페이스 기술을 전제로 구성된다고 말합니다. 즉, 컴퓨팅 파워를 이용해서 사람에게 제공하는 서비스나 그 서비스를 제공하기 위한 방법보다는 컴퓨터화된 사물이나 기기를 인터넷에 연결하고 이들이 제공하는 컴퓨팅 파워를 이용할 수 있도록 하는 인터페이스 방법처럼 하드웨어적이고 인프라적인 측면을 강조했습니다. 그래서 일반적으로 유비쿼

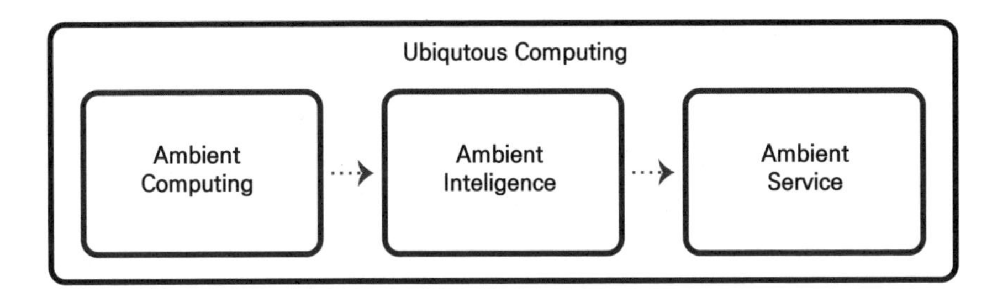

그림 9. 유비쿼터스 컴퓨팅과 앰비언트 컴퓨팅의 관계

터스 컴퓨팅은 하드웨어에 관한 것이고 앰비언트 컴퓨팅은 소프트웨어에 관한 것이라고 말합니다.

마크 와이저 박사가 하드웨어적인 측면을 강조했다고는 하지만 엄밀한 의미에서 이런 이분법적인 구분은 큰 의미가 없습니다. 마크 와이저 박사와 동료들이 1990년대에 쓴 여러 편의 논문을 살펴보면 유비쿼터스 컴퓨팅은 [그림 9]에서 보이는 것처럼 앰비언트 컴퓨팅은 물론 앰비언트 인텔리전스와 앰비언트 서비스 모두를 포함하고 있는 개념으로 소개하고 있습니다. 즉, 언제 어디서나 컴퓨팅 파워를 이용할 수 있는 환경을 제공하고 거기에서 얻는 데이터를 바탕으로 사용자를 이해하며, 그 결과를 바탕으로 사용자에게 서비스를 제공하는 일련의 과정이 유비쿼터스 컴퓨팅인 것입니다.

마크 와이저 박사와 동료들은 유비쿼터스 컴퓨팅의 개념을 보다 깊게 연구합니다. 그렇게 해서 나온 용어가 '사라지는 컴퓨팅(disappearing computing)', '보이지 않는 컴퓨팅(invisible computing)', '조용한 기술(calm technology) 혹은 캄테크(calm-tech))'입니다. 뒤에서 자세히 설명하겠지만 이 중에서 조용한 기술은 사실상 앰비언트 컴퓨팅과 동일한 개념입니다. 다만 조용한 컴퓨팅(calm computing)이라고 하는 대신 조용한 기술이라고 표현한 것처럼, 컴퓨팅 패러다임 관점이 아니라 일반 제품이나 서비스에도 보편적으로 적용될 수 있는 사용자 경험 혹은 사용자 인터페이스의 개념으로 설명하고 있습니다.

사라지는 컴퓨팅과 보이지 않는 컴퓨팅

요즘은 컴퓨터가 없는 집들이 많은 것 같습니다. 있다고 하더라도 거의 사용하지 않고 꿔다 놓은 보릿자루처럼 그저 공부방의 한 귀퉁이를 차지하고 있는 것이 현실입니다. 사실상 없는 거나 다름없죠. 이처럼 우리가 아는 컴퓨터는 어느 순간 주변에서 사라지고 있습니다. 대신 그 자리를 스마트폰이나 태블릿, 인공지능 스피커, 스마트 TV처럼 컴퓨팅 기능이 포함되고 인터넷에 연결된 장치들이 대신하고 있습니다. 그렇다고 해서 우리가 인공지능 스피커나 스마트 TV를 컴퓨터로 인식하는 것은 아닙니다. 그냥 음악을 듣는 스피커, 드라마를 보는 TV가 조금 더 똑똑해진 것으로 생각합니다. 마크 와이저 박사는 이처럼 우리가 일상생활에서 사용하는 장치와 주변 환경에 컴퓨팅 파워가 내장되고 이들이 기존에 컴퓨터가 하던 일들을 대신하면서 우리 눈에 컴퓨터가 보이지 않는 현상을 '사라지는 컴퓨팅'이라고 불렀습니다.

사라지는 컴퓨팅의 개념은 마크 와이저 박사가 쓴 21세기의 컴퓨팅에 관한 글의 첫 문장에서도 그대로 나타나고 있습니다.

"더 심오한 기술은 사라지는 기술로 일상생활과 구분되지 않을 정도로 일상생활로 비집고 들어간다(The more profound technologies are those that disappear. They weave themselves into the fabric of everyday life until they are indistinguishable from it.)."

유비쿼터스 컴퓨팅 환경에서 컴퓨터는 우리가 일상생활에서 사용하는 것과 구분되지 않아 마치 컴퓨터가 사라진 것처럼 여겨진다는 것입니다. 즉, 사용자 주변에 있는 램프도 컴퓨터고 스피커도 컴퓨터고 침대도 컴퓨터인 것입니다. 이 말은 우리가 상식적으로 생각하는 컴퓨터의 특성이 사라진다는 것으로, 기존과 같은 컴퓨터의 형태를 띠지 않더라도 컴퓨팅 능력을 제공함을 뜻합니다. 다시 말해, 키보드나 마우스를 이용해서 명령을 전송하고 컴퓨팅 처리가 된 결과를 모니터를 통해서 피드백 받는 방식이 달라진다는 것입니다.

컴퓨터는 다양한 방식으로 사라질 수 있는데, 크게 물리적인 사라짐과 정신적인 사라짐으로 구분해서 생각할 수 있습니다. 물리적인 사라짐은 컴퓨터 장치를 아주 작게 만들어 스마트 스피커나 스마트 가전 등 일상적인 사물과 통합함으로써 더 이상 볼 수 없도록 하는 것을 말합니다. 반면 정신적 사라짐은 디스플레이가 탑재된 냉장고처럼 인공물은 여전히 존재하지만 사람들이 그것을 컴퓨터가 아닌 단순히 냉장고로 인식하는 상황을 말합니다. 즉 정신적인 사라짐은 컴퓨팅 기술이 배경으로 이동하는 것을 의미합니다.

이렇게 되면 컴퓨터는 책상 위 어딘가에 존재하는 제품이 아니라 우리의 일상생활 곳곳에 존재하며 우리의 삶과 긴밀하게 통합되게 됩니다. 일상생활에서 어떤 사물을 사용하는 것 자체가 컴퓨팅 파워를 사용하는 행위가 되기 때문이죠. 하지만 우리는 컴퓨터를 사용한다는 것을 인식하지 못하며 여전히 그 사물을 사용한다고만 생각하는 것입니다. 결국 컴퓨터는 우리의 일상생활에서 분리할 수 없는 부분이 되는 것입니다. 이런 개념이 바로 사라지는 컴퓨팅이며 컴퓨터가 우리를 둘러싼 환경과 밀접하게 결합하여 배경으로 사라진다는 앰비언트 컴퓨팅의 개념과 같다고 할 수 있습니다.

이처럼 컴퓨터가 사라지게 되면 컴퓨터 자체가 우리 눈에 보이지 않게 됩니다. 하지만 우리 주변에는 수많은 컴퓨터가 존재하고 이들은 네트워크를 통해 긴밀히 연결되어 개별 컴퓨터(컴퓨터화된 사물)가 제공할 수 있는 것보다 더 큰 컴퓨팅 파워를 제공합니다. 또한 사용자와의 상호작용 데이터를 바탕으로 개별 컴퓨터로는 제공할 수 없는 더 나은 새로운 서비스를 제공할 수 있게 됩니다. 이처럼 사용자에게 더 나은 컴퓨팅 파워와 차별화된 서비스를 제공하는 컴퓨터는 실제로는 존재하지 않지만 마치 실제로 존재하는 것처럼 여겨지게 됩니다. 이처럼 우리 주변에 보이지 않지만 유용한 컴퓨터가 존재한다는 개념이 보이지 않는 컴퓨팅입니다. 이 개념은 사용자의 데이터를 바탕으로 사용자를 인식하고 사용자의 필요를 파악하는 앰비언트 인텔리전스의 개념과 유사하다 할 수 있습니다.

보이지 않는 컴퓨팅의 또 다른 형태는 개념적일 뿐만 아니라 물리적으로도 컴퓨터가 보이지 않는 것을 가리키기도 합니다. 스마트 미러는 보이지 않는 컴퓨터의 대표적인 사례인데, 평소에는 마치 거울인 것처럼 자리를 차지하고 있지만 사용자를 인식하게 되는 순간 거울의 일부를 디스플레이로 변화시킵니다. 그리고 사용자에 맞추어진 정보를 제공해 주고 사용자로 하여금 추가적인 컴퓨팅 서비스를 이용할 수 있도록 합니다. 이와 비슷하게 가전제품이나 가구의 표면에도 디스플레이가 내장되기도 합니다. 평소에는 일반 가전제품이나 가구인 것처럼 보이지만 사람이 가까이 다가가면 조작 버튼이 나타나거나 상태 정보를 표시해 주기도 합니다. 2020년에 출시된 구글의 네스트 온도 조절기(Nest Thermostat)도 평소에는 디스플레이가 거울처럼 보입니다. 요즘 출시되는 인공지능 스피커만 하더라도 조작 버튼이 보이지 않습니다. 하지만 사람이 가까이 다가가면 패브릭 아래에서 조작 버튼이 나타납니다.

사라지는 컴퓨팅에서는 기존의 컴퓨터는 사라졌지만 스마트 스피커나 스마트 TV처럼 기존의 사물의 형태를 띤 컴퓨터들이 존재합니다. 비록 이들이 기존의 컴퓨터처럼 키보드나 마우스를 이용하는 것은 아니지만 각자 고유한 방식으로 이들을 사용하는 것이 가능합니다. 예를 들면 버튼을 누르거나 회전 스위치를 돌리는 식으로 말입니다. 물론 인공지능 스피커 같은 장치들은 음성 명령으로, 스마트 카메라는 동작으로 특정한 명령을 내릴 수도 있습니다. 하지만 이런 장치들이 배경으로 완전히 사라지면 상황이 달라집니다. (굳이 알 필요는 없지만) 내 주변에 컴퓨터가 존재하는지도 알 수 없으며 존재한다고 하더라도 어떤 컴퓨터가 존재해서 어떻게 인터페이스를 해야 할지 알 수 없기 때문입니다. 따라서 보이지 않는 컴퓨팅에서는 사용자가 환경과 상호작용하고 정보를 교환하도록 하는 방법이 매우 중요합니다. 이를 위해서는 사람이 컴퓨터를 인식하는 것이 아니라 컴퓨터가 사용자를 인식하고 사용자와 인터페이스 할 수 있어야 합니다.

조용한 컴퓨팅

보이지 않는 컴퓨팅의 관점에서 비록 컴퓨터는 보이지 않지만 컴퓨팅 파워를 이용하기 위해서 사용자는 여전히 다양한 방식으로 컴퓨터들과 상호작용을 해야 합니다. 지금 우리가 인공지능 스피커를 향해 "시리야, 불

켜줘!"라고 말을 하는 것처럼 음성 명령을 전달할 수도 있고 사전에 약속된 손동작을 해야 할 수도 있습니다. 반대로 "사무실이 어두운 것 같은데 형광등을 켤까요?"처럼 인공지능 스피커가 먼저 사람에게 말을 걸 수도 있습니다. 이런 상호작용 방식이 평소에는 매우 편리하게 이용되지만 때에 따라서는 불편함을 야기하기도 합니다. 내 주변에 있는 사람들에게는 시끄러운 소음으로 여겨질 수도 있고 사용자가 원하지 않는데도 "이것을 할까요?" 아니면 "저것을 할까요?"라며 귀찮게 할 수도 있습니다. 만약 무엇인가에 집중하고 있는데 이렇게 시끄럽게 방해를 한다면 정말 짜증이 날 것 같습니다.

게다가 컴퓨터가 인식할 수 있는 방식으로 정확하게 명령하거나 의사표시를 하지 않으면 보이지 않는 컴퓨팅은 제대로 작동하지 않을 수 있습니다. 그러면 다른 방식으로 명령을 해야 할 수 있고 필요에 따라서는 사용자가 원하는 것을 실행시키기 위해 메뉴얼을 읽어야 할 수도 있습니다. 설상 가상으로 동시에 여러 브랜드의 장치나 서비스를 이용하는 경우에 사용 방식이 동일하지 않을 수도 있습니다. 이처럼 우리 주변에 수많은 컴퓨터가 존재하고 다양한 방식으로 이들이 제공하는 기능이나 서비스를 이용할 수 있다 할지라도 기존의 IT 기기들처럼 시스템별로 일관되지 않은 사용법이나 명령어를 학습해야 하거나 사용자나 사용자 주변에 있는 사람들의 일상에 방해가 된다면 그다지 바람직하지 않을 것입니다. 이런 문제까지도 해결할 수 있는 것이 조용한 컴퓨팅 혹은 조용한 기술*이라는 것입니다. 즉, 조용한 컴퓨팅은 유비쿼터스 컴퓨팅의 궁극적인 모습입니다.

조용한 컴퓨팅은 인간과 컴퓨터의 상호작용에 관한 것으로 사용자가 의식하지 않더라도 컴퓨팅 기능을 이용할 수 있게 되는 것을 의미합니다. 즉, 정보가 필요할 때는 사용자 주변으로 자연스럽고 조용하게 이동하지만 그렇지 않으면 사용자 주변에서 조용하게 유지되는 것을 말합니다. 사용자가 지속적으로 컴퓨터에 주목하지 않더라도 컴퓨터가 사용자의 마음을 헤아리고 필요할 때 그에 맞는 서비스를 제공한다는 것입니다. 평소에는 무심한 척하지만 남몰래 은근히 챙겨 주는 '츤데레'한 컴퓨팅이 조용한 컴퓨팅인 것이죠.** 어쩌면 눈에 보이지 않는 수호 천사(guardian angel)일지도 모릅니다. 조용한 컴퓨팅은 보이지 않는 컴퓨팅에서 사용자가 느끼게 되는 불편함을 제거해 준다는 의미에서 '마음을 진정시키는(calm)' 컴퓨팅이라고도 이해할 수 있습니다. 따라서 조용한 컴퓨팅은 앰비언트 서비스와 거의 같은 개념으로 이해할 수 있습니다.

'조용한 기술'이라는 용어는 마크 와이저와 동료인 존 실리 브라운(John Seely Brown)이 1995년에 쓴 〈조용한 기술의 설계(Designing Calm Technology)〉라는 글에 처음 소개됩니다. 조용한 기술은 처음에는 사용자 인터페이스

---

* 조용한 기술(Calm Technology)의 영어 표현을 줄여서 '캄테크'라 말하기도 합니다.

** '츤데레'라는 말은 새침하다는 일본어 '츤츤(つんつん)'과 무엇인가에 달라붙는 모습을 표현한 '데레데레(でれでれ)'의 합성어로 겉으로는 무심한 척하지만 은근히 챙겨 주는 사람을 지칭할 때 씁니다.

관점에서 개별적으로 연구되었습니다. 그러나 이후 유비쿼터스 컴퓨팅이라는 개념과 함께 연구되기 시작합니다. 즉, 기술이라는 것이 평소에는 사용자가 전혀 신경을 쓰지 않아도 될 정도로 사용자 주변에 존재하다가 필요할 때는 사용자 앞에 자연스럽게 나타나서 유용한 기능을 제공할 수 있어야 한다는 것입니다. 길가에 있는 간판의 글자나 자동차에서 나는 엔진의 노이즈처럼, 평상시에는 존재하되 전혀 의식이 되지 않지만 약속 장소를 찾거나 자동차의 고장 여부를 확인할 때는 도움이 되는 것처럼 말입니다.

우리가 조용한 컴퓨팅에 주목해야 하는 이유는 그것이 인간 중심의 기술이기 때문입니다. 그동안은 기술이 제품의 기능이나 성능을 높이기 위해 개발되고 사용되었습니다. 그 기술이 우리의 생활을 편리하게 해 주는 측면도 있지만 다른 한편으로는 그런 기술을 배우고 익혀야 하기 때문에 오히려 불편하기도 했습니다. 그로 인해 제품의 기능이나 성능을 제대로 활용하지 못한 측면도 있고요. 따라서 앞으로는 삶의 질을 위해 기술을 사용하면서도 최소한의 관심과 주의만 기울이면 된다는 것입니다.

조용한 컴퓨팅에는 세 가지 특징이 있습니다. 첫 번째 특징은 무자각성입니다. 주변의 컴퓨터가 평소에는 존재를 드러내지 않다가 필요할 때만 조용히 우리 곁에 나타난다는 것입니다. 따라서 사용자는 자신이 컴퓨터를 사용하고 있다는 것을 인식하지 못한 채 컴퓨터를 사용하게 됩니다. 두 번째 특징은 현실과 가상을 자연스럽게 어우러지게 하는 확장성입니다. 즉,

현실 세계와 가상 세계가 밀접하게 연결되어 작동한다는 것입니다. 세 번째 특징은 서로 다른 조용한 기술이 제3의 서비스와 융합하여 새로운 가치를 창출할 수 있다는 것입니다. 스마트밴드가 대표적인 예인데, 보험사가 스마트밴드를 이용해 열심히 운동을 한 가입자들의 보험료를 감면해 주는 식으로 제3의 서비스와 융합될 수 있습니다.

앞에서도 잠시 언급했던 것처럼, 사용자와 컴퓨터 사이의 인터페이스는 양방향으로 모두 조용해야 합니다. 즉, 사람들은 컴퓨터를 이용하기 위해 복잡한 인터페이스 장치를 이용할 필요가 없고, 큰 소리를 내거나 작동을 취해서도 안 됩니다. 반대로 컴퓨터도 사용자에게 컴퓨팅 결과를 알리기 위해 신경을 자극하는 알람 소리나 진동을 발생시키면 안 됩니다. 사용자의 행동 속에 자연스럽게 녹아 들어가야 하며 혹은 사용자의 일상을 최대한 방해하지 않는 방식으로 작동해야 합니다. 구글이 진행하고 있는 '리틀 시그널(Little Signals)' 프로젝트는 이런 목적을 달성하기 위한 노력 중의 하나입니다. 즉, 스마트폰에서 울리는 '띵'이나 '카톡' 같은 소리 대신 공기의 움직임을 통해 식물의 잎과 같은 가까운 물체를 움직이거나 그림자의 움직임을 이용해서 사용자에게 알람을 전달합니다. 혹은 마치 풍경 소리를 내는 것처럼 약병을 가볍게 두드리는 식으로 사용자에게 약을 먹어야 한다고 알려주기도 합니다.

앰비언트 컴퓨팅의 등장

유비쿼터스 컴퓨팅이 캄 컴퓨팅의 개념까지 포함하고 있지만 어디서나 컴퓨팅 파워를 이용할 수 있도록 하는 하드웨어적이고 인프라적인 측면을 강조하는 용어라고 이야기한 바 있습니다. 그런 측면에서 유비쿼터스 컴퓨팅과 앰비언트 컴퓨팅을 구분하는 유일한 기준은 컴퓨팅 기기의 조작 주체일 것입니다. 사람이 직접 컴퓨팅 기기를 조작해야만 컴퓨팅 파워를 이용할 수 있다면 이는 유비쿼터스 컴퓨팅에 해당할 것입니다. 반면에 사람이 직접 조작하지 않더라도 필요한 컴퓨팅 파워를 이용할 수 있다면 이는 앰비언트 컴퓨팅으로 분류됩니다. 즉, 사람 주변에 있는 컴퓨터가 지금까지의 행동 패턴이나 사용자와 관련된 데이터를 바탕으로 한 예측 기능에 의해 사람의 조작을 필요로 하지 않고 자율적으로 서비스를 제공하는 것을 말합니다. 이런 점에서 앰비언트 컴퓨팅은 사람이 대부분 직접 조작해야 하는 스마트폰이나 메타버스 기반의 유비쿼터스 컴퓨팅과 확연히 구분된다 할 수 있습니다.

다만 우리가 주목해야 할 것은 유비쿼터스 컴퓨팅의 개념이 처음에는 하드웨어적인 것에서 시작했지만 결국에는 이를 이용하는 소프트웨어적인 것으로 진화해 나갔다는 부분입니다. 즉, 하드웨어와 소프트웨어가 유기적으로 결합되어 사용자에게 서비스를 제공하는 방향으로 진화를 했다는 것입니다. 물론, 이는 개별 장치와 관련 소프트웨어의 통합이 아닌 삶의 모든 부분에 존재하는 다양한 장치와 이들을 연결하는 서비스간의 통합을 의미합니다. 이를 통해 집과 일터에서 그리고 이동 중에 사용자가 필요로 할 때 단일하고 일관된 경험을 제공할 수 있습니다.

사람의 조작이 불필요한 앰비언트

전통적인 유비쿼터스 컴퓨팅의 개념과 가장 비슷한 앰비언트 컴퓨팅은 스마트폰이나 메타버스 서비스에 비해 확연히 구분되는 몇 가지 특징이 있습니다. 첫 번째는 현실을 기반으로 한다는 것입니다. 가상 세계를 기반으로 하는 스마트폰이나 메타버스 서비스와 달리 현실 세계에서 생성되는 데이터를 바탕으로 현실 세계에서 사람들이 필요한 일을 대신해 주게 됩니다. 따라서 사람들은 현실 세계에서 펼쳐지는 일에 더욱 집중하고 몰입할 수 있게 됩니다. 1990년대 마크 와이저 박사와 함께 제록스 PARC에서 일을 했던 나탈리 제레미젠코(Natalie Jeremijenko)에 따르면 마크 와이저 박사도 유비쿼터스 컴퓨팅이 가상현실의 반대편에 있는 것으로 생각했다고 합니다.

두 번째 특징은 무자각성(unconsciousness)입니다. 무자각성이라는 것은 우리 주변에 수많은 컴퓨팅 장치가 존재하고 이들이 주변 환경에 통합되지만 사람들은 이를 전혀 인식하지 못하면서도 이들이 제공하는 서비스를 이용한다는 것을 말합니다. 단지 필요할 때 자신이 원하는 서비스가 제공되었다는 사실을 인지할 수 있을 뿐입니다. 컴퓨팅 장치들을 인지할 수 없기 때문에 이들을 조작하는 것은 불가능하며 따라서 이들의 이용 방법을 배울 필요가 없습니다. 반면에 컴퓨팅 장치들이 사람을 이해하기 위해 노력해야 합니다.

세 번째는 확장성(scalability)입니다. 앰비언트 환경에서 제공되는 서비스는 현실과 가상이 어우러져 만들어지며 새로운 방향으로 확장되기 때문입니다. 예를 들면 침대와 TV 그리고 형광등이 연결되어 침대에 누워 TV를 보다 잠이 들면 자동으로 TV와 형광등의 전원이 꺼집니다. 아무런 연관이 없던 침대와 TV, 형광등이 연결되어 새로운 기능을 제공하는 것입니다. 이 외에도 스마트 냉장고나 스마트 오븐이 필요한 식재료나 밀키트를 주문하거나 스마트 골프 클럽과 스마트 미러가 원포인트 레슨 서비스를 제공하는 수단이 되기도 합니다.

네 번째 특징은 상황 인식(context awareness)입니다. 앰비언트 컴퓨팅을 통해 사용자에게 어떤 서비스를 제공하기 위해서는 그 사용자가 처해 있는 상황이나 특정한 공간의 상황에 대한 이해가 필요합니다. 일반적으로 다양한 컴퓨팅 장치에 내장된 센서 데이터를 활용하거나 기존에 컴퓨팅 장치들을 이용했던 이용 패턴 정보를 활용하거나 날씨나 계절, 시간 등과 같은 환경적인 정보도 함께 이용하게 됩니다. 예를 들면 같은 공간이라도 모인 사람들의 숫자나 대화 방식, 이산화탄소의 농도 같은 정보만으로 지금 사람들이 모여 회의를 하는 것인지 파티를 하는 것인지를 구분할 수 있으며 그에 맞는 서비스를 필요한 때 제공할 수 있게 됩니다.

다섯 번째 특징은 개인화(personalization)입니다. 사용자에게 제공되는 서비스는 사용자의 니즈 및 사용자가 처한 상황이나 환경에 따라 달라질 수 있으며 심지어는 사용자의 반응에 따라 그때그때 다르게 적응형으로 작동할 수 있습니다. 또한 선행적으로 작동하기도 하는데, 이는 사람들이 필요하다고 인식하기 전에 서비스를 제공하는 것을 말합니다. 예를 들면 공항에 가는데 비행기 시간에 맞추지 못할 것 같을 때 인공지능이 다음 비행기표를 미리 예약해 주는 것입니다. 실제로 아이폰에서는 친구와의 약속 시간에 늦었을 때 "친구에게 늦는다고 문자를 보내는 것이 어떨까요?"라고 제안을 해 주기도 합니다.

여섯 번째 특징은 연속성(seamlessness)입니다. 특정한 사용자에게 제공되는 서비스는 사용자가 공간을 이동하더라도 끊김없이 계속해서 제공되어야 합니다. 예를 들어 라디오 경제 프로를 들으며 운전을 하던 사람이 집에 도착하여 차에서 내리면 라디오 방송이 중단되는 것이 아니라 스마트 안경이나 스마트 이어폰을 통해 계속해서 들을 수 있어야 합니다. 만약 집에 도착해서 자신의 방에 들어가게 되면 라디오 방송이 방에 있는 인공지능 스피커에서 이어 재생되어야 합니다.

앰비언트 컴퓨팅에서는 컴퓨터나 스마트폰과는 달리 사용자가 직접 기기를 조작하지 않습니다. 이는 컴퓨터의 키보드나 마우스를 이용하거나 스마트폰의 화면을 터치하는 것처럼 직접적인 조작을 하지 않는다는 것을 말합니다. 음성 명령이나 얼굴 인식과 같은 비접촉 인터페이스 방식을 이용해서 기능을 제어하는 것은 기기를 직접 만지면서 조작하는 것이 아니기 때문에 직접 조작하지 않는 것으로 분류합니다. 말을 하거나 얼굴을 돌리는 행동은 자연스러운 것이기 때문에 앰비언트 컴퓨팅의 초기 형태로 수용하는 편입니다.

앰비언트 서비스의 단계

앰비언트 컴퓨팅은 어떤 사물을 직접 사용하지 않지만 그 사물이 제공하는 기능을 이용하는 것 또는 컴퓨터가 사람이 원하는 것을 이해하여 필요할 때만 앞으로 나타나 동작을 수행하고 그렇지 않을 때는 배경으로 사라지는 것 등으로 정의됩니다. 즉, 컴퓨터를 의식하거나 직접 컴퓨터를 조작하지도 않으면서 컴퓨터가 제공하는 기능이나 서비스를 이용하는 것을 의미합니다.

그렇다면 인공지능 스피커에 음성 명령을 통해 뭔가를 요청하는 것도 앰비언트 컴퓨팅일까요? 혹은 사용자가 미리 설정해 놓은 자동화 루틴에 의해 밤 9시가 되면 보일러가 켜지고 아침 6시에 보일러가 꺼지는 것은 어떨까요? 일반적으로는 직접 기기를 조작하지는 않지만 기기의 조작과 관련된 음성 명령을 내리거나 기기가 자동으로 작동하도록 최초의 서비스 규칙을 설정하는 것도 앰비언트 컴퓨팅의 범주로 분류합니다. 궁극적인 형태의 앰비언트 컴퓨팅은 모든 것이 스스로 알아서 작동하는 가장 진화된 모습을 의미하지만 그런 기술은 한순간에 완성되는 것이 아니며 설령 완벽한 앰비언트 컴퓨팅이 구현된다 할지라도 다양한 수준의 기술이 혼재되어 사용될 것입니다.

그런 의미에서 앰비언트 컴퓨팅의 수준을 2단계 또는 4단계로 나누어서 설명하기도 합니다. 먼저 2단계로 나누는 경우 앰비언트 컴퓨팅은 반응적(reactive)일 수도, 사전예방적(proactive)일 수도 있다고 말합니다. 앰비언트 서비스가 반응적이라는 것은 사용자의 명시적인 요청에 대한 응답으로서 앰비언트 서비스가 제공되는 것을 말합니다. 반면에 사전예방적이라는 것은 사용자의 명시적인 요청이 없더라도 사용자가 필요로 하는 것을 예측하고 그에 따라 앰비언트 서비스를 제공하는 것을 의미합니다. 즉, 사전예방적인 앰비언트 서비스가 앰비언트 컴퓨팅의 최종적인 모습이라 할 수 있습니다. 이를 사용자 관점에서 본다면 반응적인 앰비언트 서비스는 사용자가 직접 관여를 해야 하기 때문에 능동적인 앰비언트 서비스라 할 수 있으며, 사전 예방적인 앰비언트 서비스는 사용자가 아무런 관여를 하지 않아도 되기 때문에 수동적인 앰비언트 서비스라 할 수 있습니다.

앰비언트 컴퓨팅은 구현되는 수준에 따라 4단계로 나눠서 설명하기도 합니다. 첫 번째는 필요한 것이 있을 때마다 일일이 알려 줘야 하는 단계입니다. 주로 인공지능 스피커를 포함한 음성 기반의 사용자 인터페이스(VUI, voice user interface)나 동작 등의 인터페이스 방법을 이용해서 원하는 것을 요청하는 것이 이에 해당하는데, TV를 켜고 싶을 때는 TV를 켜라고 말을 해야 하고 알람을 설정하고 싶을 때는 몇 시에 알람을 설정하라고 이야기해야 합니다. 만약 다음에도 동일한 일을 수행해야 한다면 그때도 같은 방식으로 명령을 내려야 합니다. 처음에는 컴퓨팅 기능이 탑재된 장치에 명령을 내린다는 생각이 들 수도 있지만 어느 순간 이런 행동이 마치 다른 사람에게 말을 하거나 혼잣말을 하는 것처럼 자연스럽게 느껴지게 됩니다.

두 번째는 사람이 직접 자동화된 서비스를 만드는 단계입니다. 스마트홈의 자동화 루틴을 설정하는 것처럼 특정 시간이 되면 보일러가 켜지거나 센서 값이 지정된 임계 값을 넘어설 때 알람을 울려 주고 자동으로 관련된 서비스를 호출해 주도록 자동화된 서비스를 설정하는 것이 이에 해당됩니다. "잘 자!" 혹은 "좋은 밤!" 같은 명령어에 대해서 밤새 불필요한 플러그며 조명을 끄도록 자동화하는 것도 해당됩니다. 물론 시간이나 센서 값, 특정 기기의 작동, 음성 명령, 위치나 존재 정보 등 여러 기준을 조합한 복잡한 조건식을 바탕으로 하는 자동화도 두 번째 단계에 해당합니다. 음성 명령을 이용하는 앰비언트 서비스와 달리 자동화 루틴 기반의 앰비언트 서비스는 처음에 한 번만 설정하면 이후부터는 반복적으로 자동화된 서비스를 이용하는 것이 가능합니다.

세 번째는 앰비언트 인텔리전스가 우리의 요구를 이해하고 상황에 따라 스스로 다른 서비스나 컴퓨터화된 사물을 조작하거나 제안하는 것입니다. 세 번째 단계의 앰비언트 컴퓨팅은 특정한 조건이 되었을 때 어떤 서비스나 사물을 제어한다는 측면에서 두 번째 단계의 자동화 루틴에 의한 앰비언트 컴퓨팅과 비슷하다고 생각할 수 있습니다. 그러나 시간이나 센서 값 등 특정한 조건을 만족시키면 작동하는 것이 아니라 앰비언트 인텔리전스가 사용자와 관련된 다양한 데이터를 이용함으로써 가변적으로 작동 시점을 결정합니다. 예를 들어 밤 9시에 보일러를 켜려고 했지만 오늘은 가족이 여행을 떠나서 빈집이라는 것을 알고는 보일러를 켜지 않는 것이 이에 해당됩니다. 따라서 세 번째 단계의 앰비언트 컴퓨팅에서는 조건을 만족시키지 않더라도 작동을 하거나 조건을 만족시켜도 작동하지 않을 수 있습니다.

세 번째 단계의 앰비언트 컴퓨팅은 지능적으로 어떤 서비스를 호출하거나 디바이스를 제어하는 것을 넘어 제안을 하기도 합니다. 이런 제안은 두 가지 측면에서 이루어집니다. 첫 번째 유형은 인공지능이 직접 할 수 없는 일을 사용자가 하도록 알려 주는 것입니다. 예를 들면 매일 밤 9시에 보일러를 23도로 켰지만 사용자의 집과 거의 동일한 집에 비해 실내 온도가 제대로 올라가지 않는 것입니다. 그로 인해 계속해서 보일러를 돌려야 하고 결과적으로 도시가스 비용이 대조군에 비해 10% 이상 높게 나온다는 것을 확인한 것입니다. 이에 대해 인공지능이 물리적으로 할 수 있는 일은 사실상 거의 없습니다. 이런 경우 보일러의 상태를 점검 받으라고 하거나 열려 있는 창문은 없는지 확인하라고 제안할 수 있습니다. 두 번째 제안의 유형은 인공지능이 자신이 내린 판단을 확신할 수 없어서 사용자에게 판단을 요청하거나 사용자의 의견을 묻는 것입니다. 예를 들면 사용자가 자려고 침대에 누웠는데 거실에 조명이 켜져 있는 것입니다. 잠을 잘 때는 이용하지 않는 조명을 다 끄는 것이 일반적인데, 거실 조명을 일부러 켜 놓은 것인지 아니면 깜박하고 끄지 않은 것인지 인공지능이 판단하기 어려웠기 때문입니다. 따라서 사용자에게 이런 상황을 알리고 인공지능이 지금 어떻게 해야 하는지, 그리고 미래에 비슷한 일이 반복되는 경우에는 어떻게 해야 하는지를 물어보는 것입니다.

네 번째 단계는 사용자의 피드백을 바탕으로 앰비언트 수준을 고도화하는 것입니다. 앰비언트 인텔리전스는 고객과 관련된 수많은 데이터와 서비스 이용 이력, 타인의 서비스 이용 패턴 등을 바탕으로 최적의 서비스를 제공하려고 노력하지만 그것이 사용자가 진정으로 원하는 것인지는 알 수 없습니다. 따라서 서비스를 제공한 다음 사용자의 반응을 확인하는 식으로 스스로 제대로 된 서비스를 제공했는지 확인할 수 있을 것입니다. 그렇다고 해서 서비스를 제공할 때마다 "나 잘 했지?"라고 물을 수는 없는 노릇입니다. 그런데 다행스럽게도 앰비언트 서비스에 만족하는 사용자들은 종종 고맙다는 피드백을 보내기도 하고 그렇지 않은 경우에는 짜증 난 목소리로 "그만!"을 외치기도 할 것입니다. 이런 사용자의 피드백이 있다면 앰비언트 서비스는 충분히 고도화될 수 있습니다.

이런 앰비언트 컴퓨팅의 단계는 사용자에 대한 이해 수준에 의해 결정됩니다. 즉, 앰비언트 컴퓨팅 초기에는 절대로 3단계나 4단계의 서비스가 제공될 수 없을 것입니다. 기술적으로는 제공할 수도 있겠지만 사용자를 화나게 할 가능성이 클 것입니다. 그렇다고 해서 5년 혹은 10년 후 앰비언트 컴퓨팅이 성숙한 시점에는 3단계나 4단계의 서비스만 제공되는 것은 아닐 것입니다. 앰비언트 인텔리전스가 전지전능한 신이 아닌 이상 사용자가 하려는 모든 것을 알 수는 없기 때문입니다. 또한 적용 분야나 대상에 따라 1단계의 앰비언트 서비스가 적합한 것이 있고 2단계의 앰비언트 서비스가 적합한 것이 있을 것이기 때문이죠. 따라서 다양한 단계의 앰비언트 서비스가 혼재되어 사용될 것입니다. 중요한 것은 상황에 따라 어느 단계의 앰비언트 서비스를 이용할 수 있도록 해주느냐일 것입니다.

아마존이나 구글과 같은 선진 기업들은 이미 3단계 및 4단계의 앰비언트 서비스를 구현하기 위해 노력하고 있습니다. 아마존이 대표적인데, '알렉사 예감(Alexa Hunches)'이라는 기능을 보면 정말 상상을 초월합니다. 이 기능은 말 그대로 뭔가 평소와 다른 이상한 느낌이 들 때, 사용자에게 상황을 알리고 그에 따른 대응을 하도록 하는 기능입니다. 예를 들어 사용자가 잠자리에 들며 알렉사에게 "잘 자!"라고 말을 한다고 가정해 보죠. 사용자가 "잘 자!"라고 말을 하면 인공지능 서비스인 알렉사는 이 말의 의미를 해석하기 위해 노력합니다. 이게 잠자기 전에 상투적으로 하는 인사말이기도 하지만 '나는 잠을 잘 테니 너는 서비스 루틴에 정의된 것처럼 침실의 형광등을 끄고 부엌의 가스밸브도 잠가!'라는 명령으로 받아들일 수 있을 것입니다. 결국 알렉사는 "안녕히 주무세요."라는 인사말을 하며 형광등을 끄고 가스밸브를 잠급니다.

이는 2단계의 앰비언트 서비스에 해당하는데, 알렉사 예감 기능은 그 다음 단계로 사용자가 정의하지 않은 일까지도 알아서 해 줍니다. 예를 들어 평소에는 나갈 때 전원을 껐던 거실의 독서 등이나 베란다 조명이 여전히 켜져 있다고 가정해 보죠. 그러면 알렉사는 이 상태가 평소와 다르다는 것을 인지하고 사용자에게 거실의 독서 등 혹은 베란다 조명이 켜져 있다는 사실을 알려 줍니다. 그리고 해당 조명을 끌 것인지도 물어봅니다. 이처럼 사용자가 따로 말을 하지 않더라도 사용자의 평소 생활 패턴이나 사람들의 일반적인 생활 패턴을 바탕으로 추가적인 서비스를 제공합니다.

여기서 한 걸음 더 나아가 "'잘 자!"라는 자동화 루틴에 "거실 독서 등의 전원을 OFF로 하는 것을 추가할까요?"와 같은 제안을 할 수도 있습니다. 이 질문에 "그래!"라는 말 한마디만 하면 "잘 자!"라는 자동화 루틴이 업데이트 되며 이후부터는 취침 시 독서 등이 켜져 있으면 자동으로 꺼 줄 것입니다. 물론 다른 가족이 독서 등을 이용하는 경우에는 끄지 않을 것입니다. 앰비언트 서비스는 개인적이면서도 공용적인 성격을 가지고 있기 때문입니다.

2022년 초에 아마존이 공개한 자료에 따르면 스마트홈에서 알렉사가 수행하는 일의 25% 이상은 사용자와 상호작용 없이 알렉사가 단독으로 수행한다고 합니다. 그리고 그로부터 6개월이 지난 2022년 7월에 개최된 Alexa Live 2022에서는 이 수치가 30%를 넘어섰다고 합니다. 게다가 2단계에 해당하는 자동화 루틴이나 알렉사 가드 같은 서비스, 그리고 암시와 같은 예측 및 사전 예방적인 기능들을 포함하면 무려 90%의 스마트폰 동작들이 알렉사에 의해 수행된다고 합니다. 즉, 사람들이 스마트폰 앱을 이용해서 스마트 기기를 제어하는 비율은 10%밖에 안 된다는 것입니다.

아마존과 달리 구글은 사용자 맞춤형 루틴을 제안하는 기능을 제공하고 있습니다. 예를 들면 기존의 스마트홈 환경에 새로운 디바이스를 추가할 때, 그 디바이스와 함께 이용하면 편리하고 유용한 기능을 제공하는 루틴들을 제안하는 것입니다. 혹은 기존에 사용하던 자동화 루틴과 어떻게 통합해서 사용할 수 있을지 제안해 줍니다. 예를 들어 소파 옆에 스탠드 조명을 추가하는 경우를 생각해 보죠. 이 조명은 거실에 사람들이 모여 있을 때 주로 사용될 거라고 생각할 수 있는데, 그래서 다음과 같은 자동화 루틴을 제안할 수 있습니다.

▶ 가족 모두 침대에 누워 있는 경우 소파 조명을 소등한다.

▶ 가족 모두 외출 중인 경우 소파 조명을 소등한다.

물론 이 외에도 사용자가 보유하고 있는 디바이스의 유형이나 사용자 생활 패턴을 바탕으로 사용자 맞춤형의 자동화 루틴을 제안하는 것이 가능할 것입니다. 이런 기능은 그동안 사용자가 직접 설정해야 했던 것들을 부분 자동화한 것으로, 향후 인공지능이 자동으로 개인 맞춤형 루틴을 만들어 주는 형태로 진화할 것으로 예상됩니다.

이처럼 사람이 하던 일을 인공지능이 대신하게 된다면 서비스의 주도권을 인공지능이 가져가게 될 것입니다. 처음에는 단순히 형광등을 끄거나 현관문을 잠그는 등 단순한 편의성을 제공하는 것에 불과하지만 시간이 지날수록 어떤 물건을 구매하거나 서비스를 요청하는 것과 관련해서도 주도권을 가져갈 수 있을 것입니다. 이는 앰비언트 서비스를 제공하는 기업에 그대로 수익으로 이어질 수 있습니다. 그래서 아마존과 구글이 앰비언트 컴퓨팅과 이를 기반으로 하는 앰비언트 서비스를 미래의 비전으로 삼고 있는 것입니다.

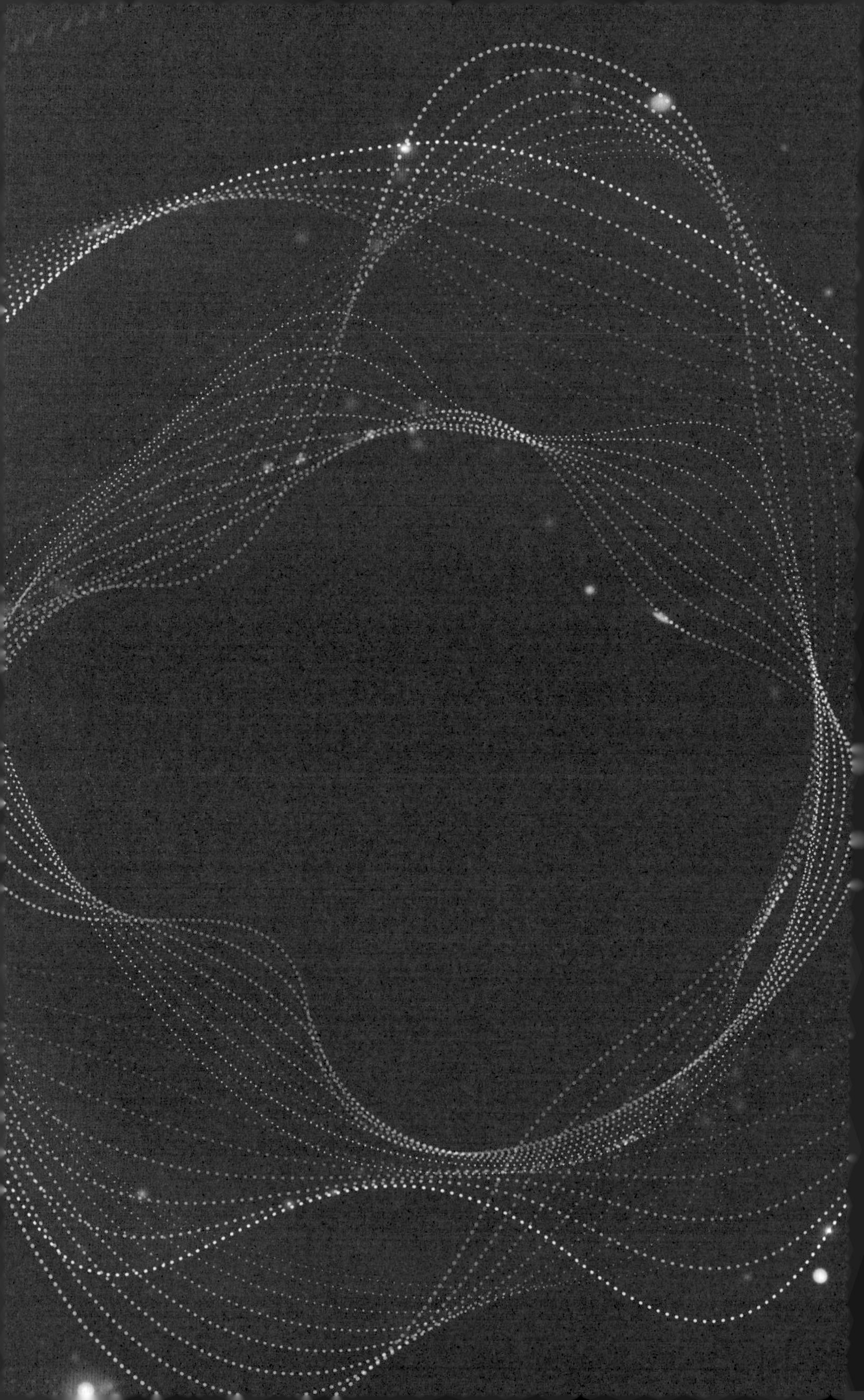

Part 2.

생활에 찾아올 혁신

모든 서비스는 '공간'에서부터 시작한다

여러분은 집에 몇 대의 컴퓨터를 가지고 계신가요? 우리는 컴퓨터 같은 거 안 키운다는 분들도 계시겠지만 아마 대부분은 한 대만 있거나 노트북을 포함하더라도 많아야 3~4대라고 답을 하실 것 같습니다. 그렇다면 저는 몇 대나 있을까요? 저는 60대 이상의 컴퓨터가 있습니다. 데스크탑 컴퓨터가 한 대, 노트북이 3대 있습니다. 그리고 스마트폰, 태블릿, 스마트워치가 각각 3대씩 있고, 스마트 램프가 12개 있습니다. 스마트 플러그는 무려 18개나 있습니다. 이 외에도 인공지능 스피커 6대, 스마트 카메라 2대, 와이파이 공유기가 2대, 스마트 TV, 스마트 블라인드, 스마트 초인종, 스마트 청소기, 스마트 전자레인지, 스마트 쿡탑, 스마트 선반, 스마트 공기청정기, 스마트 의류 관리기, 스마트 프린터가 하나씩 있습니다.

스마트폰이나 태블릿이야 휴대용 컴퓨터니까 그렇다 치더라도 스마트 램프나 스마트 플러그 같은 것까지 컴퓨터로 취급하는 것은 너무하다고 생각하실 수도 있는데, 이런 장치들도 모두 작은 마이크로프로세서를 내장하고 있고 심지어는 인터넷에 연결되는 장치들입니다.

아마 여러분도 집에 설치된 보이지 않는 컴퓨터들을 하나하나 찾아본다면 적어도 10~20개의 컴퓨터를 찾으실 수 있을 것입니다. 실제로 팍스 어소시에이츠(Parks Associates)가 발표한 자료에 따르면 2022년 현재 미국에서 인터넷 서비스를 이용하는 가구는 평균 16대의 커넥티드 디바이스를 소유하고 있다고 합니다. ICT 기술 활용에 있어서는 우리나라가 미국보다 앞서 있으니 적어도 비슷하거나 더 많은 컴퓨터를 이용하고 있을 것입니다. 이처럼 우리가 가장 많은 시간을 보내는 집은 시나브로 수많은 컴퓨터로 채워지기 시작했고, 그런 컴퓨터 중 일부는 배경으로 사라지고 있고 심지어는 잘 보이지도 않습니다. 그리고 이들은 나와 가족들을 이해하고 가족들이 원하는 서비스를 제공하기 위해 알게 모르게 노력하고 있습니다.

스마트홈의 등장 및 진화

"거실에서 음성 시계가 노래합니다. 째깍, 7시! 일어날 시간이야 일어날 시간, 벌써 7시라고." 1950년 5월에 발간된 레이 브래드버리(Ray Bradbury)의 공상과학 단편소설인 《부드러운 비가 올 거야(There Will Come Soft Rains)》의 첫 번째 문장입니다. 이 소설은 원자폭탄으로 모든 사람이 죽

었음에도 계속 작동하는 스마트홈을 통해 핵전쟁에 의한 인간의 완전한 자멸 가능성을 경고하기 위해 쓰인 작품입니다. 책이 출간되고 7년이 지난 1957년, 이 소설에 등장한 상상은 하나씩 현실이 되기 시작합니다. 미국의 농업 및 농생명공학 기업인 몬산토(Monsanto Company)의 후원으로 캘리포니아 애너하임에 있는 디즈니랜드 투모로우랜드(Disneyland Tomorrow Land)에 '몬산토의 미래의 집(Monsanto House of the Future)'이 만들어진 것입니다. 이 집은 미래의 스마트홈을 체험할 수 있는 일종의 테마파크로, 집 전체가 플라스틱으로 만들어졌고 소설 속에 나왔던 초음파 식기세척기, 전자레인지 및 높이 조절이 가능한 싱크대 등 다양한 스마트 제품으로 구성되었습니다. 1967년 문을 닫기 전까지 무려 2,000만 명이 이 미래의 집을 방문할 정도로 인기가 많았습니다. 이후 스마트홈은 〈젯슨 가족〉 같은 미래를 다룬 애니메이션이나 1999년에 개봉한 디즈니 영화 〈스마트 하우스〉 등과 같은 다양한 공상과학 영화의 소재로 자주 등장했습니다.

그러나 실제 스마트홈이 등장한 것은 그로부터 20년이 지난 1975년 이후의 일입니다. 물론 이전에도 스마트함을 탑재한 가전제품이 다수 출시되었지만 이들은 네트워크를 통해 함께 이용되기보다는 단독으로 작동하는 장치들이었죠. 그러다 1975년 X10이라는 최초의 범용 홈오토메이션 네트워크 기술이 개발되면서 다양한 가전제품 및 램프의 전원을 자동으로 제어하는 것이 가능해지게 됩니다. X10은 에어컨과 같은 가전 제품과 제어 모듈 간의 통신을 가능하게 하는 통신 프로토콜입니다. 비용이 많이 드는 데다가 때로는 전문적인 설치가 필요했어도 X10은 수백 대의 장치에 대한 원격 제어를 가능하게 했습니다. 하지만 X10은 비용과 설치 문제 외에도 많은 문제점을 가지고 있었습니다. 통신 속도가 매우 느린 데다가 암호화가 전혀 되지 않았고 신호 손실과 간섭으로 인해 신뢰성이 떨어졌습니다. 만약 이웃집에서도 X10 시스템을 이용하고 있다면 우리 집 제어 모듈로 옆집의 에어컨이나 조명을 켜고 끄는 게 가능할 정도였습니다.

스마트홈에 대한 관심이 본격화하기 시작한 것은 1995년 전후입니다. 1995년은 두 가지 측면에서 의미가 있는 해인데, 하나는 인터넷이 공식적으로 상용화한 해라는 것이고 다른 하나는 독일의 지멘스(Simens)가 무선전화 사업본부를 신설하며 셀룰러 기반의 M2M 서비스를 제공하기 시작한 해라는 것입니다. 유무선 기술을 통해서 가정용뿐만 아니라 다양한 산업용 기기가 인터넷에 연결될 수 있는 기반이 확보되었다는 이야기입니다. 실제로 이후 다양한 커넥티드 디바이스가 출시되기 시작했으며, 마이크로소프트는 1999년에 스마트홈에 대한 회사의 비전을 공개하기도 했습니다. 또한 국내의 주요 건설사들도 2000년을 전후해서 홈오토메이션 시스템, 홈네트워크 시스템, 스마트홈 등 다양한 이름으로 스마트홈을 구축하기 시작했습니다.

하지만 커넥티드 디바이스는 여전히 비쌌으며 스마트홈 서비스를 이용하기 위해서는 독점 시스템을 이용해야만 했습니다. 인터넷과 이동통신 기술은 스마트홈 시스템에 대한 원격 액세스를 가능하게 했지만 중앙 집중식 제어, 유선 장치, 간단한 자동화 등 기존 X10의 속성을 대부분 유지했습니다. 그러다 2000년을 전후로 지그비(Zigbee) 및 지웨이브(Z-wave)와 같은 근거리 무선통신 기술이 등장하며 본격적으로 스마트홈 시대가 열립니다. 무선통신 프로토콜을 통해 어려운 설치 과정 없이 누구나 직접 스마트홈을 구현할 수 있게 되었으며, 처음부터 암호화 통신과 메시 네트워크 같은 기능을 지원해서 보다 안전하고 신뢰할 수 있는 스마트홈을 구축하는 게 가능해졌습니다. 하지만 훨씬 더 독점적이고 호환되지 않는 시스템이 확산됨으로써 상호호환성이 커다란 문제가 되었습니다.

사물인터넷 기술이 주목을 끌기 시작한 2015년 전후부터는 집에서 많이 이용하는 와이파이나 블루투스 기반의 스마트 장치가 다수 출시되기 시작했습니다. 또한 건설사, 가전 및 디바이스 제조사, 통신사, 인터넷 서비스 사업자들을 중심으로 스마트홈을 구축하기 위한 노력이 활발해집니다. 건설사들은 지능형 스마트홈 설비·설치 기준에 따라 설치된 월패드(wall-pad, 세대 단말기) 및 약 20종의 스마트 설비를 이용한 스마트홈을 구축하고, 가전 및 디바이스 제조사들은 직접 제조한 디바이스를 이용하여 스마트홈 서비스를 제공하기 시작했습니다. 반면 인공지능 스피커 외에 자체 디바이스가 없는 통신사나 인터넷 서비스 사업자들은 다양한 가전 및 디바이스 제조사의 플랫폼을 자사의 스마트홈 플랫폼에 연동하는 방식으로 스마트홈 서비스를 제공하기 시작했습니다.

이런 노력의 결과, 지금 우리 주변에서 스마트홈을 찾아보는 것은 어려운 일이 아니게 되었습니다. 해마다 수만에서 수십만 세대의 스마트 아파트가 지어지고 있고 우리가 구매하는 대부분의 가전제품은 소형 컴퓨터를 내장하고 인터넷에 연결되는 스마트 제품들입니다. 그러나 이런 스마트 아파트들이 정말 스마트한지는 잘 모르겠습니다. 저절로 공동 현관문이 열리고 엘리베이터가 호출되는 등의 변화도 있지만 여전히 대부분의 장치나 설비를 이용하기 위해서는 사용자의 관여가 필요하기 때문입니다. 아파트가 똑똑한 것이 아니라 사람이 더 똑똑해져야 하는 시대가 된 것이 아닌가 하는 생각이 듭니다.

게다가 여전히 경쟁 관계에 있는 가전 제조사들의 플랫폼은 서로 연동되지 않아 불편하기 짝이 없습니다. 삼성전자의 스마트싱스(SmartThings) 플랫폼에서는 LG전자의 가전제품을 등록해서 함께 이용하는 것이 불가능하며, LG전자의 씽큐(ThinQ) 플랫폼에서는 삼성전자의 제품을 등록해서 이용하는 것이 불가능했습니다. 결국 구글이나 아마존의 스마트홈 플랫폼에 연동시켜야만 하나의 앱을 이용해서 모든 서비스를 이용할 수 있었습니다. 그나마 다행인 것은 스마트홈 서비스 사업자들도 이런 구조가 사용자나 디바이스 제조사는 물론 스마트홈 생태계를 확대하는 데 아무런 도움이 되지

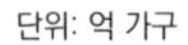

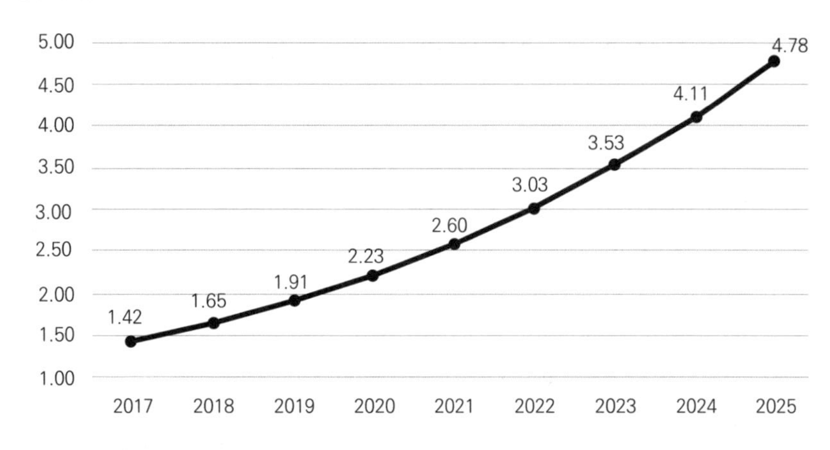

그림 10*. 전세계 스마트홈 가구 수

않는다는 것을 잘 알고 있다는 사실입니다. 그래서 사람들은 매터라는 개방형 스마트홈 연동 표준을 공동으로 개발하여 활용하려 하고 있습니다.

시장조사 기관인 스태티스타는 2022년 현재 전세계 스마트홈 가구수는 3억 가구 정도며 2025년에는 5억 가구에 달할 것으로 전망하고 있습니다. 2021년 4월에 발표된 Security.org의 조사 자료에 따르면 새롭게 주택을 구매하려는 사람의 73%가 스마트홈을 찾고 있으며 주택 구매자의 78%는 스마트홈 디바이스를 위해 더 많은 비용을 지불할 의향도 있다고 합니다. 코로나 팬데믹 이전까지만 하더라도 주택 소유자들은 주로 편리성과 시간 절약을 위해 스마트홈 디바이스를 이용했고 안전과 보안 정도가 주된 이유였습니다. 그러나 코로나 팬데믹 이후 집이 업무와 교육, 엔터테인먼

* 출처: statista, <www.statista.com>

트, 문화생활, 건강 관리를 위한 다목적 공간으로 활용되기 시작하면서 스마트홈에 대한 기대가 커지고 있습니다. 사람들은 그 어느 때보다도 자신들의 생활에 집중하기를 바라며 집이 스마트하게 이를 서포트해 주기를 바라는 것입니다. 즉, 집에 앰비언트 컴퓨팅 환경이 구축되기를 바라고 있는 것이죠.

대표적인 스마트홈 장치들

스마트홈은 다양한 커넥티드 디바이스로 구성되는데, 이런 디바이스는 크게 장비(裝備)와 장치(裝置)로 구분됩니다. 분야에 따라 두 용어에 대한 정의가 다소 다르기는 하지만 일반적으로 장비는 어떤 일을 하기 위해 갖추어 쓰는 물건을 이를 때 사용하는 말이며, 장치는 개별적인 용도가 있는 기기를 포괄적으로 일컫는 말입니다. 스마트홈을 예로 들면 거실 벽에 설치되어 사용자가 다른 장치를 제어하거나 다른 장치들의 상태를 확인할 수 있도록 해 주는 월패드나 여러 스마트 기기들을 연결해서 사용하는 와이파이 공유기 등이 장비에 해당합니다. 그 외에 스마트 TV나 냉장고, 공기청정기, 연기 감지기, 문열림 센서 등 집에 기본적으로 설치되어 있거나 우리가 특정한 목적을 위해 사용하는 스마트 기기들이 장치에 해당하죠.

스마트홈과 관련된 법령인 〈지능형 홈네트워크 설비 설치 및 기술기준〉은 건설사가 스마트 아파트와 같은 지능형 공동주택을 건설할 때 필수로 설치해야 하는 장비 및 장치들을 제시하고 있는데, 이에 따르면 홈네트워크 장비로 홈게이트웨이, 세대 단말기, 단지 네트워크 장비, 단지 서버가 홈네트워크와 함께 스마트 아파트를 구성하는 필수 설비로 지정되어 있습니다. 홈게이트웨이라는 것은 뒤에서 소개할 다양한 홈네트워크 장치를 한데 모아 연결하는 장치로 이를 통해 아파트 단지의 네트워크 장치 및 서버가 연결됩니다. 그리고 홈네트워크 장치로는 원격제어기, 원격검침 시스템, 감지기, 전자출입 시스템(공동 현관문), 차량출입 시스템, 무인 택배 시스템, 영상정보 처리기기 등이 있습니다. 물론 이 외에도 다른 건설사와의 차별화를 위해 혹은 입주민에게 차별화된 서비스를 제공하기 위해 리스트에 없는 장치들을 추가로 설치하기도 합니다.

이 외에 사용자가 개별적으로 구매해서 설치하는 장비나 장치들도 있습니다. 와이파이 공유기가 가장 대표적인 장비인데, 스마트폰을 포함해서 인공지능 스피커, 스마트 플러그, 스마트 램프 등 와이파이를 지원하는 다양한 액세서리 장치와 스마트 TV, 스마트 냉장고, 스마트 공기청정기 등 스마트 가전제품을 연결하는 데 사용됩니다. 만약 지그비나 쓰레드(Thread)라는 통신방식을 지원하는 장치들을 이용한다면 지그비 허브(zigbee hub) 혹은 쓰레드 보더 라우터(thread border router) 같은 장비들도 이용 가능합니다. 최근에는 인공지능 스피커가 지그비 허브 혹은 쓰레드 보더 라우터 기능까지 지원하는 통합형으로 출시되고 있습니다.

사용자가 직접 구매하는 장치 중에서는 인공지능 스피커나 여기에 디스플레이가 탑재된 스마트 디스플레이가 대표적입니다. 인공지능 스피커나 스마트 디스플레이의 경우 사용자 인터페이스 장치라는 본연의 목적이 있지만 와이파이 공유기나 월패드 같은 장비로 분류할 수도 있습니다. 이외에 다양한 형태의 스마트 가전제품과 스마트 스위치, 스마트 플러그, 스마트 램프, 스마트 커튼, 스마트 도어록 등 다양한 유형의 센서 장치가 있습니다. 최근에는 스마트 침대, 스마트 거울, 스마트 테이블 등 스마트한 기능이 들어간 가구들도 속속 출시되고 있는데, 이러한 스마트 가구들도 사용자가 직접 구매해서 이용하는 장치에 해당합니다. 이 중에서 스마트 냉장고, 스마트 세탁기, 그리고 스마트 에어컨 같은 제품들은 신축 아파트를 지을 때 기본으로 내장(빌트인)되는 추세입니다.

대부분의 경우 이런 장치들은 아직까지 개별적으로 이용되고 있습니다. 즉, 스마트폰에 설치된 앱을 이용하거나 인공지능 스피커를 이용해서 개별 디바이스의 기능을 제어하거나 상태 정보를 확인하는 것입니다. 예를 들면 음성 명령으로 거실의 형광등을 켜거나 스마트 오븐이 조리를 마치면 스마트폰으로 알람을 주는 식이죠. 이런 기능들은 유용할 수 있지만 30평 내외의 아파트에서는 있어도 그만이고 없어도 그만인 기능이 대부분입니다. 그나마 집 밖에서 미리 보일러를 켜거나 환풍기를 켤 때는 유용합니다. 물론 일부 '얼리 어답터'들은 여러 장치를 조건부로 연결하여, 즉 자동화 루틴을 만들어 이용하기도 합니다. 예를 들면 가족이 모두 부재중인 시간대에 로봇청소기가 집안을 청소하도록 하거나 화장실에서 3분 이상 사람의 움직임이 감지되지 않으면 화장실 조명을 끄도록 하는 것이죠. 하지만 이 역시 제한적인 범위의 기능일 뿐입니다.

그래도 최근 새롭게 지어지는 스마트 아파트에는 기존 스마트홈과 달리 지능형 자동화 기능이 도입되고 있습니다. 욕실에 들어가면 자동으로 조명과 환풍기가 켜지며, 샤워를 하고 나오면 조명은 꺼지지만 환풍기는 습도가 일정 수준 이하로 떨어질 때까지 계속 돌아가게 됩니다. 또한 일부 아파트에서는 미세먼지가 심한 날은 공기 청정기가 가동되고 스마트 창문이 자동으로 닫힙니다. 또한 아침에 출근할 때 현관에 있는 스마트미러에 주차한 위치 정보가 표시되어 지하 주차장에서 올라왔다 내려갔다 하는 일을 미연에 방지해 주기도 합니다. 이전에 비해 단순히 기능적인 편리함보다는 사용자가 일상생활에서 느끼는 불편함에 더욱 집중하는 모습입니다.

이 외에도 제가 《냉장고를 공짜로 드립니다》라는 책에서 이야기했던 것처럼, 집에 있는 스마트 기기와 생활 서비스를 연계하는 움직임도 나타나고 있습니다. 월패드나 스마트폰 앱을 이용해서 세탁이나 세차, 집안일, 아이 돌봄과 같은 생활 서비스를 호출하거나 예약해서 이용하는 것이 가능해지고 있습니다. 삼성물산의 래미안이나 GS건설의 자이와 같은 일부 아파트에서는 호텔의 룸서비스처럼 조식 등 식사를 주문 및 배달하는 서비스와 세탁물을 수거한 후 가져다주는 린넨 서비스를 제공하기도 합니다. 또한 삼성전자의 경우에는 스마트 TV나 스마트 운동기구를 이용하여 신라호텔에서 제공하는 피트니스 서비스를 이용하는 것도 가능합니다.

하지만 아직까지 대부분의 가정에서는 아주 제한된 숫자의 스마트 디바이스만 이용하는 것이 현실입니다. 통신사 주도로 보급된 인공지능 스피커의 경우 이미 전체 가구의 40% 이상에서 사용 중이지만 대부분 TV를 제어하거나 알람 설정, 날씨 확인, 스트리밍 음악 서비스 이용 정도의 용도로만 이용되고 있습니다. 물론 치킨이나 피자 배달, 온라인쇼핑 등을 이용할 수도 있지만 브랜드에 따라 이용할 수 있는 서비스나 구매할 수 있는 품목이 매우 제한적입니다. 또한 스마트 디바이스를 구매해 놓고도 그것이 스마트 디바이스인지도 모르고 사용하는 사람들이 대부분입니다. 실제로 스마트 가전 구매자 중 약 20%만이 제품을 인터넷에 연결해서 사용할 정도라고 합니다. 집은 앰비언트 컴퓨팅이 가장 먼저 구현될 공간으로 이야기되지만 현재의 상황을 감안하면 이 또한 시간이 꽤 필요할 것으로 보입니다.

또 하나의 가족이 된 움직이는 컴퓨터

퇴근 후 집에 도착해서 현관문을 열자 "어서 오세요! 오늘도 수고 많으셨습니다!"라며 밝은 목소리가 들려옵니다. 하루의 피곤함이 싹 사라지는 순간입니다. 현관 앞 통로를 지나 거실로 가자 가족들은 소파에 앉아 각자 자신의 핸드폰으로 드라마를 보거나 친구들과 메시지를 주고받고 있습니다. 일상적인 우리 집의 모습입니다. 그렇다면 현관 앞에서 나를 맞아준 사람은 누구였을까요? 말을 하는 것으로 보아 강아지는 아니었을 텐데 말입니다. 바로 2015년에 일본에서 출시된 홈서비스 로봇 페퍼(Pepper)의 이야기입니다. 페퍼는 과거 데이터를 바탕으로 아빠가 퇴근하는 시간을 예측하거나 아파트의 주차 차단기에서 차량이 도착했음을 알려주는 순간 현관 앞으로 가 아빠를 기다렸던 것입니다.

페퍼는 처음부터 감정을 가진 로봇으로 설계되어 출시되었습니다. 페퍼에는 사람의 표정이나 목소리를 감지하기 위해 카메라와 3D 센서, 마이크를 탑재하였으며 수많은 페퍼 로봇이 수집한 정보를 클라우드로 보내 '지금 이 사람의 감정은 어떨까?' 그리고 '어떤 일을 하면 기뻐할까?'에 대한 답을 찾도록 하는 '감정 엔진'을 사용하고 있습니다. 페퍼를 만든 소프트뱅크는 인공지능 전문가에게 의뢰해 감정 엔진을 개발했지만 사실 완벽과는 거리가 멀었습니다. 하지만 사람도 아닌 로봇이 사람을 이해하려고 하는 모습이나 이따금 엉뚱한 행동을 하는 것은 사람들에게 친밀감을 안

겨주기에 충분했습니다. 그러자 사람들은 페퍼를 마치 가족의 한 사람으로 인식하기 시작했습니다. 마치 애완동물을 가족같이 대하는 것처럼 말이죠. 생일 파티 중 기념 사진을 찍을 때도 페퍼는 한 자리를 차지했습니다. 가족들은 페퍼가 어떤 일을 하면 "고마워."라고 감사의 인사도 아끼지 않았습니다. 페퍼를 처음 들여놓을 때는 가전제품이 또 하나 늘었다고 생각했는데 새로운 가족이 생긴 것입니다.

홈서비스 로봇이 사용자 주변에서 사용자에게 필요한 서비스를 제공하기 위해서는 기본적으로 사용자의 얼굴을 인식할 수 있어야 합니다. 스마트폰의 잠금을 해제하는 것처럼 사용자가 어떤 기기나 서비스를 사용할 때는 보통 얼굴 정면만 인식할 수 있으면 됩니다. 그러나 이동할 수 있는 로봇이 사용자를 인식하기 위해서는 얼굴의 정면뿐만 아니라 측면도 인식할 수 있어야 합니다. 따라서 홈서비스 로봇을 사용하기 위해서는 마치 피의자라도 된 것처럼 정면과 좌우측면, 세 장의 머그 샷을 찍어서 로봇에게 알려줘야 합니다. 그래야만 사용자가 어디에 있든 로봇이 사용자를 인식하고 사용자 쪽으로 이동할 수 있기 때문입니다.

홈서비스 로봇은 이동할 수 있는 있는 스마트 디스플레이이기 때문에 기본적으로는 인공지능 스피커가 하는 기능을 모두 구현할 수 있습니다. 음성 명령으로 스마트홈 기기를 제어해 주는 것은 물론 날씨나 오늘의 일정을 또는 약 먹을 시간을 알려줄 수도 있습니다. 주인을 졸졸 쫓아다니며 주인이 요구하는 일들을 해 주거나 더 나아가 주인이 요구하기 전에 알아서 해주는 집사와 같은 역할을 하는 것입니다. 거기에 사용자를 일일이 구분할 수 있기 때문에 개인 맞춤형 서비스를 제공하거나 메시지 전달처럼 사용자 인식 기반의 서비스를 제공하는 것도 가능합니다. 예를 들어 고향에서 홀로 계시는 할머니가 손자에게 화상 전화를 걸면 홈서비스 로봇은 손자가 있는 곳으로 다가가서 할머니에게서 전화가 왔음을 알릴 수 있습니다.

국내기업으로는 LG전자가 LG 클로이(CLOi)라는 홈로봇을 2019년에 출시한 바 있습니다. 하지만 이동할 수는 없으며 얼굴을 대신하는 원형 디스플레이가 부착된 몸통이 회전하는 형태에 불과했습니다. 물론 이후 용도에 따라 안내를 위한 '클로이 가이드봇', 요리를 하는 '클로이 셰프봇', 물건을 나르는 '클로이 서브봇' 등으로 발전해 가고 있습니다. 삼성전자는 CES 2020에서 테니스공 모양의 볼리(Ballie)를 소개했습니다. 2021년부터는 LG전자와 비슷하게 용도별로 '삼성봇 케어', '삼성봇 핸디'를 출시했습니다. 이 외에도 여러 중소기업이 실버 케어용 로봇과 인형을 공급하고 있습니다. 보스톤다이나믹스를 인수한 현대차도 다양한 로봇을 개발 중에 있는데, 아직까지는 순찰을 하거나 사람을 대신해서 위험한 작업을 하는 등 특수 목적을 띤 산업용 로봇을 개발하는 데 집중하는 중입니다.

가장 적극적으로 홈서비스 로봇을 도입하고 있는 기업은 아마존입니다. 아마존은 2021년 9월 개최한 하드웨어 이벤트에서 홈서비스 로봇인

'아스트로(Astro)'를 선보였습니다. 앞에서 말씀드린 것처럼 스마트 디스플레이에 이동성이 추가된 형태인데, 차이가 있다면 등쪽에 컵 홀더가 있어서 컵이나 음료수를 실어 나를 수 있으며 머리 위쪽에는 잠망경 형태의 카메라가 달려 있다는 정도입니다. 사용자의 얼굴을 인식할 수 있기 때문에 부엌에 있는 엄마가 아스트로를 이용해서 거실에 있는 가족에게 음료수나 물건을 전달해줄 수 있습니다. 또한 1.5미터 높이까지 올라가는 잠망경 형태의 카메라를 이용해서 집 밖에서도 집안의 상황을 모니터링 하는 것도 가능합니다. 가스불을 켜 놓았거나 창문을 열어 놓고 온 것을 확인할 수 있죠. 하지만 손이 없기 때문에 가스불을 끄거나 문을 닫거나 하는 일은 할 수 없습니다. 아마존은 아스트로를 Day-1 Edition으로 분류하고 있는데, 아직까지는 그 기능이 완벽하지 않은 시험용 제품이라는 의미입니다. 2022년 8월에는 로봇청소기 전문 기업인 아이로봇(iRobot)을 인수하겠다고 밝히기도 했는데, 이를 통해 아스트로의 기능 및 성능을 개선하거나 후속 모델을 개발할 것으로 기대되고 있습니다.

최근에는 손을 쓰는 로봇에 대한 연구 및 개발도 진행 중인데, 삼성전자가 CES 2021 및 CES 2022에서 소개한 '삼성 봇 핸디(Samsung Bot Handy)'와 구글의 모회사인 알파벳이 진행 중인 '일상 로봇 프로젝트(Everyday Robot Project)'가 대표적인 예입니다. 삼성전자의 봇 핸디는 몸통, 어깨, 팔꿈치, 손목 등에 총 6개의 관절이 있어 로봇 팔을 자유롭게 움직이며 물건을 잡는 것이 가능한데, CES 2021에서는 학습 기반으로 싱크대에 있는 접시나 유리컵 등 단일 물체를 인식하고 집는 매니플레이션(manipulation) 기술을 시연하기도 했습니다. 그리고 CES 2022에서는 다중 물체를 인식하고 다른 물건 등 주변 환경을 고려해서 원하는 물건을 집는 '식기 핸들링' 시나리오를 선보이기도 했습니다. 하지만 사람처럼 자연스럽게 물건을 인식하고 능숙하게 사물을 집고 돌리고 정리하기까지는 여전히 많은 시간이 필요할 것으로 보입니다. 알파벳은 우리 일상생활에서 발생하는 일들을 로봇이 스스로 보고 학습할 수 있도록 하는 로봇을 개발 중인데, 쓰레기 더미에서 재활용품을 분류하는 기능을 먼저 개발했고, 지금은 테이블을 정리하고 창문을 열거나 문의 손잡이를 잡아 열린 문을 닫는 등 일상적인 일을 학습시키고 있습니다. 현재 샌프란시스코 베이 인근의 구글 캠퍼스에서 시범적으로 사용되고 있는데, 머지않아 사무실이나 가정에서 사용될 수 있을 것으로 보입니다.

이 외에도 많은 기업이 홈서비스 로봇에 관심을 기울이고 있습니다. 대표적인 것이 전기차의 대명사인 테슬라입니다. 테슬라의 CEO인 일론 머스크는 2021년 8월 개최된 '인공지능 데이(AI Day)' 행사에서 조만간 사람을 대신해 위험하거나 반복적인 작업에 투입할 수 있는 로봇인 '옵티머스(Optimus)'라는 테슬라봇 시제품을 선보이겠다고 발표했습니다. 바퀴 달린 반지각 로봇에 해당하는 테슬라 자동차를 인간 형태로 만드는 것은 의미가 있으며 자연스러운 진화 과정이라고 생각한 것입니다. 172cm의 키에 57kg의 무게의 테슬라봇은 사람과 같은 모습의 휴머노이드 로봇으로 테슬라가 자체 개발한 인공지능 기술과 인간 수준의 손을 활용하여 다양한 일을 할 수 있을 것으로 보입니다.

중국의 샤오미도 2022년 8월에 '사이버원(CyberOne)'이라는 휴머노이드 로봇을 공개했습니다. 177cm의 키에 52kg의 무게로 테슬라봇과 비슷한 크기의 이 로봇은 컴퓨터 비전 및 인공지능 기반의 알고리즘을 바탕으로 주변 환경을 3차원으로 인식해 사람과 사람의 동작 및 표현을 인식할 수 있습니다. 또한 사람의 목소리를 분석해 45가지 감정을 인식하고 그에 맞게 공감하는 능력도 개발 중에 있다고 합니다. 1년 전인 2021년 8월에는 4족 보행 로봇인 '사이버도그(CyberDog)'를 공개하기도 했는데, 두 제품 모두 개발 초기 단계라서 로봇의 특성을 규정짓는 것은 다소 무리지만 스마트홈용으로 사용될 것으로 전망되고 있습니다.

로봇은 여러 개의 카메라는 물론 다양한 센서를 장착한 채 움직일 수 있기 때문에 충전 중에 혹은 이동을 하면서 집안의 상황이나 집에 있는 사용자들과 관련된 다양한 데이터를 수집하는 것이 가능합니다. 또한 스마트홈 네트워크를 통해 연결된 장치들이 수집한 데이터를 한데 모아서 처리하는 것도 가능할 것입니다. 이런 데이터들은 스마트홈 서비스를 제공하는 플랫폼 사업자에게 전송되기보다는 홈서비스 로봇 자체에서 저장, 처리,

폐기될 가능성이 큽니다. 이런 식으로 로봇은 사용자에 대해 학습하고 맞춤형 서비스를 제공하면서도 프라이버시를 보호할 수 있을 것으로 보입니다. 물론 고객 동의 하에 홈서비스 로봇이 수집한 사용자 집안의 정보를 광고 및 마케팅에 활용할 가능성도 큽니다. 집안을 돌아다니는 로봇이 단순히 장애물만 인식하는 것이 아니라 해당 집에 필요할 것 같은 제품을 찾아낼 수도 있으며 오래된 가전제품을 발견하게 되면 신제품 광고를 할 수도 있을 것입니다. 이 외에 홈 보안 서비스나 돌봄 서비스에 활용될 수도 있습니다.

〈안드로이드센트럴〉이라는 온라인 잡지에서 약 1,500명의 독자를 대상으로 조사한 바에 따르면 이따금 "고맙다."라거나 "해 주세요."라는 말을 하는 가상 비서 또는 인공지능 스피커 사용자의 비율이 75%에 육박한다고 합니다. 안드로이드 로봇인 페퍼처럼 사람의 형태를 띠지 않고 목소리도 차갑기 그지없지만 가상 비서 또는 인공지능을 어느덧 컴퓨팅 서비스가 아닌 가족 구성원의 하나로 인식하기 시작한 것입니다.

스마트하지 않은 스마트홈

글로벌 대표 가전제품 제조사인 삼성전자와 LG전자는 2020년부터 출시되는 모든 제품을 스마트 가전 형태로 출시하고 있습니다. 즉, 그동안 단독으로 이용되던 제품들이 인터넷에 연결되어 스마트폰이나 인공지능 스피커로 제품의 상태를 확인하거나 기능을 제어할 수 있게 되었다는 이야기입니다. 혹은 다른 제품과 함께 이용되거나 생활 서비스와 융합되어 이용될 수도 있습니다. 이런 트렌드는 유럽이나 중국의 주요 가전 제조사들도 예외는 아니며 최근에는 중소 중견 디바이스 제조사들도 속속 스마트 디바이스를 출시하고 있습니다.

실제로 우리가 가정에서 이용하는 전자제품들은 빠른 속도로 인터넷에 연결되고 있습니다. IoT Analytics의 자료에 따르면 2021년 기준 인터넷에 연결되는 커넥티드 디바이스의 개수는 240억 개에 달하며 이 수치는 2025년 412억 개로 두 배 가까이 늘어날 것으로 전망됩니다. 그리고 이 수치는 2030년 1,200억 개로 3배 가까이 늘어날 것으로 전망됩니다. 특히 주목할 만한 점은 2019년을 기준으로 컴퓨터, 노트북, 스마트폰 같은 전통적인 컴퓨팅 기기(non-IoT device)보다 더 많은 수의 스마트 커넥티드 디바이스들이 사용되고 있다는 점입니다. 컴퓨터, 노트북, 스마트폰의 보급량은 2025년이 되도 현재와 비슷한 100억 대 수준을 유지할 것으로 보이지만 이들을 제외한 스마트 커넥티드 디바이스(IoT device)의 숫자는 309억 개 수준으로 무려 3배나 더 많은 디바이스가 사용될 것으로 예측됩니다.

이런 흐름은 스마트홈 숫자에서도 확인됩니다. 독일의 시장조사 기관인 스태티스타가 2021년 7월 발표한 자료에 따르면 2021년 최소 한 대 이상의 스마트 디바이스를 이용하는 가구 수는 전세계적으로 약 2억 6,000만에서 2025년에 약 4억 8,000만 가구로 늘어날 것으로 전망하고 있습니다. 또다른 시장조사 기관인 이마케터(eMarketer)에 따르면 전세계에서 스마트홈 비율이 가장 높은 미국은 2021년 기준 전체 가구의 41.9%에 해당하는 약 5,350만 가구가 한 대 이상의 스마트홈 디바이스를 이용하고 있으며 이 비율은 2025년 48.5%까지 증가할 것으로 전망하고 있습니다.

수치만 보면 상당히 많은 가정에서 스마트 디바이스를 사용하고 있는 것처럼 보입니다. 그러나 현실은 그렇지 않습니다. 2022년 초 기준으로 삼성전자의 스마트홈 플랫폼인 스마트싱스 이용자는 전세계적으로 약 2억 명에 달합니다. 어마어마한 숫자입니다. 하지만 한 달에 한 번이라도 스마트 디바이스를 이용하는 비율은 30%대 중반에 불과합니다. 이 중에는 매일 스마트 디바이스를 이용하고 하루에도 여러 번 이용하는 사람들도 있겠지만 한 달에 한두 번만 이용하는 사람들도 꽤 될 것입니다. 설령 이 사람들이 모두 열심히 스마트홈 디바이스를 이용한다고 하더라도 이는 스마트 가전제품을 구매한 후 스마트싱스에 등록해서 이용하는 사람들의 이야기입니다. 스마트 가전제품을 구입한 후 인터넷에 연결해 사용하는 사람들의 비중이 30%가 채 되지 않는다는 점을 감안하면 우리나라의 경우 전체 가전제품 구매자의 10% 정도만이 실제로 스마트홈 서비스를 이용한다고 보는 쪽이 맞을 것 같습니다.

실제 스마트홈 활성 이용자 수가 이렇게 낮게 나타나는 이유는 무엇일까요? 여러 이유가 있겠지만 가장 큰 이유는 스마트 디바이스를 인터넷에 연결해야 할 이유가 없기 때문입니다. 즉, 디바이스를 인터넷에 연결한다고 해서 달라지는 것이 별로 없다는 것입니다. 디바이스를 인터넷에 연결하면 원격에서 디바이스를 제어하거나 디바이스의 상태를 확인할 수 있고 다른 장치와 연동해서 이용할 수 있다고도 하는데, 그런 것들은 사용자가 원하는 혜택이나 기능들이 아닙니다. 사용자는 자신이 당면한 문제를 해결해 주고 정량적으로 확인할 수 있는 혜택을 바라지만 이런 디바이스가 제공할 수 있는 것은 막연한 편리함인 경우가 대부분입니다. 물론 집 밖에서 원격으로 집안의 장치를 제어하거나 집안의 상황을 모니터링하는 것은 매우 유용한 일일 수 있습니다. 하지만 이런 유용함은 일부 사람에게만 해당됩니다. 대부분의 경우 있어도 그만 없어도 그만인 경우가 많습니다.

두 번째 이유는 가전제품의 경우 교체 주기가 길기 때문입니다. 냉장고나 에어컨의 경우 여전히 10년 정도 이용하며 TV나 세탁기, 기타 생활가전의 경우도 6~7년 이상 이용하는 것으로 알려져 있습니다. 제품이 수명 주기를 다하고 교체되는 데 적어도 6~7년에서 10년 이상 걸리기 때문에 아직까지 스마트 디바이스의 보급률 자체가 낮은 것입니다. 더군다나 지금도 잘 쓰고 있는데 굳이 명확한 고객 혜택도 제공하지 않는 제품을 비싼 돈을 주고 살 필요가 없을 것입니다.

또 다른 이유는 스마트 디바이스를 구매해서 스마트하게 사용하는 것이 쉽지 않다는 것입니다. 기존 가전제품들은 박스를 뜯고 전기 플러그를 꽂은 후 제품에 있는 전원 버튼만 누르면 작동했는데 스마트 제품들은 디바이스를 인터넷에 연결하고 설정하는 과정이 반드시 수반되어야 합니다. 실제로 스마트 디바이스를 인터넷에 연결하기 위해서는 스마트폰에 해당 제조사의 앱을 설치한 후 디바이스에 있는 버튼을 길게 누르고 핸드폰을 해당 디바이스가 생성한 와이파이에 연결해야 합니다. 설명서를 따라서 하면 대부분의 사람이 할 수 있지만 생각보다 복잡한 절차를 걸쳐야만 디바이스를 인터넷에 연결해서 이용할 수 있게 됩니다. 트릴빗(TrillBit)의 자료에 따르면 디바이스 구매자의 1/3은 디바이스 설정 과정에서 어려움을 느낀다고 합니다. 심지어는 소비자 가전제품의 경우 디바이스를 인터넷에 연결하고 설정하는 데 문제가 있어서 제품을 반납하는 비율이 무려 22%에 달할 정도입니다. 〈와이어드(Wired)〉도 설치 및 설정의 어려움이 스마트홈 확산의 가장 큰 걸림돌이라고 지적하고 있습니다.

디바이스를 인터넷에 연결했다고 모든 것이 끝나는 것은 아닙니다. 이 정도만으로도 원격에서 스마트폰을 이용하여 디바이스의 상태를 확인하거나 제어하는 것은 가능하지만 인공지능 스피커를 이용해서 제어하거나 다른 디바이스와 연동해서 함께 이용하고자 한다면 다른 스마트홈 플랫폼과 연동해야만 하기 때문입니다. 예를 들어 아마존의 에코 스피커를 이용해서 삼성전자의 가전제품을 제어하고 싶다면 스마트폰에 아마존 알렉사 앱과 삼성전자의 스마트싱스 앱을 모두 설치한 후 두 플랫폼을 연동시켜야 합니다. 그리고 연동하려는 디바이스를 찾아 추가한 후 자신이 원하는 자동화 루틴도 일일이 만들어야 합니다. 이러니 '그냥 안 쓰고 말겠다.'는 소리가 나오는 것입니다. 스마트 디바이스 이용자가 똑똑해야 하고 인내심과 참을성도 있어야만 스마트 디바이스를 이용할 수 있는 것입니다.

이처럼 어렵게 스마트홈을 구축하고 이용하려는 사람은 아무도 없을 것입니다. 실제로 2007년부터 방영되었던 〈빅뱅이론〉이라는 미국 시트콤에서도 이런 모습을 지적한 적이 있었습니다. 공대생인 셸든, 하워드, 레너드 등이 인터넷에 연결된 노트북을 이용해서 지구를 한 바퀴 돌아 거실에 있는 조명을 제어하고 음악을 트는 모습을 보여 주자 페니가 "동네 마트에서 아주 저렴한 통합 리모컨을 사면 될 텐데!"라며 도대체 왜 이렇게 어렵게 조명과 오디오 장치를 제어하는지 모르겠다고 이야기를 합니다. 그러자 공대생들은 "Because we can."이라고 대답합니다. 아무런 필요도 없이 그냥 할 수 있으니까 한다는 거죠. 현재의 스마트홈 시장이 바로 이런 상황이 아닌가 생각합니다.

앰비언트 서비스의 시작, 스마트홈

퇴근해서 집에 도착했더니 현관 앞에 30개 들이 생수 한 팩이 배송되어 있습니다. 다용도실에 쌓아 둔 생수가 거의 다 떨어져서 아마존의 스마트 선반이 미리 생수를 주문했나 봅니다. '대시 선반(Dash Shelf)'이라 불리는 아마존의 자동주문 선반은 선반 위에 올려 놓는 제품의 무게를 바탕으로 제품의 잔량을 확인한 후 주문해야 할 시점을 지능적으로 결정합니다. 이를 위해 사용자는 대시 선반에 어떤 제품을 올려 둘 것인지만 알려 주면 됩니다. 그러면 대시 선반은 주기적으로 선반 위에 올려진 제품, 즉 생수의 무게를 측정하여 남아 있는 생수의 개수 및 일별 소비량을 확인합니다. 그리고 생수가 어느 정도 소비되면 배송 기간을 감안하여 미리 주문을 합니다.

저는 아마존의 대시 선반 외에도 아마존이 직접 만든 전자레인지(AmazonBasics Microwave)도 이용하고 있는데, 전자레인지를 이용해서 아마존에서 구매한 팝콘을 튀겨 먹으면 팝콘도 자동으로 주문해 줍니다. 팝콘을 조리하는 방법도 여러 가지가 있는데, 제어판에서 1분 35초를 설정한 후 시작 버튼을 누르거나 팝콘 그림이 그려진 버튼을 누르면 됩니다. 놀랍게도 에코 스피커에 대고 "알렉사, 팝콘 만들어 줘!"라고 말만 해도 전자레인지가 돌아갑니다. 이 전자레인지도 10개 들이 팝콘을 구매해서 7~8개 정도 먹으면 자동으로 팝콘을 주문해 주는데, 최근에 팝콘을 얼마나 자주 해 먹었는지에 따라 주문하는 시점이 조금씩 달라집니다. 즉, 잔량뿐만 아니라 이용 빈도까지 함께 고려한다는 이야기입니다.

아마존은 이런 자동 주문 기능을 '대시 자동주문 서비스(DRS, dash replenishment service)'라고 부르는데, 주기적으로 교체해야 하는 소모품이나 별 고민없이 반복적으로 주문해서 이용하는 식품, 생필품을 주문하는 데 주로 활용하고 있습니다. 가장 대표적인 것이 프린터 토너입니다. 프린터의 경우 토너가 거의 다 떨어지면 프린터의 LED가 깜박이거나 프린트를 할 때마다 경고창을 띄우는 식으로 토너 교체 시기를 알려 줍니다. 그런데 DRS가 적용된 프린터는 토너 부족을 알리는 것과 동시에 자동으로 지정된 곳으로 토너를 주문합니다. 이런 자동 주문 기능은 세탁기의 세제나 캡슐 커피머신의 캡슐커피, 아이들 분유나 기저귀, 애완동물의 사료, 청소기나 정수기의 필터, 자주 사용하는 건전지 등을 자동으로 주문할 때도 활용되고 있습니다. 또한 2019년부터 '프로젝트 펄스(Project Pulse)'라는 코드네임으로 개발하고 있다는 지능형 냉장고에도 적용될 것으로 보입니다.

생필품이나 소모품을 주문할 시점은 두 가지 방식 중 하나로 결정됩니다. 첫 번째는 사용자가 직접 주문 기준을 설정하는 것입니다. 생수를 예로 들면 5개 이하가 남았을 때 자동으로 주문하도록 하는 거죠. 세제의 경우에는 세제 통 용량의 10% 이하가 남았을 때 주문하도록 할 수 있습니다. 두 번째 방법은 주문 대상이 되는 제품의 잔량과 이용 속도를 함께 고려해서 결정하는 것입니다. 만약 하루 평균 3개의 생수를 먹고 많게는 4개까지

먹는다고 가정한다면 이틀의 배송 기간을 고려하여 6개 혹은 7개가 남았을 때 자동으로 주문을 넣게 됩니다. 물론 최근 일주일 사이의 일평균 생수 소비량이나 앞으로의 날씨, 혹은 계절적 특성까지 감안하여 주문할 수도 있습니다.

이렇게 자동으로 주문이 된다면 결제는 어떻게 되고 주문 여부는 어떻게 확인할 수 있을까요? 먼저 결제의 경우 신용카드나 은행계좌 등 결제 정보를 미리 등록해 놓아야 합니다. 이 정보는 클라우드에 암호화되어 안전하게 저장되는데, 결제할 때 해당 정보를 호출해서 자동으로 결제하게 됩니다. 즉, 간편결제 방식으로 결제가 이루어지는데, 아마존은 이를 '원클릭 주문(one-click ordering)'이라고 합니다.

그렇다면 아마존은 왜 이런 자동주문 기능을 활용하는 걸까요? 고객 주변에 자연스럽게 스며들어 아마존을 앰비언트 서비스 사업자로 만들기 위함입니다. 즉, 우리 주변에 있는 장치들을 이용하여 자동으로 주문하게 함으로써 고객에게 편리함을 제공하는 것과 동시에 고객을 아마존에 붙잡아 두려는 것입니다. 고객이 아마존을 믿고 자동으로 주문하기 시작하면 아마존은 해당 제품에 대한 가격 결정권을 갖게 됩니다. 즉, 어떤 제품의 시세가 오르면 그만큼 가격을 올려서 판매하고 시세가 떨어지면 경쟁사와 비교해서 최대한 가격을 적게 내려서 판매할 수 있게 됩니다.

또 다른 목적은 제3의 디바이스 제조사에게 앞에서 소개했던 자동주문 기능이나 음성 명령에 따라 디바이스의 작동을 제어하는 기능 모듈(ACK, Alexa connect kit)을 판매하는 것입니다. 이런 기능을 직접 개발하기 힘든 중소 중견 기업들의 경우 아마존에게 해당 기능 모듈을 구매함으로써 별도의 기술개발 없이도 앰비언트 기능을 제공하는 디바이스를 만드는 것이 가능해집니다. 아마존은 이런 기능이나 하드웨어 모듈을 매우 저렴한 가격에 제공하는데, 이들을 이용하려면 아마존의 클라우드 서비스인 AWS를 추가로 이용해야만 합니다. 즉, 클라우드에서의 더 큰 수익을 위해 수단이 되는 DRS나 ACK 모듈을 디바이스 제조사들이 부담을 느끼지 않는 가격에 공급하는 것입니다. 그리고 이런 장치에서 발생하는 자동 주문을 모두 아마존으로 연결시킨다면 아마존닷컴에서도 추가 매출이 발생할 수 있습니다.

이 외에도 아마존은 다양한 알렉사 스킬(Alexa skill)을 통해 집 안에서의 생활을 편리하고 윤택하게 만들기 위해 노력하고 있습니다. 단순한 스마트홈 기기의 제어에서부터 필요한 생필품의 주문에서 결제, 배송까지 모든 것이 자동으로, 그리고 지능적으로 이루어지도록 만들고 있습니다. 아마존의 이런 노력은 스마트홈 비즈니스를 준비하려는 기업들에게 시사하는 바가 무척 크다고 생각합니다. 앞으로 구현될 스마트홈에서는 단순한 제어나 모니터링 혹은 자동화를 넘어 지능화된 서비스를 제공해야 하며 가족 구성원별로 맞춤형 서비스를 제공해야 한다는 것입니다. 또한 스마트홈을 중심으로 전개될 이런 변화는 집을 넘어서 다양한 공간으로 확대 적용될 것입니다. 사무실이나 공장은 물론 편의점이나 쇼핑몰에서도 자동화, 지능화, 개인 맞춤화를 기반으로 하는 서비스들이 제공될 것이며 공원이나 횡단보도, 뒷골목 등 도시의 다양한 공간에서도 그 공간에 맞는 서비스들이 등장할 것입니다. 그리고 이런 공간과 공간 사이를 연결하는 자동차 등의 이동수단에서도 나를 중심으로 하는 서비스들이 전개되어야 할 것입니다.

그림자처럼 당신을 쫓아다니는 기술

앞에서 살펴본 것처럼 앰비언트 컴퓨팅은 우리가 가장 많은 시간을 보내는 집을 중심으로 구현되기 시작할 것으로 보입니다. 우리가 사는 집에는 이미 수많은 기기가 설치되어 있으며 새로운 기기를 추가하는 것도 매우 용이하기 때문입니다. 하지만 이처럼 특정한 공간 하나가 앰비언트 환경으로 구축된다고 해서 앰비언트 세상이 된다고 할 수는 없습니다. 따라서 기업들은 사무실이나 자동차 등 더 많은 곳에서 앰비언트 서비스를 제공하기 위해 노력하고 있습니다. 그리고 이런 개념은 쇼핑몰이나 병원, 공원과 같은 공공 공간으로 확장될 수도 있으며 궁극적으로는 도시 전체로 확대될 것입니다.

다양한 공간에 앰비언트 컴퓨팅이 구현된다는 것은 단순히 우리 주변이 수많은 컴퓨터로 가득 찬다는 의미는 아닙니다. 그동안 우리가 직접 이용해야 했거나 방법을 알지 못해 이용 자체를 포기해야 했던 기기들을 아무런 노력없이 이용할 수 있게 된다는 것을 의미합니다. 이런 앰비언트 세상이 완성되기 위해서는 스마트홈이나 스마트오피스, 자동차에서의 앰비언트 수준이 높아져야 하고, 또 이런 앰비언트 공간들이 자연스럽게 연결되어야 할 것입니다. 그리고 그 역할을 웨어러블 디바이스가 담당하리라 생각합니다.

직장에서의 앰비언트 컴퓨팅

이따금 저녁 뉴스를 보다 보면 밤 늦은 시간에 오피스 빌딩 대부분에 불이 켜져 있는 장면이 나오곤 합니다. 그걸 보면 직장인들이 정말 밤 늦게까지 고생이 많구나 하는 생각이 들기도 하지만 도대체 몇 명이나 남아서 일을 하는데 저렇게 불을 다 켜 놓을까 하는 생각이 들기도 합니다. 실제로 과거의 제 경험에 의하면 한 층에 한 명만 남아 있어도 그 층 전체를 켜 놓는 경우가 대부분이었으며 심지어는 사람이 없는데도 불을 켜 놓는 경우도 많았습니다. 마지막 퇴실자가 불을 끄고 가는 것이 맞을 거 같은데, 불 끄는 일은 경비나 다른 사람의 일이라고 생각하거나 '그깟 전기료 얼마나 나간다고 그래.'라고 생각하는 것 같습니다.

실제로 사무 공간에서 이와 비슷한 일이 다양하게 발생하기 때문에 이런 부분을 지능적으로 제어할 수 있다면 좋을 것입니다. 대표적인 것이 냉난방입니다. 대부분의 경우 사무용 건물은 건물 전체 공간에 대한 냉난방을 일괄적으로 제어하는 중앙 냉난방 방식을 이용하고 있습니다. 특히 오래전에 지은 건물일수록 중앙 방식이 일반적인데, 문제는 냉난방 온도나 시간에 전혀 유연성이 없다는 것입니다. 공공기관의 경우에는 '공공기관 에너지 이용 합리화 추진에 관한 규정'에서 '공공기관은 난방설비 가동 시 평균 18℃ 이하, 냉방설비 가동 시 평균 28℃ 이상으로 실내온도를 유지하여야 합니다.'고 되어 있습니다. 이게 무슨 합리적인 에너지 이용인지 모르겠습니다. 일반 사무용 건물의 경우 다소 상황은 좋지만 대부분 냉난방 온도가 조금 더 현실적이라는 것 외에는 별 차이가 없습니다. 업무 시작 전에 냉난방기가 가동되지만 대부분 퇴근 시간 전후로 냉난방이 중단됩니다. 게다가 공간에 대한 이해 없이 일관되게 냉난방을 하다 보니, 사람이 많거나 햇빛이 많이 드는 층은 덥고 그렇지 않은 곳은 시원하거나 추울 수 있습니다.

이런 문제는 건물의 각 층별로 혹은 공간별로 온도 센서만 설치해 놓더라도 충분히 해결할 수 있습니다. 해당 공간의 온도에 따라 냉난방을 자동으로 조절하면 되기 때문입니다. 만약 대회의실처럼 아주 넓은 공간이라면 동일한 공간에도 여러 개의 온도 센서를 설치해 공간 맞춤형 냉난방을 하는 것도 가능합니다. 게다가 사람의 재실 여부까지 확인한다면 불필요한 냉난방비를 줄일 수도 있을 것입니다. 여기서 한 걸음 더 나아가 단순히 냉난방 기기만 이용하는 것이 아니라 블라인드를 함께 이용할 수도 있습니다. 예를 들면 여름철에는 해가 떠 있는 방향의 블라인드를 내림으로써 햇빛의 유입을 막고 실내온도 상승을 제한할 수 있으며, 반대로 겨울철에는 블라인드를 올림으로써 햇빛의 유입을 최대화하여 해당 공간의 실내 온도를 높게 유지할 수 있을 것입니다. 이 외에도 공기순환 장치를 추가로 활용함으로써 냉난방의 효과를 극대화할 수도 있을 것입니다.

회의실은 다른 방식을 통해 지능적인 공간으로 만들 수 있습니다. 회의는 대화 형식으로만 진행되거나 대화와 발표가 결합되는 형식으로 진행되는 것이 일반적입니다. 대화 형식으로만 진행되는 경우 회의하기에 쾌적한 장소만 제공하면 되기 때문에, 앞에서 살펴본 방식대로 회의실의 온도와 조명을 조절하거나 환기를 시킬 수도 있습니다. 그러나 만약 노트북과 빔 프로젝터를 이용해야 하는 경우라면 상황이 조금 복잡해집니다. 회의 중간에 빔 프로젝터를 켜고 노트북과 연결해야 하며 스크린을 내리고 블라인드나 커튼을 닫은 후 스크린 쪽 조명은 완전히 소등을 해야 하지만 반대쪽은 켜 놓아야 합니다. 미리 이런 세팅을 해 놓고 회의를 시작하는 경우도 있지만 대부분은 윗분들의 말씀을 듣고 서둘러 설정을 하는 것이 일반적이죠. 문제는 설정이 제대로 안 돼서 한참이나 시간을 낭비하고 담당자는 진땀을 흘리는 일이 종종 발생한다는 것입니다.

그런데 이런 일련의 과정도 '회의 모드'와 같은 자동화 루틴을 만들면 간단하게 해결할 수 있습니다. 발표를 해야 할 시점에 스마트 버튼을 클릭하거나 인공지능 스피커에 '회의 모드 시작' 같은 명령어를 내리면 지정된 자동화 루틴들이 한꺼번에 실행되는 것입니다. 이 자동화 루틴에는 빔 프로젝터의 전원을 켜고 스크린을 내리고 블라인드나 커튼을 닫고 조명을 제어하는 기능들이 필요에 따라 포함될 수 있을 것입니다. 만약 스마트 램프를 이용한다면 조명의 밝기를 조절하는 방식으로 불편함을 최소화하는 것도 가능합니다. 만일을 위해 회의 시작 전에 노트북과 빔 프로젝터의 연결만 미리 확인하면 모든 것이 완벽할 것입니다. 발표를 마친 후에는 스마트 버튼을 더블 클릭하거나 인공지능 스피커에 "회의 모드 종료."라고 말을 하면 회의실이 다시 평소 상태로 되돌아옵니다.

개인사무실이나 소규모 사무실은 스마트홈과 비슷한 방식으로 앰비언트 환경을 구축할 수 있습니다. 제 사무실의 경우 제가 사무실 부근에 이르면 자동으로 조명이 켜지고 노트북과 프린터, 보조 모니터의 전원이 켜지도록 되어 있습니다. 여름에는 선풍기도 켜지고 겨울에는 작은 히터와 가습기도 함께 켜집니다. 에어컨의 경우 음성 명령으로 전원을 켜면 사무실 책상 아래에 설치된 온습도 센서의 정보를 바탕으로 자동 작동합니다. 에어컨은 처음에 23도에 맞춰서 작동하는데, 실내 온도가 26도 이상인 경우에는 냉방모드로 작동하다가 26도 이하가 되면 제습모드로 작동하도록 조작해 놓았습니다. 이 에어컨은 인터넷에도 연결되지 않는 구형 제품이지만 여러 대의 가전 제품에 공용으로 사용할 수 있는 스마트 리모컨을 이용해서 저의 음성 명령이나 온습도 정보에 따라 자동 작동하도록 설정해서 이용하고 있습니다.

이 외에 스마트 블라인드도 여러 개 이용하고 있는데, 앞에서 설명한 것처럼 시간, 방향, 계절에 따라 작동하는 방식을 다르게 설정합니다. 즉, 여름철에는 햇빛의 유입을 최소화하도록 하고, 반대로 겨울에는 가능하면 햇빛이 많이 들어오도록 설정하고 있습니다. 그리고 보안을 위해서 문열림 센서와 인공지능 스피커, 스마트 카메라도 이용하고 있습니다. 이런 보안 기능은 제가 사무실에 있을 때는 작동하지 않다가 사무실에서 일정 거리 이상 멀어지면 작동합니다. 부재 중 출입문이 열리거나 사무실 내에서 움직임이 감지되는 경우, 유리창이 깨지는 소리가 들리거나 연기 감지기의 알람 소리가 들릴 때 사이렌이 울리며, 그 상황을 제 스마트폰으로 알려줍니다. 움직임 감지의 경우 사람의 움직임이 감지되는 경우에만 알람을 보내도록 할 수도 있지만 이 경우 자동으로 사람의 형태를 인식하는 인공지능 서비스를 별도로 이용해야만 합니다.

앰비언트 스토어의 확산

집이나 사무실은 앰비언트 환경이 가장 먼저 구축될 곳으로 보입니다. 다른 공간에 비해 집이나 사무실에서는 수많은 가전제품이나 장치들을 이용하고 있어서 이들을 서로 연결하여 필요한 자동화 루틴을 구현하면 그것이 바로 앰비언트 홈 및 앰비언트 오피스가 되기 때문입니다. 하지만 이런 장치들을 설치하고 설정하는 것이 쉽지 않아 도입 속도가 그리 빠르지 못한 것이 현실입니다. 설령 전문 사업자의 도움을 받아 설치 및 설정 문제를 해결하더라도 이를 지속적으로 유지하며 운영하고 사용자 맞춤형 서비스를 만드는 것은 또 다른 문제입니다.

이에 비해 아마존 고와 같은 무인 매장은 더 빠르고 더 높은 수준으로 앰비언트 환경이 구축될 것으로 예상됩니다. 매장의 성격, 즉 어떤 제품이나 서비스를 제공하는지에 따라 조금씩은 다르겠지만 대부분의 경우 자동화해야 할 부분이나 내용이 명확하고 유사하기 때문입니다. 일반적으로는 고객이 선택한 제품이나 이용한 서비스의 내용을 확인하고 그에 맞는 비용을 청구하는 것이 가장 핵심적인 일입니다. 그 외에 무인 커피숍 같은 곳에서는 사용자의 주문에 따라 음료를 제조하는 과정을 자동화하는 것이 중요할 것이며, 레스토랑의 경우 주방에서 만들어진 요리를 손님 테이블까지 안전하게 전달하는 것도 중요할 것입니다. 따라서 이런 부분을 디지털화, 자동화하는 방식으로 무인 매장이 빠르게 확산되고 있습니다.

그러나 이런 무인 매장들은 앞에서 소개한 아마존 고와는 달리 앰비언트 서비스가 제공되는 곳이 아닙니다. 대부분의 무인 매장에서는 그동안 점원이 제공하던 서비스를 매장 이용자들이 직접, 스스로 해야만 하기 때문입니다. 셀프 주유소를 예로 들면 운전자가 차에서 내려 주유를 하고 직접 결제도 해야 합니다. 앰비언트와는 거리가 멀다고밖에 할 수 없습니다.

만약 셀프 주유소가 앰비언트 스토어가 되려면 고객을 대신해 자동으로 주유도 해주고 결제도 해줘야 할 것입니다. 그러기 위해서는 주유구가 자동으로 열려야 할 것이고 휘발유와 경유도 스스로 구분할 수 있어야 합니다. 그래야만 '앰비언트하다'고 할 수 있을 것입니다. 따라서 앰비언트 스토어는 소매점이나 카페처럼 이용자 혹은 이용자 소유의 장치가 적게 관여하는 분야부터 확산될 것으로 보입니다.

프랑스의 아마존 고라고 할 수 있는 까르푸 플래시(Carrefour Flash)는 매장 입장 과정에서 본인을 확인하는 절차를 없애 버렸습니다. 쇼핑을 하는데 굳이 사용자 정보를 확인할 필요가 없다는 것입니다. 대신에 아마존 고처럼 손님이 매장에서 선택한 제품을 자동으로 확인한 뒤, 사용자가 매장을 나가기 전 계산대 앞에서 구매 내역과 총액을 보여 주며 직접 결제를 하는 방식입니다. 들어갈 때 불편함을 없애는 대신 나갈 때 불편함을 만드는 방식인데, UWB* 기반의 비접촉 결제 기술을 도입하게 된다면 이런 문제도 해결될 수 있을 것입니다.

월마트의 경우 '커브사이드 픽업' 서비스를 통해 주문을 하면 사용자가 주문한 물품을 퇴근길에 자동차의 트렁크에 실어주고 있습니다. 사용자는 집에 가는 길에 월마트 주차장에 잠시 들러 트렁크 문만 열었다 닫으면 됩니다. 월마트 직원이 주문자 정보를 확인하고 주문한 물품을 트렁크

* 근거리 무선 통신 기술의 일종

에 실어주는데, 이는 충분히 자동화될 가능성이 보입니다. 이런 관점에서 현재 많이 이용하는 새벽배송도 앰비언트 서비스로 바뀔 가능성이 큽니다. 비록 지금은 사용자가 필요한 물품을 일일이 장바구니에 담은 후 주문을 하지만, 앞으로는 일부 반복적으로 이용하는 상품이나 음성 명령을 통해 카트에 담아 놓은 제품을 자동으로 배송하는 방식으로 앰비언트 서비스를 제공받을 수 있을 것으로 보입니다.

앰비언트 스토어를 완성하는 가상 비서

A: 3일 여성 헤어컷 가능한가요?

B: 언제가 좋으세요?

A: 정오가 좋을 것 같아요!

B: 정오는 안 되고 오후에 가장 이른 시간이 1시 15분입니다.

A: 그럼 오전 10~12시 사이는 어떤가요?

B: 헤어컷이면 오전 10시에 가능합니다. 이름이 어떻게 될까요?

A: 리사입니다. 감사합니다.

대화의 내용을 보면 머리를 자르려는 손님 A와 미용실 직원 B 사이의 대화 같지만 그렇지 않습니다. 전화를 받은 건 미용실 직원이지만 전화를 건 사람은 리사가 아니라 리사를 대신하는 구글의 인공지능 서비스인 '듀플렉스(Duplex)'입니다. 사람의 목소리로 식당이나 미용실에 전화를 걸어 이용자 대신 예약을 잡아 주는 인공지능 서비스인 거죠. 구글은 〈Google I/O 2018〉에서 다양한 인공지능 서비스를 선보였는데 사람을 대신해서 전화를 걸어 예약을 잡아 주는 듀플렉스도 그중 하나입니다. 〈Google I/O 2018〉의 화두는 '모두를 위한 AI(AI for everyone)'이었는데, 이는 2016년 인공지능 알파고가 이세돌 9단을 꺾은 뒤 내세웠던 'AI 퍼스트'에서 한발 더 나아간 개념이라 할 수 있습니다. 인공지능을 접목한 다양한 제품과 서비스로 누구나 쉽게 인공지능 서비스를 이용하게 함으로써 해당 서비스 플랫폼을 선점하겠다는 전략인 것이죠.

그중 가장 대표적인 것이 듀플렉스였습니다. 듀플렉스는 사람이 말하는 방식을 학습해 자연스러운 목소리를 내고 상대방의 의도를 인지해 지속적인 대화를 이끌어 가는 인공지능으로, 처음 선보인 후 2년이 지난 2020년 10월 공식 출시됐습니다. 하지만 아직까지는 모든 것이 자동으로 이루어지는 것은 아닙니다. 예약을 하기 위해서는 구글 검색이나 지도를 통해 '예약 요청'을 누른 후 성별 헤어컷 옵션, 담당 스타일리스트를 선택하고 방문하려는 날짜와 시간 범위를 입력해야 합니다. 이름과 전화번호 등 기본적인 정보까지 입력하면 그제서야 듀플렉스가 미용실에 전화를 걸어 자동으로 예약을 하게 되는 것입니다. 물론 시간이 지나면 듀플렉스가 내 일정과 헤어 디자이너의 일정을 감안해서 예약을 하고 그 결과만 알려 주는 것도 가능해 보입니다.

앰비언트 공간을 연결하는 커넥티드카

우리가 사는 이 세상은 수많은 공간이 연결되어 구성됩니다. 마찬가지로 앰비언트 컴퓨팅도 개별적인 공간을 '앰비언트한' 환경으로 만들고 이들을 빈틈없이 연결함으로써 구성할 수 있습니다. 앞에서 살펴본 것처럼, 앰비언트 컴퓨팅은 일반적으로 집이나 사무실 혹은 편의점처럼 다양한 형태의 컴퓨터를 설치하기 쉬운 곳을 중심으로 구축될 것으로 보입니다. 특정한 공간을 앰비언트 환경으로 만드는 것은 안정적인 전력 공급뿐만 아니라 통신 환경이 필요할뿐더러 인테리어와 결합하면 보이지 않는 컴퓨팅을 구현하는 것도 용이하기 때문입니다.

문제는 그다음, 즉 앰비언트 공간과 앰비언트 공간 사이를 끊김 없이 연결하는 것입니다. 앰비언트 컴퓨팅 서비스 이용자 관점에서 두 개의 공간은 자동차 같은 이동 수단을 이용하거나 직접 걸어서 이동하는 식으로 연결될 수 있습니다. 그중 자동차 같은 이동 수단은 집이나 사무실 같은 또 하나의 앰비언트 공간을 제공하는 게 가능합니다. 특히 자율주행차가 보편화되는 시점이면 자동차는 말 그대로 제3의 앰비언트 공간 역할을 하게 될 것입니다. 차 안에서 운전을 하는 대신 집이나 사무실에서처럼 다양한 활동을 하게 될 테니 말입니다.

그런데 엄밀히 이야기하자면 굳이 자율주행까지 말할 필요도 없습니다. 지금도 운전자를 빼면 나머지 동승자들은 밀린 드라마를 보거나 회의 자료를 검토하는 등 자신의 일을 할 수 있기 때문이죠. 따라서 자동차에서의 앰비언트 서비스는 커넥티드카에서 시작한다고 하는 것이 맞습니다. 국내의 경우 2021년 7월 기준 등록차의 17%만이 커넥티드카입니다. 다행히도 최근 출시되는 차량이 대부분 커넥티드카라서 그 비중이 연평균 18~20% 정도로 증가할 것으로 전망됩니다. 이런 상황은 미국이나 다른 나라에서도 마찬가지입니다. 시장조사 기관인 이마케터에 따르면 2025년이면 미국 운전자의 70% 이상이 커넥티드카를 운전하게 된다고 합니다. 그리고 컨설팅 업체 퓨처브리지(Future Bridge)에 따르면 2030년까지 전세계 판매 차량의 98%가 커넥티드화할 것이라고 합니다.

자율주행을 논하는 시대에 커넥티드카 이야기를 하니 다소 뒤떨어져 보이기도 하지만 이것이 현실이고, 여기에서 시작해야 한다고 생각합니다. 사실 앰비언트 컴퓨팅은 자율주행 환경보다는 그렇지 않은 환경에서 더 유용하기 때문이죠. 예를 들면 운전을 하면서 음성 명령으로 에어컨이나 라디오를 켜라고 할 수 있고 가까운 주유소나 주차장을 찾거나 내비게이터의 목적지를 변경하는 것도 가능할 것입니다. 혹은 스마트폰으로 걸려 오는 전화나 문자 메시지도 음성 혹은 자동차의 대시보드를 통해 확인할 수 있을 것입니다.

물론 자율주행은 자동차에서의 궁극적인 앰비언트 서비스가 될 것입니다. 운전자가 가고 싶은 곳까지 알아서 데려다 줄 것이기 때문입니다. 즉, 그동안 사람이 하던 일을 자동차가 대신해 주는 거죠. 일반적으로 자율주행은 사람이 차에 탑승한 상태에서 목적지까지 이동하는 것을 말하는데, 앰비언트 서비스 관점에서는 주차장에 주차되어 있던 자동차가 사용자가 있는 곳까지 와서 사람을 태우고 목적지까지 이동하고 다시 차량 혼자서 주차장으로 이동하는 전 과정을 포함합니다.

예를 들어서, 외부 미팅에 가기 위해 지하 주차장으로 내려가면 주차장 어딘가에 있던 차가 주차장 출입문 앞에서 대기하고 있어야 할 것입니다. 자동차는 사용자의 일정표와 주차장까지의 이동 경로상에 있는 사무실 출입문, 엘리베이터 등이 보내 준 신호를 바탕으로 움직입니다. 사용자가 차로 다가가면 자동차는 사용자를 인식하고 자동차의 문을 열어 줍니다. 자동차의 모든 문을 열 수도 있지만 사람이 운전을 하지 않아도 되기 때문에 안전을 위해 사용자가 타려는 쪽의 문만 열어줄 수 있습니다. 이러한 기능은 스마트 자동차 키(smart car key)를 통해 사용자까지의 거리와 사용자의 생체 정보를 동시에 인식함으로써 지금도 이용 가능합니다.

사용자가 차에 탑승한 이후, 자동차는 사용자의 일정표에 저장된 목적지를 확인하고 그에 따라 이동하게 될 것입니다. 물론 이 과정에서 목적지를 다시 한번 확인할 수도 있고 일정표에 목적지가 빠져 있는 경우에는 사용자에게 목적지를 물어볼 것입니다. 목적지에 도착해서 사용자가 내리면 자동차는 스스로 근처 주차장의 빈 공간을 찾아서 이동합니다. 만약 충전이 필요하다면 스마트폰 무선 충전처럼 비접촉 방식으로 충전할 수 있는 곳에 주차할 수도 있고 이동식 충전 장치가 와서 충전을 해 주는 외부 주차장으로 이동할 수도 있습니다.

자율주행이 가능해진다면 자동차가 배달 로봇을 대신할 수도 있을 것입니다. 예를 들면 치킨이나 피자를 주문하고 해당 매장으로 자율주행차를 보내는 것입니다. 그리고 자동차 트렁크에 치킨이나 피자를 싣고 돌아오는 것입니다. 마치 강아지에게 멀리 던진 공을 가져오라고 시키는 것처럼 말입니다. 그러면 굳이 비싼 배달료를 낼 필요도 없을 것입니다. 개인적으로는 이런 일들이 패스트푸드점뿐만 아니라 월마트 같은 대형 할인마트를 중심으로 전개될 것으로 전망하고 있습니다.

물론 이런 서비스들이 처음부터 모두 구현되지는 않을 것입니다. 자율주행이 완벽하게 구현되기까지도 많은 시간이 필요하기 때문이죠. 하지만 테슬라의 '스마트 서몬(Smart Summon)'과 '리버스 스마트 서몬(Reverse Smart Summon)' 기능처럼 사용자가 호출하면 주차되어 있던 차가 사용자가 있는 곳으로 이동하거나 반대로 스스로 주차장으로 이동해서 빈 주차 공간을 찾아 주차하는 기능들이 개발되어 사용 중입니다. 사람이 호출하거나 주차를 요청하는 절차만 자동으로 할 수 있게 된다면 완벽한 앰비언트 서비스가 구현될 것입니다.

자동차에서 제공되는 앰비언트 서비스

그렇다면 커넥티드카나 자율주행차 안에서는 어떤 앰비언트 서비스가 제공될까요? 다양한 시나리오를 생각해 볼 수 있는데, 가장 기본적인 것이 콘텐츠 서비스를 끊김 없이 제공하는 것입니다. 예를 들어 자동차를 타기 전에 스마트폰으로 아이유의 노래를 듣고 있었다면 자동차를 타자마자 자동차에서 그 음악이 이어서 재생되는 것입니다. 만약 집에서 넷플릭스의 영화를 보다가 외출을 한다면 해당 영화가 이어서 재생될 것입니다. 만약 평소에 자동차에서 화상회의를 자주 했다면 자동차의 실내가 화상회의에 적합한 구조로 변경되어 있을지도 모릅니다. 물론 커넥티드카냐 자율주행차냐, 혼자 타느냐 여럿이 함께 타느냐에 따라서 작동 방식은 달라지겠죠.

LG전자는 이런 개념을 구현한 '옴니팟(OmniPod)'이라는 컨셉카를 〈CES 2022〉에서 소개하기도 했습니다. 옴니팟은 차량을 집의 새로운 확장 공간으로 해석해 만든 미래 자율주행차의 콘셉트 모델인데, 사용자의 니즈에 따라 자동차가 업무를 위한 오피스 공간이 될 수도 있고 영화감상이나 운동, 캠핑 등 다양한 엔터테인먼트를 즐길 수 있는 개인 공간으로 활용될 수도 있습니다. 또한 차량 내에서 메타버스 기반의 쇼핑이나 게임 등을 경험할 수도 있습니다. 이 역시 아직까지는 구상 단계이지만 자율주행차가 도입되기 시작하면 하나씩 현실이 될 것입니다.

볼보가 2018년 공개한 자율주행 콘셉트카 360C는 운전석 자체를 없애고 기존에 2열, 3열로 정형화된 좌석배치를 유연화해 차내 공간을 수면, 오피스, 거실, 엔터테인먼트의 4가지 용도로 변화시킬 수 있습니다. 구현되는 모습은 조금씩 다르겠지만 완성차 제조사가 그리는 자율주행차는 단순한 이동 수단에서 이동, 비즈니스, 휴식 등의 서비스를 한꺼번에 제공하는 복합적인 생활 공간으로 변해갈 것으로 예상됩니다.

자동차 내부가 아닌 자동차가 주행하는 도로 환경에서는 이미 다양한 형태의 앰비언트 서비스가 제공되고 있습니다. 대표적인 것이 고속도로 톨게이트에 설치된 하이패스입니다. 예전 같으면 고속도로 통행료를 지불하기 위해 진입 톨게이트에서 종이 통행권을 뽑은 후 목적지 톨게이트에서 수납원에게 통행권과 요금을 함께 지불해야 했습니다. 그런데 지금은 하이패스 시스템이 고속도로로 진입하는 차량을 자동으로 감지하고 목적지에서는 자동으로 비용을 결제합니다. 그동안 수납원이 하던 일이 자동화되었을 뿐만 아니라 보이지 않는 방식으로 처리되는 것입니다.

서울양양 고속도로 중간에 있는 인제양양 터널은 길이가 약 11km로

국내에서 가장 긴 터널입니다. 바깥 경치가 보이지 않고 계속해서 반원형의 터널과 도로만 보이기 때문에 졸음 운전에 상당히 취약한 곳입니다. 그래서 터널 중간 중간에 호루라기 소리가 들리고 안내 방송이 들리기도 하고 무지갯빛 조명이 펼쳐지기도 합니다. 하지만 사람들을 깜짝 놀라게 하는 것은 도로에서 들리는 노랫소리입니다. '반짝반짝 작은 별'로 시작되는 우리에게 친숙한 동요가 들리는데 아무리 두리번거려도 소리가 나오는 장치가 보이지 않습니다. 바로 도로와 타이어의 마찰에 의해 발생하는 소리이기 때문입니다.

이처럼 졸음이나 과속을 방지하기 위해 도로에 홈을 파거나 울퉁불퉁하게 만들어서 소리나 진동을 일으키는 장치를 '럼블 스트립(rumble strip)'이라고 합니다. 일반적으로 고속도로 톨게이트 진입로에서는 오선지처럼 가로로 길게 파인 여러 개의 선 형태를 취하고 있는데 소리뿐만 아니라 시각적인 경고도 주기 위함입니다. 반면 눈에 잘 띄지 않지만 도로 가장자리의 흰색이나 노란색 차선 아랫부분은 울퉁불퉁하게 만들어져 있는데, 졸음 운전을 하다가 차선을 이탈할 때 경고를 주는 것이 주된 목적입니다. 럼블 스트립은 평소에는 있는지조차 인식할 수 없지만 운전자의 안전을 지키기 위해 조용히 제 역할을 다하고 있으니 진정한 앰비언트 서비스라고 할 수 있을 것 같습니다.

끊기지 않는 연속성, 웨어러블 기기

자동차는 앰비언트 공간과 앰비언트 공간을 연결함으로써 연속된 앰비언트 환경을 제공할 수 있습니다. 하지만 앰비언트 공간과 앰비언트 자동차 사이를 걸어서 이동해야 한다면 엄밀한 의미에서 끊김 없는 앰비언트 환경이 구축된다고 할 수 없을 것입니다. 물론 스마트폰이라는 위대한 발명품을 이용해서 연속성을 유지할 수도 있을 것 같지만 앞에서 살펴본 것처럼 스마트폰은 사용자가 조작을 하기 전까지는 알아서 서비스를 제공하는 것이 불가능합니다.

그러나 최근에 다양한 형태의 웨어러블 기기가 등장하면서 상황이 달라지고 있습니다. 대표적인 것이 스마트워치와 무선 이어폰입니다. 먼저 스마트워치의 경우 손목에 차고 다니는 스마트폰 정도로 생각하면 될 것 같습니다. 물론 그렇다고 해서 스마트폰을 완전히 대체하는 것은 아닙니다. 스마트폰에 비해 성능이 떨어지고 화면 크기도 작다 보니 할 수 있는 일이 제한적이기 때문입니다. 대신 다양한 센서를 내장함으로써 자연스럽게 사용자의 건강 상태를 모니터링하고 그에 맞는 활동이나 서비스를 권고하거나 진동을 통해 스마트폰에 도착한 짧은 문자나 어플리케이션 알람을 조용히 알려줄 수 있습니다. 그러나 스마트폰처럼 의식적으로 작은 화면을 터치하고 작은 화면에 집중해야만 서비스를 이용하는 것이 가능합니다.

이런 불편함을 해결해 주는 것이 음성 인식 기능입니다. 음성 인식 기능은 이미 수년 전에 스마트폰에 탑재된 기능이지만 기대만큼 많이 사용되지는 않았습니다. 당시만 하더라도 인식률이 떨어지고 스마트폰에 음성 명령을 내릴 때 주변의 시선도 의식되었기 때문입니다. 하지만 스마트워치를 이용해 음성 통화를 하기 시작하면서 시계에 음성 명령을 내리는 것이 조금 더 편하게 느껴지기 시작했습니다. 이제는 음성 명령을 통해 스마트워치 혹은 스마트폰으로 할 수 있는 상당수의 일을 할 수 있게 되었습니다. 초기 수준의 앰비언트 서비스를 이용할 수 있게 된 것입니다.

스마트워치와 비슷한 시기에 등장한 것이 무선 이어폰입니다. 스마트폰과 블루투스로 연결해 이용하는 무선 이어폰은 그동안 음성 통화를 하거나 음악을 들을 때 사용하는 것이 전부였지만, 최근에는 음성 명령을 이용할 때에도 많이 사용합니다. 굳이 스마트폰이나 이어폰에 있는 터치식 버튼을 조작하지 않더라도 음성 명령으로 지인들에게 전화를 걸거나 음악을 틀도록 할 수 있을 뿐만 아니라 인공지능 스피커로 하던 모든 일을 할 수 있기 때문입니다. 특히 최근에 판매되는 무선 이어폰은 다양한 센서를 내장하고 있어서 이어폰을 귀에 꽂으면 자동으로 음악이 연주되고 귀에서 빼면 음악이 멈추기도 합니다. 이러한 기능을 활용하면 집에서 블루투스 스피커로 음악을 듣다가 이어폰을 꽂고 자동차에 타서 이어폰을 빼는 와중에도 음악이 끊기지 않게 됩니다. 앰비언트 공간과 자동차 사이에서 자연스럽게 서비스 연속성을 제공하는 것이 가능하게 된 것입니다.

이 외에도 최근에 주목받는 웨어러블 제품에는 스마트 안경과 스마트 반지가 있습니다. 스마트 안경의 경우 음성뿐만 아니라 화면을 통해서도 사용자와 소통하며 서비스를 제공할 수 있습니다. 스마트 안경은 스마트워치보다 더 작은 화면을 이용하지만 눈 가까이에 혹은 망막에 화면을 보여줌으로써 더 큰 화면을 통해 더 많은 정보를 제공하는 것이 가능합니다. 또한 현실 세계의 이미지에 디지털 정보를 덧대는 방식으로도 활용할 수 있어서 다양한 증강현실 분야에 활용할 수도 있습니다. 예를 들어 해외 여행을 할 때 외국어로 표기된 표지판을 실시간으로 번역해서 보여 줄 수 있을 것입니다. 게다가 스마트폰이나 스마트워치와는 달리 화면을 터치하지 않아도 되기 때문에 앰비언트 환경에 더욱 적합하다고 할 수 있습니다. 이에 비해 스마트 반지는 음성 명령뿐만 아니라 동작까지 이용할 수 있지만 영상이나 소리 등을 통해 피드백을 제공할 수 없기 때문에 그 활용성은 제한적인 편입니다.

다음 시대의 서비스란 '연결 또 연결'

지금까지의 내용을 통해 앰비언트 컴퓨팅이 우리가 하루 중 가장 많은 시간을 보내는 집과 사무실, 그리고 식료품이나 생필품을 구매하기 위해 자주 들리는 편의점이나 레스토랑을 중심으로 구축되고 있음을 알 수 있었습니다. 또한 이런 앰비언트 공간을 연결해 주는 커넥티드카나 자율주행 자동차에서도 앰비언트 환경이 구축되고 있으며 자동차와 앰비언트 공간 사이의 빈틈을 스마트워치나 무선 이어폰, 스마트 안경 같은 다양한 형태의 웨어러블 기기들이 메워 주고 있다는 점도 이해했습니다.

그렇다면 개별 공간에서 앰비언트 서비스는 어떻게 만들어질까요? 즉, 어떻게 해야 우리 주변에 있는 사물들이 사용자의 존재와 행동과 겉으로 드러나지 않는 바람을 이해하고 그에 맞는 서비스를 선제적으로 제공할 수 있을까요? 얼핏 생각하면 알파고처럼 대단한 인공지능만 있으면 될 것 같은데 사실은 그렇지 않습니다. 인공지능은 이용할 데이터가 없다면 무용지물이기 때문입니다. 인공지능이 결정적인 역할을 하기는 하지만 이를 위해서는 인공지능이 이용할 데이터를 생성하고 제공하는 사물들이 꼭 필요합니다. 그리고 이들을 인터넷에 연결해 주어야 할 것입니다.

그다음으로는 인공지능이 사용자 주변에 있는 사물들이 생성한 데이터를 바탕으로 사용자의 행동 패턴이나 상황을 이해할 수 있도록 도와줘야 합니다. 가장 좋은 방법은 사용자가 사물들을 열심히 이용함으로써 인공지능이 사용자를 학습하기에 충분한 데이터를 생성하는 것입니다. 하지만 이를 위해서는 상당히 많은 시간이 필요합니다. 따라서 일반적으로는 사용자가 직접 설정해 놓은 자동화 루틴을 바탕으로 지능화된 앰비언트 서비스를 만들게 됩니다. 그리고 다른 사람들의 데이터와 비교하며 서비스를 정교화하고 일반화합니다.

연결 기술의 진화와 사물인터넷

인류에게 가장 중요한 두 가지 일은 공교롭게도 같은 해인 1969년에 일어났습니다. 1969년 7월, 미국 아폴로 11호의 달착륙선인 '이글(Eagle)'이 달에 착륙하고 닐 암스트롱(Neil Armstrong)과 버즈 올드린(Buzz Aldrin), 마이클 콜린스(Michael Collins)가 인류 최초로 달에 첫 발을 내딛습니다. 그리고 세 달이 지난 10월에는 미국의 고등연구계획국(ARPA, Advanced Research Project Agency)이 UCLA 대학에 있는 컴퓨터를 ARPAnet을 이용해 스탠포드

대학에 있는 컴퓨터로 연결하여 첫 번째 메시지를 전송합니다. 바로 오늘날의 인터넷이 탄생하게 된 것입니다.

1995년을 전후로 상용화된 인터넷은 기술, 경제, 문화 등 다양한 분야에서 인류사에 커다란 영향을 미치고 있습니다. 그래서 제레미 리프킨(Jeremy Rifkin)은 이를 두고 3차 산업혁명이라 말하며 세계경제포럼(WEF)의 클라우스 슈밥(Klaus Schwab)은 4차 산업혁명이라 부르기도 합니다.

인터넷이 인류사에 이처럼 다양하고 중요한 기여를 해 왔고 앞으로도 발전이 기대되는 이유는 현실과 분리된 '사이버 세상(cyber world)'이라는 가상의 공간을 만들 수 있었기 때문입니다. 인터넷 세상의 가능성에 주목한 사업가들은 인터넷을 통해 아주 낮은 비용으로 새로운 사업을 벌일 수 있을 것이라 생각했습니다. 이 곳에서는 현실 세계에 존재하는 사업의 디지털 버전을 구현할 수 있으며, 또 현실 세계에는 존재하지 않는 새로운 유형의 사업을 창출하는 것도 가능했습니다. 무엇보다 중요한 것은 현실 세계와 달리 시공간의 제약이 없어서 하루 24시간 일 년 365일 쉬지 않고 전세계인을 상대로 사업을 할 수 있다는 점입니다.

하지만 인터넷 이용자 관점에서는 여전히 시공간의 제약이 존재했습니다. 인터넷을 이용하기 위해서는 인터넷에 연결된 컴퓨터가 있는 곳으로 이동해야 했으며 대부분의 경우 여러 사람이 한 대의 컴퓨터를 함께 사용했기 때문입니다. 그러나 2000년대 후반에 등장한 스마트폰은 이 문제를 깔끔히 해결했습니다. 모든 사람이 자신만의 휴대용 컴퓨터를 이용할 수 있게 되면서 필요할 때면 언제든지 인터넷에 접속해서 원하는 서비스를 이용하는 것이 가능해졌습니다. 진정한 개인용 컴퓨터의 시대가 도래한 것입니다. 게다가 비슷한 시기에 오프라인 비즈니스들도 속속 인터넷에 진출하기 시작하면서 현실 세계와 가상 세계가 인터넷을 통해 조금씩 연결되기 시작했습니다.

이처럼 시간과 공간의 제약 없이 다양한 사람과 다양한 비즈니스가 인터넷에 연결되면서 플랫폼 비즈니스가 빛을 발하게 되었습니다. 인터넷 메신저나 소셜미디어 서비스는 말할 것도 없고 배달 음식에서 택시 호출에 이르기까지 이제는 플랫폼 비지니스가 아닌 것이 없을 정도입니다. 플랫폼 비즈니스는 다양한 서비스 제공 주체와 서비스 이용 주체를 아주 저렴한 가격에 연결시켜 줌으로써 인터넷 비즈니스를 혹은 모바일 인터넷 비즈니스를 활성화했습니다. 특히, 아마존이나 마이크로소프트처럼 시장을 선도하는 주요 플랫폼 사업자들은 크로스 플랫폼 및 멤버십 서비스 전략을 바탕으로 자신들의 서비스 생태계를 그 어느 때보다 강화해 나가고 있습니다.

그렇다면 컴퓨터와 노트북이 연결되는 인터넷 시대, 스마트폰과 태블릿이 연결되는 모바일 시대 다음에는 어떤 시대가 펼쳐질까요? 그리고 새로운 시대의 비즈니스는 어떻게 달라질까요? 아마도 스마트폰 시이후의 시대에는 우리 주변의 다양한 사물까지도 컴퓨터화되어 인터넷에 연결되

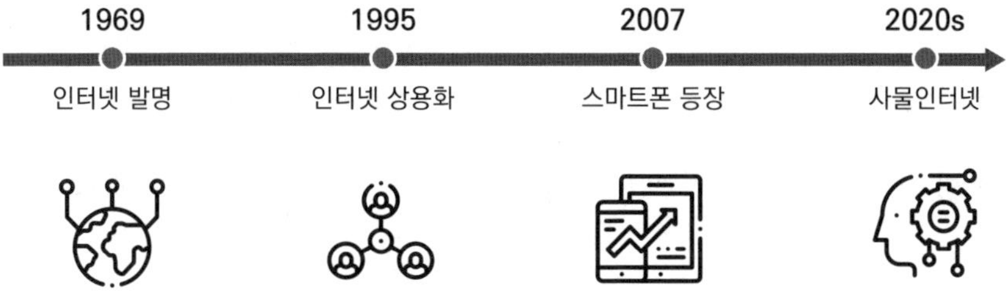

1969 인터넷 발명
1995 인터넷 상용화
2007 스마트폰 등장
2020s 사물인터넷

그림 11. 연결 기술의 진화

는 사물인터넷 시대가 올 것입니다. 사실, 사물인터넷 시대는 대략 2010년대 초중반부터 시작되었습니다. 벌써 10년이 다 되었는데 아직 걸음마 단계에 머물러 있습니다. 이미 250억 개가 넘는 컴퓨터화된 사물들이 인터넷에 연결되어 있지만 한 사람당 고작 3~4개의 커넥티드 디바이스를 이용하는 데 그치고 있습니다.

하지만 최근 반도체 및 저전력 통신 기술이 빠르게 발전하고 있고 그만큼 스마트 디바이스의 가격도 저렴해지고 있으며, 이것을 누구나 쉽게 이용할 수 있는 개방형 표준 및 관련 기술들이 개발되고 있어서 우리 주변의 다양한 사물이 모두 인터넷에 연결되는 날은 그리 멀지 않았다고 생각됩니다. 보다폰(Vodafone)이 2022년 초에 발표한 '커넥티드 컨슈머 2030(Connected Consumer 2030)' 보고서에 따르면 2030년에는 약 1,200억 개의 디바이스가 인터넷에 연결될 것으로 전망되는데, 이는 1인당 15개의 디바이스를 이용하는 것에 해당한다고 합니다. 가족들이 공유하는 장치까지 감안하면 1인당 3~40개의 디바이스를 이용하는 셈입니다. 또한 2025년이면 하루 평균 4,800번 커넥티드 디바이스와 상호작용하게 되며 이는 18초에 한 번씩 인터랙션이 이루어지는 것입니다. 디바이스들이 먼저 알아서 작동해 주지 않는 한 이는 불가능한 일일 것입니다.

연결 기술이 창출해낼 고객 가치

그렇다면 그동안 인터넷에 연결하지 않고도 잘 사용하던 사물들을 왜 인터넷에 연결해야 하는 걸까요? 그 이유는 여러 가지가 있는데, 첫 번째는 사물을 인터넷에 연결하면 다양하고 새로운 고객가치를 만들 수 있기 때문입니다. 만약 어떤 사물이 인터넷에 연결되면 바로 그 사물 옆에 있지 않더라도 사물의 상태를 확인하거나 제어하는 것이 가능해집니다. 즉 공장의 기계를 돌리거나 비닐하우스에 물을 주기 위해서 공장이나 비닐하우스에 가지 않아도 된다는 것입니다.

두 번째로는 인터넷을 통해 여러 개의 사물을 연결하면 새로운 기능을 제공할 수 있기 때문입니다. 만약 침대에 누워 손흥민 경기를 보다 잠이 들었다고 가정해 봅시다. 그러면 아침에 일어날 때까지 TV가 켜져 있을 것입니다. 그런데 인터넷을 통해 TV와 침대가 연결되어 있다면 어떨까요? 침대는 주인이 잠이 들었다는 것을 감지한 후 TV에게 전원을 끄라는 신호를 보낼 수 있을 것입니다. 그러면 자동으로 TV가 꺼지게 됩니다. 이런 자동화 루틴이 앰비언트 서비스의 기반이 되는데, 어떤 사물과 어떤 사물이 연결되느냐에 따라 수많은 서비스 시나리오가 만들어집니다. 특히 그동안은 서로 전혀 상관없다고 생각했던 사물들이 연결되면서 정말 기막힌 기능이나 서비스를 만들어 낸다면 엄청난 비즈니스 기회로 이어질 수도 있을 것입니다.

세 번째는 기존의 비즈니스 방식을 바꿀 수도 있기 때문입니다. 즉, 제품이나 서비스를 이용하고 비용을 지불하는 방식이 바뀌게 됩니다. 가장 대표적인 것이 일시불 구매가 구독 서비스(subscription service) 형태로 바뀌는 것입니다. 구독 서비스에는 매달 일정한 금액을 지불하는 정액제(flat-rate) 구독 서비스와 사용량에 따라 비용을 지불하는 종량제(pay-per-use) 구독 서비스가 있습니다. 정액제 구독 서비스는 정수기 임대 등에 주로 사용되는데 기존의 카드 할부 서비스와 비슷해서 굳이 사물인터넷 기술이 필요하지 않은 경우가 대부분입니다. 하지만 사용량을 확인해야 하는 종량제 구독 서비스에서는 사물인터넷 기술이 필수입니다. 제품이나 제품이 제공하는 특정한 기능을 얼마나 이용했는지 정확하게 파악할 수 있어야 비용을 청구(과금)하는 것이 가능하기 때문입니다.

실제로 현재 판매되고 있는 정수기를 포함한 대부분의 가전제품에는 사용량을 측정하는 기능이 포함되어 있어서 인터넷에만 연결한다면 언제든 종량제 구독 서비스를 제공하는 것이 가능합니다. 그러나 종량제보다 정액제 모델이 사업자에게 더 많은 수익을 가져다주기 때문에 해당 기능이 내장되어 있음에도 불구하고 정액제 모델이 일반적으로 사용되고 있습니다. 이 외에 일정 이용량까지는 정액제를 적용하고 그 이후부터 종량제를 적용하는 혼합형 모델도 생각해볼 수 있습니다. 이동통신 서비스의 일반 요금제가 대표적인데, 무료 통화 200분, 데이터 10G, 문자 200통처럼 정해진 범위 내에서는 고정된 요금만 청구되지만 무료 범위를 벗어나는 전화 통화나 데이터 등에 대해서는 사용량에 따라 추가 요금이 청구되는 형태입니다.

종량제 구독 서비스를 제공하기 위해서는 사용자가 중단 없이 제품 혹은 제품이 제공하는 기능을 이용할 수 있어야 할 것입니다. 이를 위해서 제품 제조사는 제품이 고장 없이 작동하도록 지속적으로 제품을 관리하고 선제적으로 수리 및 관리하는 서비스를 제공해야 합니다. 이런 구조에 적합한 비즈니스 모델을 관리형 구독 서비스라고 하는데, 일반 가전제품뿐만 아니라 항공기나 선박의 엔진, 공기압축기처럼 산업용 설비를 판매할 때 주로 활용됩니다. 이를 위해서는 제품의 상태를 실시간으로 모니터링하기 위한 다양한 센서를 내장해 놓는 게 필수입니다.

기존의 비즈니스 방식이 바뀌는 또 다른 유형은 사물과 서비스를 연결하는 것입니다. 예를 들면 스트리밍 음악 서비스와 인공지능 스피커를 함께 판매하는 것처럼 콘텐츠 서비스와 관련 커넥티드 디바이스를 결합하는 것입니다. 이동통신 서비스처럼 콘텐츠 서비스에 대해 일정 기간 약정을 걸어 놓으면 콘텐츠 사업자들은 안정적인 수익을 확보할 수 있을 것입니다. 마이크로소프트가 노트북과 운영체제인 윈도우(Windows) 및 업무용 소프트웨어인 오피스(Office)를 결합해서 구독 서비스 형태로 제공하는 것도 이 모델을 사용한 것입니다. 또 다른 예로는 활동량을 측정하는 스마트밴드나 스마트워치를 피트니스 서비스와 함께 제공하는 것입니다. 헬스클럽의 트레이너는 회원들이 평소 또는 운동할 때의 활동량 정보 및 생체 정보의 변화를 바탕으로 사용자에 맞는 운동법을 안내해 줄 수 있을 것입니다. 이 외에 스마트 오븐이나 냉장고를 간편식 구독 서비스와 결합하는 것도 가능합니다. 제가 비즈니스 모델을 자문했던 삼성전자의 비스포크 큐커가 대표적인데, 비스포크 큐커라는 스마트 오븐과 식료품 구독 서비스를 결합한 것입니다. 이는 디바이스를 정상 판매가의 10분의 1도 안 되는 부담 없는 가격에 판매함으로써 디바이스 판매량을 늘리되 기존에 이용하던 생활 서비스와 결합함으로써 수익성을 확보하는 모델입니다.

마지막으로 원격 펌웨어 업데이트를 통해 제품 상태를 항상 최신으로 유지하거나 부가 기능을 별도로 판매할 수 있습니다. 이는 컴퓨터나 스마트폰의 소프트웨어 업데이트와 동일한 것인데, 새로운 운영체제를 설치하거나 새로운 바이러스에 대한 백신을 업데이트하는 것이 대표적입니다. LG전자의 'UP가전'처럼 최근 출시되는 제품들은 주기적으로 새로운 기능을 개발하여 제공함으로써 고객의 호평을 받고 있습니다. 펌웨어 업데이트를 통한 새로운 기능들은 무상 또는 유상으로 제공할 수 있습니다. 즉, 제품을 기본 기능만 포함해 저렴하게 판매하고, 사용자에 따라 필요한 추가 기능을 선택적으로 별도의 비용을 내고 구매하게 할 수 있습니다. 그러면 제품의 초기 구매 부담을 줄여 디바이스의 판매량을 늘리고, 개별적인 기능을 별도로 판매함으로써 추가 수익을 올릴 수 있습니다. 테슬라가 '완전 자율주행(full self-driving)' 기능이나 '스포츠 모드(sports mode) 등을 자동차와 별도로 판매하는 이유가 바로 이 때문입니다.

디지털 세상의 작동 방식

앰비언트 세상은 현실에 존재하는 다양한 사물을 인터넷에 연결하는 것에서 시작합니다. 이처럼 컴퓨터나 스마트폰 외에 다양한 사물을 컴퓨터화한 후 인터넷에 연결하는 기술을 '사물인터넷'이라고 합니다. 이제는 인터넷이 단순히 컴퓨터로만 구성되는 것이 아니라 컴퓨터화된 사물들도 인터넷의 구성 요소가 된다는 의미입니다. 일각에서는 세상에 존재하는 모든 것을 인터넷에 연결하는 만물인터넷(internet of everything)이라는 용어를 사물인터넷보다 더 진보한 개념으로 사용하기도 하는데, 이는 특정한 몇몇 기업이 마케팅 차원에서 사용하는 용어에 불과합니다.

어떤 사물을 인터넷에 연결하는 방법은 여러 가지가 있는데, 사물의 유형이나 활용 분야에 맞는 무선통신 기술을 이용하는 것이 가장 일반적인 방법입니다. 예를 들면 가전제품들은 주로 와이파이(wi-fi)를 이용해서 인터넷에 연결하고, 스마트 센서나 램프, 플러그 같은 소형 장치들은 지그비나 쓰레드, 블루투스 같은 저전력 근거리 무선통신 기술(WPAN)을 이용해서 연결합니다. 반면 도시에 흩어져 있는 가로등이나 스마트 쓰레기통, 주차 미터기 등은 저전력 장거리 무선통신 기술(LPWAN)을 이용하며 자동차나 산업용 기기처럼 안정된 통신 서비스가 필요한 경우에는 LTE나 5G 같은 이동통신 서비스를 이용합니다.

그렇다면 사람은 어떻게 인터넷에 연결할 수 있을까요? 통신 기능이 포함된 캡슐을 사람 몸에 심을 수도 있겠지만 일반적으로는 항상 휴대하고 다니는 스마트폰이나 스마트워치를 이용해서 간접적으로 인터넷에 연결합니다. 사람들은 터치스크린이나 음성 등으로 이들 장치가 제공하는 인터페이스 수단을 이용해서 인터넷 서비스를 이용하게 됩니다. 이 외에도 카메라나 인공지능 스피커를 통해서도 인터넷에 연결할 수 있습니다. 얼굴이나 목소리로 사람을 구분하고 어디에 있으며 원하는 것이 무엇인지 파악할 수 있기 때문입니다. 그러나 사용자를 인터넷에 연결하기 위해서는 사용자의 개인 정보를 이용해야 하기 때문에 신중하게 접근해야 합니다.

컴퓨터화된 사물들이 인터넷에 연결되면 '서비스 플랫폼(service

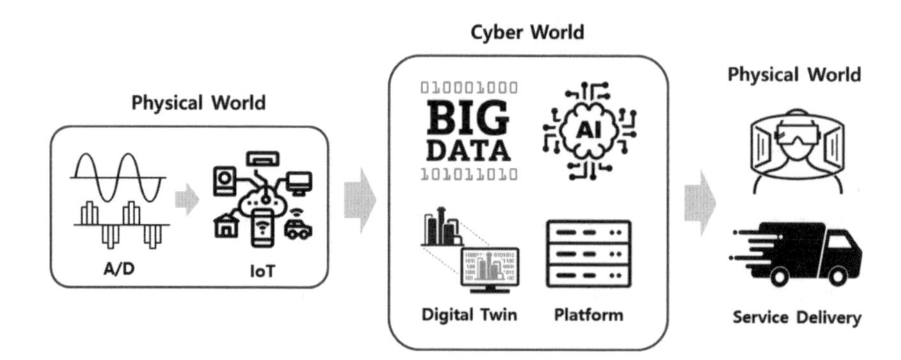

그림 12. 디지털 세상의 작동 방식

platform)'이라고 하는 곳에 사물들의 디지털 트윈이 만들어지게 됩니다. 디지털 트윈은 말 그대로 현실 세계에 존재하는 사물의 디지털 쌍둥이입니다. 쌍둥이라는 용어가 들어가서 겉모습이 똑같은 무엇인가가 존재하는 것으로 생각할 수 있지만 일반적으로 디지털 트윈은 현실에 존재하는 사물의 특성을 나타내는 여러 파라미터로 구성됩니다. 스마트 램프를 예로 들면 사물의 유형, 전원 상태, 색상, 밝기와 같은 사물의 작동 특성 정보와 제조사, 모델명, 고유번호, 소켓 크기 등과 같은 제조 정보가 포함됩니다. 이 외에도 플랫폼에 따라 최대 전력 사용량이나 램프의 크기 등 추가적인 정보를 사용할 수도 있습니다. 물론 사람들이 디지털 트윈을 직관적으로 알아볼 수 있도록 제품과 유사한 이미지를 추가로 사용하기도 합니다.

디지털 트윈은 현실 세계에 존재하는 사물의 상태 정보가 바뀔 때마다 이를 실시간으로 반영합니다. 예를 들어 현실 세계에 있는 램프의 전원이 켜지면 디지털 트윈의 전원 상태가 오프에서 온으로 바뀌게 되는 거죠. 램프의 색상이나 밝기 정보가 바뀌는 경우에도 마찬가지입니다. 반대로 디지털 트윈의 상태 정보가 바뀔 때도 그 정보가 실시간으로 현실 세계에 있는 사물에 반영됩니다. 이처럼 현실 세계에 존재하는 사물과 가상 세계에 존재하는 디지털 트윈의 상태 정보가 양방향으로 실시간 전달되어 항상 같은 상태를 유지하게 되는 것을 CPS 혹은 가상 물리 시스템이라고 합니다. 디지털 트윈은 이미지나 아이콘으로 표현되기도 하는데, 이 경우 디지털 트윈의 상태 혹은 현실 세계 속 사물의 상태에 맞춰 이미지의 형태나 색상도 변경됩니다.

디지털 트윈의 상태 정보는 스마트폰 앱이나 인공지능 스피커를 통해서 제어 명령이 도달했을 때 혹은 컴퓨터화된 사물이 바뀐 상태 정보를 알려 올 때 바뀌게 됩니다. 물론 플랫폼에 저장되어 있는 서비스 루틴이나 인공지능 로직이 제어 신호를 보낼 때도 바뀝니다. 예를 들어 '침대 이용자가 잠이 들면 침실 조명을 끈다.'는 자동화 루틴이 있다고 가정해 봅시다. 이런 상황에서 침대가 침대 이용자가 잠이 들었다는 정보를 전송했다면 서비스 플랫폼은 침대의 디지털 트윈의 상태 정보를 바꾼 후 침실 조명에 전원을 끄라는 명령을 전달합니다. 그러면 침실 조명의 디지털 트윈의 전원 상태가 켜짐에서 꺼짐으로 바뀌고 이 정보가 다시 현실 세계의 침실 조명에 전달되어 조명의 전원도 꺼집니다.

자동화 루틴과 다양한 트리거링 조건

처음부터 완벽한 앰비언트 서비스를 제공하는 것은 결코 쉽지 않습니다. 그래서 초기 앰비언트 서비스는 사용자 관점에서 능동적인 형태, 즉 사용자가 일부 관여하는 방식으로 만들어집니다. 앞에서 설명했던 것처럼, 사용자가 일부 관여한다는 것은 자신의 필요에 맞는 자동화 루틴을 직접 설정하거나 인공지능 스피커에 음성 명령을 내리는 형태가 될 수 있을 것입니다. 자동화 루틴이라는 것은 '어떤 조건을 만족했을 때 어떤 행동을 하는 것'을 말합니다. 그래서 영어로 "If this then that"이라고 말하고 줄여서 'IFTTT'라고 표현하기도 합니다. 이런 자동화 루틴은 일상생활에서 이미 많이 활용되고 있는데, 길거리가 어두워지면 가로등이 켜졌다가 밝아지면 자동으로 꺼지는 게 대표적인 예입니다. 예전에는 사람이 직접 스위치로 조작해야 해서 종종 밝은 대낮에도 가로등이 켜져 있기도 했는데, 요즘은 자동화 루틴 덕분에 그런 일이 발생하지 않습니다.

그렇다면 자동화 루틴은 어떤 조건을 바탕으로 만들어질까요? 일반적으로 '트리거링' 조건은 다음과 같은 5가지 기본 조건과 음성 명령 인식을 바탕으로 만들어집니다. 5가지 기본 조건은 다음과 같습니다.

1. 사람이 도착할 때

2. 사람이 떠날 때

3. 하루 중 특정 시간이 될 때

4. 센서 감지가 있는 경우

5. 액세서리가 제어되는 경우

사실 이 5가지 조건은 애플의 홈 앱에서 사용되는 자동화 조건들입니다. 앞의 세 가지 조건은 너무 직관적이어서 따로 설명을 하지 않아도 충분히 이해가 될 것 같습니다. 4번째 트리거링 조건부터 살펴봅시다. 가로등을 제어하는 자동화 루틴에서는 조도 센서의 값이 일정 기준을 만족시켰는지 여부를 확인할 것입니다. 즉, 조도 센서의 값이 300룩스(lux) 이하가 되면 가로등을 켜고 그 이상이 되면 가로등을 끄도록 설정하면 될 것입니다. 마지막의 '액세서리가 제어되는 경우'는 스마트 디바이스의 동작에 의해 발생하는 변화를 자동화의 조건으로 사용하는 것을 말합니다. 즉, 어떤 디바이스에 동작의 변화가 발생하면 자동으로 어떤 일들이 일어나게 하겠다는 거죠. 예를 들어 현관 도어록이 열리면 거실 조명이 켜지도록 함으로써, 사용자가 집에 도착했을 때 자동으로 거실 조명이 켜지도 설정할 수 있을 것입니다.

애플 기기에서는 단축어로 의사를 표현하는데, 인공지능 스피커에서 해당 단축어를 인식하는 경우 일반적인 말이 아니라 특정한 사물을 지칭

하거나 그런 사물의 작동을 제어하라는 명령어로 받아들이게 됩니다. 예를 들면 저는 사무실에서 나갈 때 혹은 집에서 잠을 잘 때 인공지능 스피커에 "잘 자!"라고 말을 하는데, 이 말이 단축어로 지정되기 전까지는 스피커에게 하는 인사말이겠지만 단축어로 지정된 다음부터는 특정한 디바이스들을 제어하라는 명령어 조건으로 사용됩니다.

자동화 루틴의 조건이나 동작은 하나로 구성될 수도 있지만 여러 개로 구성될 수도 있습니다. 저는 '내가 사무실 근처에 오면 노트북, 모니터, 프린터, 책상 조명의 전원을 켜라'라는 자동화 루틴을 사용하고 있습니다. 이 경우에는 트리거링 조건 1번인 사람이 도착할 때의 조건을 바탕으로 여러 개의 디바이스가 제어되는 경우에 해당됩니다. 이 외에도 '퇴근 후 사무실에서 움직임이 감지되는 경우 사이렌을 울리고 조명을 깜박이게 하고 내 핸드폰으로 알람을 보내라'는 자동화 루틴도 사용하고 있습니다. 이 경우에는 2번인 사람이 떠날 때와 4번 센서 감지가 있는 때의 조건이 함께 사용되었습니다.

구글 홈에서는 4가지 시작 조건을 제시하고 있는데, 구글 어시스턴트에게 말할 때, 특정 시간, 일출 또는 일몰, 알람을 해제한 경우입니다. 차이가 있기는 하지만 이 중 두 가지는 인공지능 스피커와 관련이 있고 나머지 두 가지는 시간과 관련된 것으로, 사실상 두 가지 트리거링 조건을 이용한다고 볼 수 있습니다. 반면 아마존의 알렉사는 사용자의 목소리, 일정, 스마트홈, 위치, 알람, 에코 버튼, 소리 감지, 외출 상황 등 8가지 조건에 대해 자동화 루틴을 생성할 수 있습니다. 하지만 이 역시 애플의 5가지 조건에 모두 포함되는 것이라 할 수 있습니다.

지능을 바탕으로 하는 앰비언트 서비스

앰비언트 컴퓨팅에서는 사용자가 주변의 다양한 컴퓨터 장치들을 이용하는 패턴 및 이들 장치에 부여한 이름의 의미, 위치하는 장소의 의미, 상황 정보 등을 바탕으로 자동화 루틴을 지능화한 앰비언트 서비스로 발전시킬 수 있습니다. 이번에는 다소 어려울 수도 있지만 그 과정에 대해 알아보도록 하겠습니다.

만약 어떤 사용자가 스마트폰 앱이나 인공지능 스피커를 이용해서 밤 10시에서 12시 사이에 침실 조명을 끈다고 가정해 보죠. 사람이라면 잠을 자기 위해 이 시간에 조명을 끄는 것으로 이해할 수 있지만 인공지능은 불 끄는 시간에 대한 통계적인 데이터만 가지고 있을 뿐입니다. 예를 들어 이 사람은 통계적으로 평균 밤 11시, 늦거나 빨라도 대부분 10시 35분에서 11시 25분 사이에 불을 끈다는 것만 알게 됩니다. 늦은 밤에 조명을 끄는 것이 잠을 자기 위해서인지는 전혀 알 수 없습니다. 또한 해당 조명의 이름이 침실 조명이라는 것도 인공지능에게는 큰 의미가 없습니다. 그냥 조명 장치를 구분하기 위한 하나의 이름에 불과할 뿐입니다. 설령 침실 조명이 침실에서 사용하는 조명이라는 의미를 이해한다 할지라도 그것을 곧이 곧대로 받아들이지 않을 가능성도 높습니다. 이름만 침실 조명일 뿐 다른 곳에서 사용될 수도 있고 조명이 아닌 다른 장치에 사용될 수도 있기 때문입니다.

따라서 인공지능은 사용자가 11시 전후에 불을 끄는 이유를 파악하기 위해 사용자와 관련된 다양한 정보를 분석해야만 합니다. 불을 끄기 전과 후의 정보를 분석하면 왜 불을 껐는지를 유추해 내는 것이 가능하기 때문입니다. 예를 들어 손목시계가 측정한 생체 정보 및 인공지능 스피커가 수집한 사용자 주변 소리를 분석해 보니 사람이 잠을 잘 때처럼 맥박이 낮아지고 코고는 소리가 확인되는 것입니다. 그러면 잠을 자기 위해 불을 껐다고 판단할 가능성이 높아집니다. 그리고 이런 패턴이 다른 사람들이 잠을 잘 때도 비슷하게 나타난다는 것을 확인하면 그 가능성이 더욱 높아지겠죠. 물론 여기에 침실 조명이라는 이름의 의미도 사용할 수 있습니다. 완전하지는 않겠지만 서비스 사업자는 이를 바탕으로 밤 중에 침실 조명을 자동으로 꺼 주는 앰비언트 서비스를 생성할 수 있게 될 것입니다. 이처럼 사용자와 관련된 다양한 정보를 수집하여 분석하고 다른 사용자들에 대한 것과 비교한 후 최종적으로 서비스화하는 것을 두고 온톨로지(ontology) 방법에 의해 앰비언트 서비스를 만든다고 합니다.

앰비언트 서비스를 만들기 위한 또 다른 시작점은 자동화 루틴입니다. 처음에는 사람이 만든 자동화 루틴을 이용하며 이를 바탕으로 해당 서비스를 더욱 고도화합니다. 예를 들어 '스피커에서 '잘 자!'라는 명령어가 감지되면 침실 조명을 끈다'는 자동화 루틴이 있다고 가정을 해 보죠. 그리고 그 사용자가 밤 10시 45분에 스피커를 향해 "잘 자!"라고 말을 했습니다. 그러면 인공지능 스피커는 이 말이 일반적인 밤인사가 아니라 '거실 조명을 끄라'는 명령어로 인식하고 거실 조명을 끄게 됩니다. 기본적인 자동화 루틴이 작동한 것입니다. 그런데 사용자 집의 디지털 트윈을 확인해 보니 현관문이 열려 있고 거실 조명도 켜져 있습니다. 일반적으로 다른 사람들은 잠을 자기 전에 현관문을 잠그고 거실 조명도 끈다는 것을 인공지능은 학습을 통해 아는 상태입니다. 그렇다면 사용자에게 이 사실을 알리며 앞으로 잠을 잘 때 현관문과 거실 조명이 켜져 있으면 현관문을 잠그고 거실 조명을 자동으로 꺼도 될지 허락을 받게 됩니다. 이런 식으로 자동화 루틴을 바탕으로 앰비언트 서비스가 만들어질 수 있습니다.

사물인터넷의 진화

현재의 사물인터넷은 대부분 스마트폰 앱이나 인공지능 스피커를 이용하여 특정한 장치의 상태를 확인하거나 제어하는 수준입니다. 혹은 이를 조금 더 잘 사용하는 사람들은 앞에서 설명했던 것처럼 자동화 루틴을 만들어서 자동화된 서비스를 이용하기도 합니다. 이처럼 단순히 스마트 디바이스를 연결하여 원격에서 디바이스 상태를 확인하거나 제어하고 더 나아가 자동화된 작동을 이용하는 것을 연결 중심의 사물인터넷 혹은 '연결형 IoT'라고 합니다.

사실 이 정도만 잘 사용해도 우리 삶은 매우 편리해질 수 있으며 산업의 효율성도 크게 개선될 수 있습니다. 하지만 여기에 지능적인 판단이 추가되면 사물인터넷 서비스는 더욱 편리할 것이며 효율성도 더 개선될 것입니다. 이처럼 사물인터넷의 기본 동작에 지능이 결합되는 것을 '지능형 사물인터넷' 혹은 'AIoT(Artificial Intelligence of Things)'라고 합니다. 일반적으로 지능형 사물인터넷에서 지능은 클라우드에 존재합니다. 이러한 지능은 사물들이 전송하는 데이터를 활용하여 고도화된 판단을 내리게 됩니다. 예를 들면 수면 센서에서 제공하는 수면과 관련된 여러 데이터를 분석하여 사용자가 지금 깨어 있는 상태인지 아니면 막 잠이 들었는지를 알아낼 수 있으며 코를 고는지 수면 무호흡증이 있는지를 알아낼 수도 있습니다. 이뿐만이 아니라 자연어로 된 음성 명령을 이해하거나 카메라가 전송한 영상을 분석하여 사용자가 누구이며 어떤 권한이 있는 사람인지도 파악할 수 있습니다. 더 나아가서는 특정한 공간에서 어떤 일이 진행되고 있는지 혹은 어떤 상황인지도 알 수 있습니다.

하지만 이처럼 지능화된 기능을 이용하기 위해서 사용자는 자신과 관련된 모든 데이터를 클라우드 혹은 해당 서비스를 제공하는 서비스 사업자에게 제공해야 합니다. 즉, 잠재적인 프라이버시 침해나 보안의 위협에 노출될 수 있습니다. 혹은 자신의 정보를 바탕으로 원하지 않는 광고를 봐야만 할 수도 있습니다. 또한 사용자 관련 데이터를 클라우드로 보내서 처리한 다음 그 결과를 이용하므로 서비스가 다소 지연될 수 있습니다. 예를 들어 인공지능 스피커에게 "오늘 날씨가 어때?"라고 물으면 약간의 시간이 지난 후에 답을 하는 것도 이런 이유입니다. 따라서 앞으로는 이런 인공지능이 사용자 주변에 존재할 것으로 보입니다.

이처럼 클라우드에 존재하던 인공지능 혹은 컴퓨팅 파워를 사용자 혹은 데이터 소스와 더욱 가까운 곳에 위치하도록 하는 것을 '에지 컴퓨팅'이라고 합니다. 그리고 에지 컴퓨팅을 바탕으로 사용자 주변의 특정한 공간에 존재하는 사물이 자율적으로 동작하는 것을 '자율형 사물인터넷'이라고 합니다. 자율형 사물인터넷에서는 대부분의 일이 에지 컴퓨터 혹은 개별 디바이스에서 처리되기 때문에 사용자와 관련된 정보를 클라우드 혹은 서비스 사업자에게 제공하지 않아도 됩니다. 따라서 클라우드 컴퓨팅을 사용하는 것보다 더 안전하고 안정적으로 작동하고 반응 속도도 빠릅니다. 하지만 이런 기능을 처리하기 위해서는 에지 컴퓨팅 기능이 필요하기 때문에 지금 사용하고 있는 와이파이 공유기 같은 허브 장치보다 비싼 고성능 제

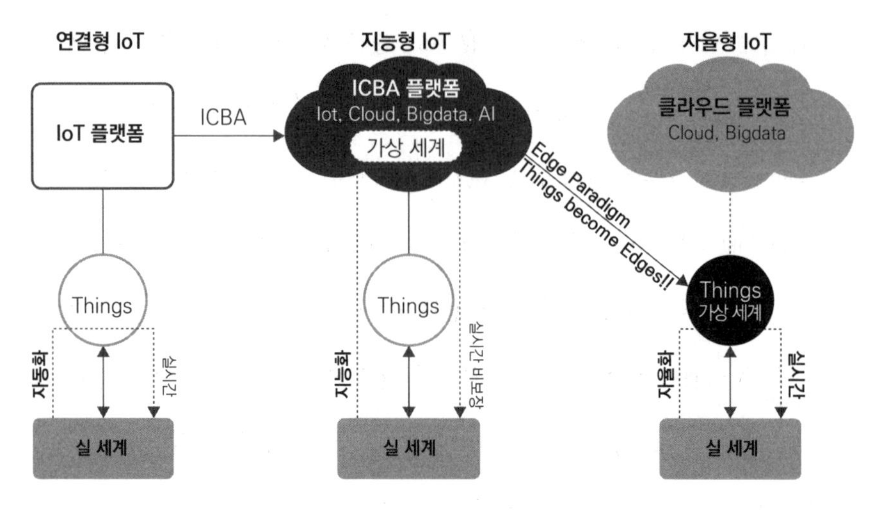

그림 13. 사물인터넷의 진화

품을 이용해야 합니다.

최근 출시되는 스마트폰을 보면 이전에 출시된 스마트폰에 비해 카메라 해상도는 약간 높아지거나 그대로인데 사진을 찍어 보면 매우 선명하고 멋있게 나옵니다. 그 이유는 스마트폰에 내장된 인공지능 칩셋이 카메라에 찍힌 사진을 자동으로 보정하기 때문입니다. 예를 들면 아이폰 13과 아이폰 12는 카메라 해상도가 1,200만 화소로 동일하지만 아이폰 13으로 찍은 이미지와 영상의 품질이 훨씬 더 좋은 이유가 바로 이 때문입니다.

이처럼 인공지능은 클라우드나 에지 허브 장치뿐만 아니라 스마트폰이나 로봇청소기 등 개별 장치에도 존재할 수 있습니다. 이를 '온디바이스 AI(on-device AI)'라고 하는데, 일반적으로 디바이스에 특화된 기능들이 디바이스 내부에서 자체 처리됩니다. 앞에서 소개한 수면 센서를 예로 들면 센서에서 수집한 다양한 정보를 분석하여 수면 패턴을 분석하는 일이 클라우드가 아닌 센서 장치에서 수행됩니다. 그리고 필요에 따라 그 결과만 에지 허브나 클라우드 서버로 전송합니다. 최근에 출시되는 인공지능 스피커나 스마트 디스플레이도 자연어 기반의 음성 명령 처리나 사용자 얼굴 인식을 디바이스에서 직접 처리합니다. 자율주행차가 주변 환경 정보를 자체적으로 처리하는 것도 온디바이스 컴퓨팅의 대표적인 사례에 해당합니다. 만약 우리 주변의 모든 사물들이 자신에게 필요한 인공지능을 사용하게 된다면 그것이 바로 앰비언트 환경이 구축되는 것입니다.

새로운 세상의 열쇠, AIoT

저는 집과 사무실에서 100개가 넘는 사물인터넷 디바이스를 이용하고 있습니다. 대부분은 전문 제조사의 제품을 구매한 것들이지만 스마트 멀티탭 같은 장치들은 제가 직접 만든 것입니다. 이것들은 통합 문제로 인해 여러 스마트홈 플랫폼에 나누어 연결해서 사용하고 있습니다. 물론 일부 디바이스는 동시에 2~3개의 플랫폼에 연결되기도 합니다. 일반적으로는 개별 디바이스에 이름을 붙여 주고 인공지능 스피커를 이용해서 그 동작을 제어하는 편이지만 반복적으로 이용하는 것들은 자동화 루틴을 만들어서 이용하기도 합니다.

대표적인 것이 사무실에 도착했을 때 업무를 위한 기본 환경을 설정해 주는 것입니다. 노트북, 보조 모니터, 프린터의 전원을 켜고 보조 모니터 양 옆의 테이블 조명과 독서 등을 켜는 것입니다. 그리고 여름에는 실내 온도가 26도가 되면 자동으로 에어컨을 24도, 강한 바람으로 켜게 해 놓았습니다. 만약 실내 온도가 26도 이하로 내려가면 이번에는 에어컨 대신 제습기 모드로 동작하게 해 놓았습니다. 나름 경험치를 바탕으로 자동화 루틴을 만들어 놓은 것입니다. 하지만 이렇게 하나하나 일일이 설정해 놓은 자동화 루틴이 항상 만족스러운 것은 아닙니다. 어떤 날은 27도가 되어도 지낼 만하지만 어떤 날은 26도만 되어도 땀을 비처럼 흘리기 때문입니다.

지능형 사물인터넷, 더 나아가 자율형 사물인터넷은 이런 변덕스러운 사용자를 위해 등장한 것입니다. 사용자가 자신의 행동 패턴이나 성향을 분석해서 자신에게 맞는 서비스(자동화 루틴)를 만드는 것이 아니라 인공지능이 그 일을 대신하는 것입니다. 인공지능은 사람보다 더 다양한 정보와 사용자에 대한 이해를 바탕으로 사용자 맞춤형 서비스를 쉽게 만들 수 있습니다. 또한 상황에 따라 서비스 정책을 유연하게 변경하는 것도 가능합니다. 이런 지능화된 서비스들이 한데 모이면 그것이 바로 앰비언트 환경을 만들게 됩니다.

샤프 펜슬을 만들던 회사에서 탄생한 AIoT

1912년 설립된 샤프(Sharp)는 소니와 파나소닉(Panasonic)과 함께 일본을 대표하는 가전기업 중 하나입니다. 샤프는 우리가 흔히 '샤프'라고 부르는 샤프 펜슬을 처음으로 개발한 기업이며 일본 최초로 라디오와 TV를 개발한 회사이기도 합니다.* 공대를 다닌 사람들에게 없어서는 안 되는 최고의 공학용 계산기를 만들었으며, LCD TV를 세계 최초로 선보였습니다. 샤프는 이

* '샤프'의 어원은 1837년경에 미국에서 출시된 샤프 펜슬의 상표인 '에버샤프(Eversharp)'이나 1915년 샤프가 '에버레디 샤프펜슬'이라는 상표로 제품을 출시하면서 샤프 혹은 샤프펜이라는 호칭이 일반화되었습니다.

외에도 소니의 워크맨 같은 휴대용 카세트 플레이어나 디지털 카메라 등으로도 잘 알려져 있습니다. 정말 일본 가전기업의 역사라고 할 수 있는 회사인데, 이런 샤프가 2016년 8월 대만의 홍하이(鴻海) 그룹으로 넘어가게 됩니다.

이들 일본 기업은 스마트폰을 위시한 디지털 제품으로의 트렌드 변화에 늦게 대처하면서 더 이상 브라운관 TV 시대의 영광을 재현할 수 없게 되었습니다. 게다가 엔화 강세로 수출 경쟁력이 떨어지는 상황에서 우리나라와 중국 가전 제조사들이 품질과 가격 경쟁력으로 시장을 장악해 나가기 시작하며 일본 가전기업들의 경영 상황은 그 어느 때보다 어려워지기 시작했습니다. 급기야 이들을 포함한 상당수의 가전 제조사들은 잇따라 적자의 늪에 빠졌고 심지어 일본 정부의 구제금융에 손을 내미는 최악의 사태까지 벌어졌습니다.

이에 소니와 파나소닉은 필사적인 구조조정 노력을 단행하게 됩니다. 소니는 게임과 엔터테인먼트, 이미징 기술 등의 분야에 집중한 반면 파나소닉은 배터리 등 비가전 분야에 집중하기로 합니다. 반면 샤프는 여전히 가전에 집중합니다. 그 결과는 불을 보듯 뻔했습니다. 매출은 정체된 반면 적자 폭은 커졌습니다. 2012년 4월부터 9월 사이의 영업손실은 무려 48억 7천만 달러로 1년 전 동기 대비 적자 폭이 10배나 불어났습니다. 이에 샤프는 현금 유동성을 확보하기 위해 만 명 이상의 직원을 감원하는 구조조정을 감행했고 일부 공장 및 오사카 본사의 매각도 추진했습니다. 그리고 최종적으로 2015년에 회사를 매각하기로 결정합니다.

이런 샤프에 관심을 둔 사람이 바로 훙하이 그룹의 궈타이밍(郭台銘) 회장이었습니다. 훙하이 그룹은 애플의 아이폰, 소니의 플레이스테이션, HP와 델의 노트북, 아마존의 킨들 등 전세계 수많은 기업의 전자기기를 주문자 상표부착 방식으로 위탁생산(OEM)하는 것으로 잘 알려진 폭스콘(Foxconn)을 자회사로 둔 훙하이정밀의 대주주입니다. 훙하이정밀은 애플을 통해 매출의 50% 이상을 창출했는데, 스마트폰 시장이 성숙해지며 아이폰 판매가 주춤할 기세를 보이자 사업 다각화에 나설 필요성을 느끼게 된 것입니다. 이때 궈 회장의 눈에 들어온 기업이 바로 샤프였습니다. 이에 궈 회장은 6,600억 엔을 제시하며 샤프에 인수 의향을 제시했습니다.

일본 정부는 일본 전자제품의 역사를 쓴 기업이 외국 기업에 매각되는 것을 그대로 보고만 있을 수 없었습니다. 이에 정부가 주도하는 민관펀드 일본산업혁신기구(INCJ)를 내세워 샤프를 인수하기로 합니다. 하지만 일본산업혁신기구가 제시한 인수 금액은 훙하이가 제시한 금액의 절반에 불과했고 결국 샤프 이사회는 2016년 2월 훙하이그룹으로 매각을 결정하게 됩니다. 그리고 같은 해 8월 인수 절차가 마무리됩니다. 이후 샤프는 디스플레이 장치를 중심으로 비즈니스 솔루션, 사물인터넷, 헬스 및 환경 시스템 등으로 사업 구조를 다각화해 다행스럽게도 본격적인 성장 궤도에 올라서고 있습니다.

지능형 사물인터넷은 이 과정에서 등장하게 된 개념입니다. 소니가 게임과 엔터테인먼트 분야로 사업을 재편하고 파나소닉이 비가전 분야로 사업을 재편하면서 위기를 극복할 수 있었던 것과 달리 샤프는 여전히 가전 분야에서의 경쟁력을 재고하기 위해 노력했다고 말했습니다. 그런 일련의 노력이 바로 지능형 사물인터넷으로 탄생한 것입니다. 2015년 10월 샤프는 가전제품에 그동안 자신들이 독자적으로 개발해 온 인공지능 기술을 융합하여 AIoT 제품을 본격적으로 출시하겠다고 발표합니다. 그리고 이듬해인 2016년 4월 첫 번째 AIoT 프로젝트로 인간형 로봇과 스마트폰을 결합한 '로보혼(RoboHon)'을 출시하게 됩니다.

높이 19.5cm에 무게가 390g이며 13곳의 관절이 움직이는 로보혼은 사람의 말을 이해할 수 있는 인공지능을 탑재하고 있었습니다. 그래서 사람이 지시하는 대로 걷기도 하고 춤도 출 수 있으며 사람과의 대화를 통해 학습까지 할 수 있었죠. 일반 스마트폰처럼 음성 통화와 사진 촬영은 물론 메일을 전송할 수 있으며 소형 빔프로젝터 기능도 제공했습니다. 이후 냉장고와 전기 오븐, 로봇청소기 등 대부분의 제품에 AI를 탑재해 출시했습니다. AI가 탑재된 냉장고는 유통기한이 얼마 남지 않은 식재료를 알려주거나 해당 식재료를 이용한 조리법을 검색해서 알려주기도 합니다. 로봇청소기인 '코코로보(COCOROBO)'는 음성 대화를 통해 사용자의 기분이나 상태를 파악한 후 적절한 음악을 선곡해 들려줄 수도 있습니다. '헬시오(HEALSIO)'라는 스마트 오븐은 사용자가 평소 만든 요리 종류를 기억했다가 평소에 만들지 않는 새로운 메뉴를 추천해 주기도 합니다. 또한 클라우드 레시피 및 자동 조리 기능이 탑재되어 있으며 자동으로 쇼핑 목록도 만들어 줍니다.

마음을 담은 지능형 사물인터넷 기술

홍하이 그룹에 인수된 후 샤프는 '8K와 AIoT 기술로 세상을 변화시킨다(changing the world with 8K and AIoT)'라는 회사의 새로운 비전을 바탕으로 위기를 극복하기 위해 노력합니다. 즉, 8K UHD TV 기술과 지능형 사물인터넷 기반의 스마트 디바이스들을 바탕으로 '스마트한 삶'을 위한 서비스 생태계를 구축하며 경쟁력을 확보하려고 합니다. 이후 2019년에 5G 기술을 추가하여 8K, 5G, AIoT를 새로운 비전을 달성하기 위한 핵심 기술로 선정하기도 합니다. 그들은 다음과 같은 세 가지 방법을 통해 스마트한 삶을 구현할 수 있다고 생각합니다. 첫째, 디바이스가 AIoT를 지원하게 합니다. 둘째, AIoT 서비스를 확장합니다. 셋째, AIoT 플랫폼을 제공합니다.

먼저 디바이스가 AIoT를 지원한다는 것은, 디바이스 자체에 기본적인 인공지능 기술이 탑재된다는 것, 즉 온디바이스 AI를 구현한다는 것과 AIoT 플랫폼에 연결되어 더 고도화된 AIoT 서비스를 제공할 수 있는 디바이스가 필요하다는 것을 의미합니다. 예를 들면 세탁기가 스스로 세탁물의 무게와 오염 정도를 감지한 후 그에 알맞은 양의 세제를 자동으로 투입하고 헹굼 횟수도 조절해 줌으로써 최적의 세탁 기능을 제공하는 것을 의미하죠. 우리 가전기업들도 2020년 이후 이와 비슷한 유형의 제품을 출시하고 있는데, 삼성전자의 그랑데 AI 세탁기 및 건조기와 주변 사물과 상태를 바탕으로 청소를 하는 비스포크 제트봇 AI 청소기 등이 대표적인 제품들입니다.

다음으로 AIoT 서비스를 확장한다는 것은 AIoT 디바이스를 인터넷에 연결하여 클라우드를 통해 더 진화된 지능형 서비스를 제공하는 것을 의미합니다. 즉, 클라우드를 이용해 가전제품의 사용 정보뿐만 아니라 가전제품과 관련된 다른 정보를 함께 이용함으로써 더 고도화된 기능을 제공하거나 LG전자의 UP 가전처럼 인터넷을 통한 소프트웨어 업데이트를 통해 새로운 기능을 제공하기도 하는 것입니다. 'COCORO AIR' 서비스를 예로 들면 에어컨이나 공기청정기와 같은 제품들의 평소 사용 패턴을 학습하거나 거주 지역의 공기 정보까지 분석하여 최적의 공기 환경을 제공하게 됩니다. 이뿐만 아니라 디바이스와 관련된 생활 서비스를 제공하기도 하는데, 주방 가전을 기반으로 하는 'COCORO KITCHEN'에서는 식재료를 바탕으로 요리 레시피를 제공하거나 부족한 식재료를 주문할 수 있도록 하고 있으며, 'COCORO VISION' 서비스는 TV를 기반으로 비디오 및 오디오 스트리밍 서비스를 제공하기도 합니다.

마지막으로 AIoT 플랫폼을 제공한다는 것은 클라우드를 기반으로

AIoT 서비스를 제공하는 데 필요한 다양한 요소 기술을 플랫폼 형태로 구축한 후 자사뿐만 아니라 타사도 이용할 수 있게 함으로써 스마트 라이프 생태계를 주도해 나가겠다는 의지를 담고 있습니다. 이런 AIoT 플랫폼으로는 디바이스 이용 패턴을 분석함으로써 사용자의 습관이나 성향을 파악하기 위한 머신러닝 플랫폼, 사용자의 음성 명령을 이해할 수 있는 음성 인식 플랫폼, 챗봇과 같은 커뮤니케이션 플랫폼이 대표적입니다.

그렇다고 해서 샤프가 기술만 강조한 것은 아닙니다. 이런 생각은 AIoT를 단순히 AI+IoT가 아닌 '사람을 향한 사물인터넷(people-oriented IoT)'으로 정의하는 데에서 확인됩니다. 즉, AIoT를 인공지능과 사물인터넷 기술을 통해 사람과 사회를 연결하는 것으로 바라본 것입니다. 또 다른 부분은 스마트한 삶을 구현하는 방법의 한가운데 '사람을 배려하는 마음'을 두고 있다는 점입니다. '코코로+'라는 서비스 엔진이 바로 그 주인공인데, '코코로(こころ)'는 '마음'을 뜻하는 말로 서비스의 핵심 엔진이 기술이 아니라 사람을 생각하는 마음이라는 것을 의미합니다. 즉, 모든 제품과 서비스에 마음을 더하겠다는 의미에서 '코코로+'라고 한 것입니다. 가전제품이나 IT 디바이스에 AIoT 기술보다는 마음을 더함으로써 단순한 도구가 아닌 사람이 애착을 느낄 수 있는 파트너로 바꾸어 가겠다는 의미인 것입니다.

No-Look AI 기술이 AIoT의 핵심

한때 '노룩패스(no-look pass)'라는 말이 유행했던 적이 있었습니다. 원래 노룩패스라는 말은 스포츠 경기에서 상대를 속이기 위해 자신이 패스하려는 동료 선수를 보지 않고 공을 던지는 플레이에서 따온 말이었는데, 공항을 나오던 유명 정치인이 자신의 수행원을 바라보지도 않은 채 여행 가방을 던지는 일이 발생하면서 이 용어가 유행하기 시작한 것입니다.

놀랍게도 이와 비슷한 시기에 일본에서도 '노룩 AI 가전(no-look AI 家電)' 혹은 줄여서 '노룩 가전'이 유행했습니다. 노룩 가전이란 쇼핑부터 제품 조작까지 모든 것이 목소리만으로 가능한 가전을 의미합니다. 요즘 흔히 사용하는 인공지능 스피커에게 말을 하듯 "실내 온도를 몇 도로 맞춰줘!"라거나 "돼지고기를 이용한 요리를 추천해줘!"라고 말하면 그에 따라 에어컨이 냉방 온도를 조절하고 인터넷 검색을 통해 사용자가 좋아할 만한 돼지고기 요리 레시피를 추천해 주는 가전제품을 가리키는 말이었습니다. 말 그대로 핸즈 프리로 집안에 있는 모든 가전제품과 그것이 제공하는 서비스를 이용할 수 있게 되는 것입니다.

그렇다고 해서 모든 가전제품이 사용자의 말을 인식할 수 있는 인공지능 기능이나 혹은 이를 위한 사용자 인터페이스 모듈을 포함하고 있어야 하는 것은 아닙니다. 로보혼 같은 스마트폰이나 스마트 스피커, 스마트 디스플레이를 이용할 수도 있습니다. 대신 어떤 디바이스가 사용자의 음성 명령을 인식하더라도 그 명령을 전달받아 수행하기 위해서는 반드시 인터넷에 연결되어 있어야 했습니다. 또한 디바이스 제조사와 상관없이 서비스를 제공할 수 있어야 했죠. 이를 위해 샤프는 '홈 어시스턴트'라는 스마트 홈 서비스 플랫폼을 개발하기도 했습니다.*

샤프가 노룩 가전을 처음 개발했을 때는 음성 명령만으로 디바이스를 제어하거나 서비스를 이용할 수 있었습니다. 그러나 인공지능 기술이 고도화되면서 음성 명령뿐만 아니라 말투에서 느껴지는 감정 상태나 사용자의 동작을 이용하기 시작했습니다. 그리고 사용자의 얼굴까지 인식함으로써 가족 구성원 각각에 맞는 개인 맞춤형 서비스를 제공하는 식으로 발전하고 있습니다. 마치 가상의 비서가 사용자를 생각하고 배려하는 것처럼 사람들도 가전제품을 가상의 비서처럼 대하는 것이 바로 샤프가 생각하는 AIoT 시대의 스마트 라이프인 것입니다.

세계가 주목하는 AIoT

우리에게 4차 산업혁명으로 잘 알려진 세계경제포럼은 2021년 4월 제1차 '글로벌 기술 거버넌스 정상 회의(GTGS, Global Technology Governance Summit)'를 개최했습니다. 40개 이상의 정부와 국제기구뿐만 아니라 150개

* 샤프가 개발한 '홈 어시스턴트(ホームアシスタント)'는 로컬 제어 및 개인 정보 보호에 중점을 둔 개방형 스마트홈 제어 시스템인 Home Assistant와는 다른 것입니다.

이상의 기업이 참가한 이 회의의 목적은 4차 산업혁명 기술을 활용하고 보급하는 과정에서 발생할 수 있는 권력 남용, 편견, 부의 불평등과 같은 문제에 대해 함께 고민하고 사전에 이를 예방하기 위한 조치들을 개발하는 것이었습니다. 이에 산업 혁신, 정부 혁신, 글로벌 기술 거버넌스, 프론티어 기술과 같은 주요 영역에 대한 주제 발표와 논의가 진행됐죠.

이 회의에서는 인공지능, 블록체인, 드론과 무인 항공 시스템, 자율주행차를 포함한 모빌리티 등 다양한 기술 분야에 대한 논의가 이루어졌는데, 가장 많은 논의가 이루어진 것이 바로 사물인터넷 기술이었습니다. 특히 인공지능과 결합한 사물인터넷 기술이 새로운 기술 혁신을 일으킬 것이라며 지능형 사물인터넷을 강조했습니다. 즉, 인공지능과 사물인터넷 기술이 결합하여 지능형 사물인터넷을 만들며 이는 강력한 5G 네트워크를 통해 끊김 없이 통신할 수 있는 디바이스들의 네트워크를 만든다는 것입니다. 또한 지능형 사물인터넷이 중요한 역할을 할 것으로 전망되는 4개의 주요 분야와 이를 위한 핵심 기술도 선정했습니다.

세계경제포럼이 주목한 4개의 주요 분야는 웨어러블과 스마트홈, 스마트시티, 스마트 인더스트리였습니다. 스마트 인더스트리가 단순히 제조업을 말하는 것이 아니라 모든 산업을 포함하는 개념이므로 사실상 세상의 모든 비즈니스가 AIoT의 주요 응용 분야라 할 수 있을 것입니다. 이 중에서 먼저 웨어러블 분야에 대해 살펴보면 스마트워치, AR/VR 헤드셋, 무선 이어폰과 같은 웨어러블 장치는 계속해서 사용자의 취향이나 습관을 모니터링하고 추적함으로써 건강 관리 분야는 물론 스포츠 및 피트니스 분야에 커다란 영향을 끼칠 것으로 전망하고 있습니다.

스마트홈의 경우 스마트홈을 구성하는 가전제품, 조명, 전자 장치 등이 주택의 습관을 학습하고 사용자에 대한 지원을 자동화함으로써 편리성을 재고할 뿐만 아니라 에너지 효율성을 더욱 개선할 것으로 전망됩니다. 더 나아가 다양한 생활 서비스와의 결합을 통해 스마트홈 중심의 방대한 서비스 생태계를 구성할 것으로 기대됩니다. 모더 인텔리전스(Modor Intelligence)의 조사자료에 따르면 스마트홈 시장은 2021년부터 2026년 사이 연평균 25.3%의 속도로 성장하여 2026년에는 약 3,140억 달러 규모의 시장으로 성장할 것으로 전망됩니다.

다음으로 강조한 분야는 스마트시티입니다. 스마트시티는 공공안전, 교통 및 에너지 효율성을 개선하기 위한 투자와 함께 발전하고 있는데 무엇보다 교통 통제 면에서 인공지능의 도입 효과는 이미 명확해지고 있는 상황입니다. 전세계에서 가장 뛰어난 지능형 교통 인프라를 보유하고 있는 우리나라는 말할 것도 없고 세계에서 가장 교통량이 많은 뉴델리에서도 지능형 교통관리 시스템(ITMS)을 이용해서 교통 흐름에 대한 실시간 동적 결정을 내리고 있습니다.

마지막으로 강조한 산업 영역은 제조에서 광업에 이르기까지 디지털 혁신에 의존하며 효율성을 높이고 인적 오류를 줄이고 있습니다. 실시간 데이터 분석은 물론이고 공급망 센서에도 스마트 장치가 관여해 비용이 많이 드는 오류를 방지합니다. 실제로 가트너는 2022년까지 엔터프라이즈 IoT 프로젝트의 80% 이상이 인공지능을 통합할 것으로 추정하고 있습니다. 지능형 사물인터넷은 데이터 처리와 지능형 학습의 경계를 계속 확장함에 따라 점점 더 주류가 되고 있으며 이에 대해 적극 대응하지 않는 기업은 뒤쳐질 위험이 있다고 조심스레 경고하고 있습니다.

또한 지능형 사물인터넷 혁신을 더욱 가속화할 기술로는 에지 컴퓨팅, 음성 AI(Voice AI), 영상 AI(Vision AI)를 꼽고 있습니다. 에지 컴퓨팅은 멀리 떨어진 곳에 있는 데이터 센터가 아니라 로컬 컴퓨터나 서버에서 데이터가 처리되거나 디바이스 스스로 데이터를 처리하는 것을 말합니다. 현재 스마트 가전이나 인공지능 스피커에 주로 사용되고 있는 에지 컴퓨팅은 앞으로 스마트홈 허브나 홈서비스 로봇, 자율주행 자동차 등으로 확대 적용될 것으로 보입니다. 특히 음성 AI 기술은 단순하고 짧은 음성 명령만 이해하는 것이 아니라 자연어 인식 및 음성 명령에 숨겨진 의도까지 파악하는 수준으로 발전할 것으로 보이며 맞춤형 서비스 및 전자 결제를 위한 음성 인증 등의 기술이 함께 활용될 것으로 보입니다. 현재 다수의 사물 인식 및 4K 해상도 지원에 머물러 있는 영상 AI 기술은 향후 에지 장치에서 영상 분석을 하고 Super 8K 해상도를 지원할 수 있을 것으로 전망됩니다.

지능형 사물인터넷의 발전 방향성

지능형 사물인터넷 기술은 그동안 사람이 직접 설정해서 이용하던 자동화 루틴을 더욱 정교하게, 그리고 사용자의 생활 패턴이나 성향을 반영하는 것으로 만들어 줄 것입니다. 또한 사용자가 명시적으로 요청하지 않더라도 사용자의 잠재적인 필요나 숨겨진 의도를 파악하고 그에 맞는 서비스를 제공하는 방향으로 발전할 것입니다. 이런 특성은 사용자 맞춤형 서비스와 선제대응형 서비스, 공간 중심의 서비스, 심리스한 서비스로 이야기할 수 있습니다.

사용자 맞춤형이라는 것은 동일한 서비스일지라도 사용자나 사용자의 상황에 따라 다르게 적용되는 것을 의미합니다. 에어컨을 예로 들면 지금은 에어컨을 켜기 위해 "알렉사, 에어컨 켜!"라고 명령을 내린 후 "알렉사, 에어컨 23도로 설정!"처럼 두 번에 걸쳐 명령을 내리거나 "알렉사, 에어컨 23도로 켜!"처럼 하나의 명령을 통해 두 가지 일을 시킬 수 있습니다. 그러나 사용자 맞춤 환경에서는 "알렉사, 에어컨 켜!"라고만 말하더라도 그 사람이 선호하는 온도로 에어컨을 켜게 됩니다. 즉 제가 말할 때는 25도로 켜주고 다른 사람이 말할 때는 23도로 켜 주게 됩니다. 이를 위해서 인공지능은 사용자의 성향을 파악하는 것이 필수적입니다. 사용자의 성향은 사용자의 과거 에어컨 제어 이력을 확인하거나 사용자에게 직접 취향을 물어봄으로써 확인할 수 있습니다.

선제대응형 서비스는 일상적으로 반복되는 일을 적당한 시점에 먼저 제공함으로써 편리함을 제공하는 것입니다. 외출했다가 돌아오는 경우, 사용자가 집 근처에 오면 미리 거실 조명을 켜거나 보일러 혹은 에어컨을 틀어 주는 것이 대표적인 서비스가 될 것입니다. 이 때 보일러나 에어컨은 사용자 맞춤형으로 사용자가 좋아하는 온도로 설정될 것입니다. 또한 조명은 집에 거의 도달했을 때 켜지겠지만 보일러는 집까지의 거리가 10분 혹은 그 이상 남았을 때 미리 켜지게 될 것입니다. 제어되는 장치나 서비스의 유형까지 반영하게 되는 것입니다.

그동안 스마트폰이나 PC와 같은 범용 서비스 장치를 중심으로 서비스가 제공되었던 것과 달리 앞으로는 공간 중심으로 서비스가 제공될 것입니다. 예를 들면 거실에서 "불 좀 켜줘!"라고 말하면 거실의 조명이 켜질 것이며 침실에서 "불 좀 켜 줘!"라고 하면 침실의 조명이 켜지는 식입니다. 이 과정에서 중요한 것은 특정한 곳에 사용자가 있음을 인식하고, 그 공간에서 사용자의 정확한 위치와 움직임을 이해하는 것입니다. 그동안 다양한 분야에서 GPS 기반의 서비스가 혁신을 가져왔듯이 특정한 공간에서의 정확한 위치나 움직임을 확인할 수 있다면 기존과는 차원이 다른 서비스를 제공할 수 있게 될 것입니다.

마지막으로 심리스한 서비스는 서비스가 끊김이 없이 제공되는 것을 의미합니다. 즉, 사용자가 A라는 공간에서 B라는 공간으로 이동하는 경우

A라는 공간에서 제공되던 서비스가 B라는 공간에서도 끊김 없이 연속적으로 제공되는 것을 말합니다. 예를 들어 거실에서 야구 중계를 보다가 화장실에 가면 화장실에 있는 스마트 미러에서도 야구 경기가 나오는 식입니다. 혹은 방에서 음악을 듣다가 외출하는 경우 이어폰을 끼자마자 스피커에서 나오던 음악이 이어폰으로 전환되고 자동차에 타서 시동을 걸자마자 다시 자동차의 스피커로 이어지는 것도 생각해 볼 수 있습니다. 심리스한 서비스 역시 공간 중심 서비스의 연속성을 제공하기 위해 사용자의 위치 정보를 이용하게 됩니다.

이런 유용한 특성을 제공하기 위해서는 자가 학습(self-learning) 기반의 대화형 인공지능(conversational AI)이 보다 많이 사용될 것입니다. 이는 아마존의 인공지능 서비스인 알렉사 팀에서 바라보는 시각인데, 사물인터넷 기기들이 대화형 인공지능을 위한 새로운 형태의 '콘텍스트'를 생성하는 데서 시작됩니다. 여기서 콘텍스트라는 것은 인공지능 모델이 성능을 개선하기 위해 사용할 수 있는 특정 사건, 상황 또는 개체를 둘러싼 일련의 상황 및 사실을 의미합니다. 이런 콘텍스트는 인공지능이 사용자의 명령을 이해할 때 모호성을 해결하는 데 도움이 될 수 있습니다.

예를 들어서 오븐이 켜져 있는 상태에서 "온도가 몇 도야?"라는 질문은 바깥이나 실내의 기온을 의미할 수도 있겠지만 오븐 온도를 의미할 가능성이 더 큽니다. 만약 화면이 있는 장치를 향해 "오징어 게임 틀어 줘!"

라고 말을 한다면 화면이 없는 장치에 대고 말을 할 때보다 영화를 틀어 달라는 것을 의미할 가능성이 더 크겠죠. 재즈만 듣는 어떤 이용자가 "음악 틀어 줘!"라고 말을 한다면 재즈 음악과 함께 실내 조명을 은은하게 켜줄 것입니다. 하지만 트로트를 주로 듣는 이용자에게는 다른 반응을 보이도록 해야 합니다. 이처럼 동일한 유형의 추론은 시간, 장치, 사용자의 위치, 센서로 측정한 환경의 변화 등과 같은 다른 콘텍스트 신호에도 동일하게 적용될 수 있을 것입니다.

또 다른 부분은 사용자의 피드백을 학습에 이용하는 것입니다. 이를 위해 아마존은 사용자의 반응을 요구하는 질문을 종종 합니다. 음악을 듣는데 자기 취향의 곡이 나온다면 알렉사에게 "나 이 노래 좋아."라고 말하도록 합니다. 그러면 알렉사는 사용자가 좋다고 한 노래의 취향을 분석해서 비슷한 노래들을 틀어 주게 됩니다. 이와 반대로 음악을 듣던 중에 "다음 노래!"라고 말한다면 비록 그 노래가 싫다고는 말하지 않았어도 현재 재생되는 노래가 사용자의 취향이 아님을 의미한다고 이해할 수 있습니다. 이처럼 인공지능은 다양한 방식으로 사용자의 의도를 더 정확하게 파악하려는 방향으로 발전해야 할 것입니다.

배워야만 사용할 수 있는 기술은 완성된 기술이 아니다

외할머니가 집에 놀러 오셨습니다. 딸이 할머니께 TV를 틀어 드리기 위해 TV를 향해 소리칩니다. "지니야 TV 켜 줘!" 그리고 다시 말합니다. "지니야 1번!" 이제 아이들은 음성으로 TV를 켜고 채널도 바꾸고 볼륨도 조절합니다. 제 딸은 2015년부터 인공지능 스피커를 사용했습니다. 날씨가 궁금할 때는 "헤이 카카오, 오늘 날씨 어때?"라고 말하고 음악을 들을 때는 "헤이 빅스비, BTS 노래 틀어줘!"라고 말합니다. 때로는 무선 이어폰을 끼고 공부하다가 "오케이 구글, 공부방 형광등 켜줘!"라고 말합니다. 집과 사무실에서 여러 종류의 인공지능 스피커를 이용하다 보니, 딸도 그때그때 편한 인공지능 비서를 호출해서 원하는 일을 시키는 데에 익숙해진 것입니다.

이처럼 우리가 컴퓨터를 사용하는 방법은 나날이 바뀌고 있으며 점점 더 직관적이고 편리한 방식으로 바뀌어 가고 있습니다. 이를 두고 흔히 '마찰을 줄이는' 방향으로 진화해 나간다고 하는데, 조금만 더 시간이 지나면 굳이 인공지능을 부르지 않더라도 원하는 것을 할 수 있는 'Zero UI'의 시대가 올 것입니다. 즉, 우리가 직접 컴퓨터나 스마트 기기를 사용(제어)하지 않더라도 TV나 형광등을 켤 수 있고 날씨 정보나 오늘의 일정을 확인할 수 있을 것입니다. 그리고 이런 인터페이스 방식의 변화는 전반적인 사용자 경험의 변화로 이어질 것입니다.

하지만 그렇게 되기 위해서는 여전히 해결해야 할 것이 많습니다. 사용자가 누구이고 디바이스나 서비스를 이용할 권한이 있는지도 확인해야 하며 제대로 된 서비스를 제공하기 위해 그 사용자의 위치나 이동 방향을 알아야 할 필요도 있습니다. 또한 사용자 맞춤형 서비스를 제공하기 위해서는 다양한 스마트 기기를 통해 사용자에 대해 전반적으로 이해해야만 합니다. 뿐만 아니라 이런 인터페이스 수단이 평소에는 겉으로 드러나지 않게 해야 합니다.

지나치게 많은 기능을 제공하는 스마트 기기

새로운 제품을 하나 사왔습니다. 가족들이 다 모이면 커터 칼로 박스에 붙은 테이프를 잘라내고 물건을 꺼냅니다. 조심스럽게 내부 포장지를 벗겨내고 제품 표면에 붙은 비닐을 뜯어냅니다. 그리고 제품에 연결된 코드를 멀티탭에 꽂습니다. 혹은 제품의 아래나 뒤쪽에 있는 배터리 박스에 배터리를 집어넣습니다. 그리고 긴장된 마음으로 작동 버튼을 누릅니다. 짜잔! 제품이 정상적으로 작동하자 온 가족이 만족스러운 표정을 짓습니다.

이것이 어떤 제품을 구매해서 처음 이용하기까지의 일반적인 모습이었습니다. 어떤 제품을 구매하더라도 대부분 비슷한 과정을 거쳐야 했죠. 하지만 최근에 판매되는 디지털 기기들은 그렇지 않습니다. 물론 모든 제품이 그런 것은 아니지만 어떤 제품들은 전원을 켜는 방법을 알아내는 데 한참의 시간이 걸리기도 하고, 또 어떤 제품들은 시작하는 방법을 알아내기 위해 열심히 매뉴얼을 읽거나 그 제품을 먼저 이용한 사람에게 사용법을 물어봐야만 합니다. 어느 순간부터 사람이 기계를 공부하지 않으면 이용할 수 없는 시대가 된 것입니다.

최근 출시되는 디지털 기기들은 일반인에게 공학용 전자계산기와 같은 느낌으로 다가오는 것 같습니다. 나는 많은 기능을 제공할 수 있으니, 나를 잘 이용하려면 열심히 공부를 하든가 아니면 포기를 하라는 무언의 압력을 주는 것입니다. 스마트 TV 리모컨만 하더라도 전원, 채널, 볼륨 버튼 정도만 있으면 되는데, 메뉴 버튼을 시작으로 정말 다양한 기능 버튼이 존재합니다. 그런데 이런 기능 중 아마 한 번도 이용되지 않는 것들이 대부분이지 않을까 생각합니다. 결국은 고급 TV를 비싸게 사서 기본적인 기능만 이용하게 되는 것입니다.

도대체 왜 이런 일이 발생하는 걸까요? 왜 전원만 연결하고 작동 스위치를 누르는 것만으로는 안 되는 걸까요? 이 질문에 대한 답은 너무나도 분명합니다. 과거의 제품들과 달리 최근 출시되는 제품들은 각기 여러 가지 기능을 제공하기 때문입니다. 스마트폰이 전화 기능뿐만 아니라 카메라나 음악 및 동영상 플레이어, 네비게이션 등 여러 가지 기능을 하는 것처럼 말입니다. 물론 그 여러 가지 기능 중에서도 기본적이고 대표적인 기능이 있을 것입니다. 그래서 전원을 켜면 일단은 기본적인 기능만 작동하고 이후 사용자가 필요에 따라 작동 모드를 전환하기도 합니다. 냉난방기가 대표적인데, 여름에는 전원을 켜기만 하면 찬바람이 나오는 에어컨으로 작동하지만 겨울에는 따뜻한 바람이 나오는 온풍기로 작동합니다. 에어컨이 계절이나 날씨를 이해하고 그에 맞춰서 작동하는 것은, 사람이 필요한 작동 모드를 선택했기 때문이죠.

반면 컴퓨터나 스마트폰 같은 제품은 전원이 켜지면 어떤 기능을 수행할 것인지 추가 명령을 기다립니다. 컴퓨터의 전원을 켜면 덩그러니 바탕화면만 보이는 것과 마찬가지죠. 문서를 작성하려면 워드나 한글 프로그램을 실행해야 하고 인터넷 검색을 하려면 브라우저를 실행해야 하는 것처럼, 전원이 켜진 후 대기 상태에 있는 기기에게 사람이 하고자 하는 일을 하나하나 시켜야 하는 것입니다. 문제는 시켜야 할 일이 너무 다양하고 일관되지 않다는 것입니다. 월트 모스버그가 그의 첫 번째 칼럼에서 "개인용 컴퓨터는 사용하기가 너무 어렵다. 그건 당신 잘못이 아니다!"라고 썼던 것도 같은 맥락입니다.

또 다른 문제는 일반인 입장에서는 이런 장치들에 일을 시키는 방법이 직관적이지 않다는 것입니다. 그 이유는 제품을 개발하는 사람들이 대부분 기술이나 성능에만 관심이 많은 엔지니어들이기 때문입니다. 이들에게는 자신들이 개발한 기능이 정상적으로 작동하는 것이 제일 중요하며 일반인들도 자신들처럼 쉽게 해당 기능을 이용할 수 있을 것이라고 생각합니다. 그래서 조금 큰 회사에서는 UI나 UX 기획자들이 존재하기도 하는데, 이들은 엔지니어들과 반대로 너무 이상적인 사용자 인터페이스나 서비스 시나리오를 제시함으로써 오히려 직관성을 떨어뜨리기도 합니다. 게다가 제품 디자이너들은 버튼의 개수를 줄여야 한다며 버튼 하나에 여러 개의 기능을 집어넣기도 합니다. 버튼을 누를 때마다 기능이 바뀌거나 하는 식이죠. 외관상 디자인은 깔끔해졌을지 모르지만 이용성 측면에서는 직관적이지 못한 것 같습니다.

이런 문제를 해결하기 위해서는 사용자의 명령을 기다리고 있는 컴퓨터에게 명령을 내리는 방식이 사용자 친화적이고 자연스러워야 합니다. 인간 컴퓨터 상호작용(HCI, human-computer interaction)이 아니라 인간 중심 상호작용(human-centered interaction)으로 바뀌어야 하는 것입니다. 컴퓨터를 컴퓨터로 인식하는 게 아니라 그냥 평소에 말하거나 행동하는 것처럼 하기만 하면 됩니다. 아이가 스마트폰이나 스마트 TV를 사용하며 컴퓨터라고 인식하지 않는 것처럼 말입니다. 대신 컴퓨터가 사용자의 의도를 이해하게 만들면 됩니다. 이것을 제대로만 할 수 있다면 사용자는 더 이상 기계로부터 당혹감을 느끼지 않게 될 것입니다.

인터페이스 기술의 진화

우리가 컴퓨팅 기기를 이용하기 위해 조작하는 마우스나 키보드, 터치스크린을 인터페이스 장치라고 합니다. 그리고 이런 인터페이스 수단을 이용해서 컴퓨팅 기기와 상호작용하는 것을 인간 컴퓨터 상호작용HCI) 혹은 인간 기계 상호작용(HMI, human-machine interaction)라고 합니다. HCI는 말 그대로 사람이 컴퓨터를 사용하는 방법에 대한 것이며 그 방법은 시간이 지남에 따라 꾸준히 변하고 발전해 오고 있습니다. 특히 최근 수년 동안 일반 제품이 컴퓨터화되면서 인터랙션 방법이 다양하게 진화하고 있습니다.

메인 프레임과 개인용 컴퓨터 시대에는 키보드와 마우스를 이용해서 컴퓨팅 기능을 이용할 수 있었습니다. 물론 해당 운영체제에서 사용하는 명령어와 자신이 원하는 작업을 구현하기 위한 프로그래밍 언어도 함께 알아야 했습니다. 컴퓨터는 프롬프트 화면에 입력되는 텍스트 기반의 명령어에 따라 지정된 작업을 수행했습니다. 따라서 해당 컴퓨터 운영체제나 프로그래밍 언어를 배운 사람들만 컴퓨터를 이용할 수 있었죠. 그러다 윈도우(Windows)라는 그래픽 기반의 개인용 컴퓨터 운영체제가 등장하면서 누구나 쉽게 컴퓨터를 사용할 수 있게 되었습니다.*

윈도우라는 운영체제는 그래픽 기반의 사용자 인터페이스(GUI, graphic user interface)로, 윈도우라고 하는 공간에 존재하는 아이콘을 마우스로 더블 클릭 해서 원하는 작업을 실행할 수 있게 바꾸었습니다. 따라서 사용자는 컴퓨터가 이해하는 명령어를 알지 못하더라도 원하는 컴퓨팅 작업을 수행할 수 있게 되었습니다. 이와 동시에 인터넷 브라우저에서 사용되기 시작한 하이퍼링크는 마우스로 링크를 클릭하는 것만으로 원하는 곳이라면 어디든지 데려다 주었습니다. 즉, 컴퓨터에 대한 지식이 거의 없는 사람도 어느 정도는 컴퓨터나 인터넷을 이용할 수 있게 된 것입니다.

그래픽 기반의 사용자 인터페이스 방식은 이후 스마트폰으로 이어집니다. 하지만 마우스를 이용해서 아이콘이나 링크를 클릭하는 대신 손가락으로 스마트폰의 화면을 터치하는 형태로 바뀌게 됩니다. 얼핏 보면 마우스나 손가락을 이용해서 아이콘이나 링크를 클릭하는 것이 동일해 보일 수 있지만 손가락의 경우 두 개 혹은 여러 개의 손가락을 이용하여 다양한 추가 기능을 이용하는 것도 가능하다는 점에서 다릅니다. 터치 기반의 인터페이스는 화면을 확대하거나 축소하는 것은 물론 화면을 스크롤하거나 다른 화면으로 전환하는 것도 가능하게 만들었습니다. 허공이 아닌 화면에다

* 일반인을 위한 윈도우는 1985년에 처음 출시되었지만 1992년 윈도우 3.1이 출시되면서 본격적으로 사용되기 시작했습니다.

한다는 점만 다르지 SF 영화처럼 손동작만으로 기기를 제어하고 명령을 수행할 수 있게 된 것입니다.

이후 2011년 10월에는 애플이 아이폰 4S에 음성 인식 기능인 시리를 탑재하면서 본격적으로 음성 기반의 사용자 인터페이스 방식이 사용되기 시작했습니다. 애플이 시리를 출시하자 이에 뒤질세라 구글도 2012년 6월에 구글 나우(Google Now)라는 음성 인식 서비스를 출시했습니다. 애플의 시리가 단순히 사용자의 명령에 대한 결과를 보여 주는 기능에 충실했던 반면 구글 나우는 사용자의 웹 검색 내역과 방문 기록, 사용자의 위치 정보 및 앱 사용 정보, 캘린더 일정, 이메일 내용 등 수집 가능한 모든 정보를 활용하면서 개인 비서로 활용할 수 있는 가능성까지 보여 줬습니다. 이후 2016년 6월에 구글 나우는 구글 어시스턴트(Google Assistant)로 이름을 바꾸며 양방향 대화 기능도 추가했습니다. 이를 통해 구글은 사용자와의 대화 내용까지 활용하여 고객을 이해하려 하고 있습니다.

아마존은 2014년 6월 파이어폰을 출시하며 스마트폰에 음성 인식 기술을 포함했습니다. 그러나 기대와 달리 파이어폰은 아마존에 1억 7,000만 달러의 어마어마한 적자를 안겨 주며 시장에서 퇴출되었는데, 다행스럽게도 이때 개발된 음성 인식 기술인 '알렉사'가 인공지능 스피커인 에코에 사용되며 지금은 효자 노릇을 톡톡히 하고 있습니다. 마이크로소프트도 2014년에 윈도폰 8.1의 업데이트를 공개하며 '코타나(Cortana)'를 공개했지만 좋은 반응을 얻지 못했습니다. 국내 기업 중에는 스마트폰 제조사인 삼성전자가 S보이스를, LG전자가 Q보이스를 출시한 바 있습니다. 이후 삼성전자는 S보이스를 '빅스비'로 바꾸어 사용하고 있으며 LG전자의 Q보이스는 스마트폰 사업의 중단과 함께 사라지게 되었습니다. 이 외에도 카카오나 네이버 등에서 자체 음성 인식 기술을 개발하여 웹서비스나 인공지능 스피커에 활용하고 있습니다.

스마트폰이나 인공지능 스피커, 더 나아가서 스마트 가전제품들이 사용자의 음성 명령을 이해할 수 있게 된 것은 인공지능 기술의 발달 덕분입니다. 처음에는 단순히 특정한 단어나 문장 정도만 인식했지만 이제는 긴 문장도 알아듣고 사투리까지 척척 알아들을 정도입니다. 학습해야 할 음성 데이터가 부족한 국내의 음성 인식 기술은 여전히 답답하게 느껴질 때가 있지만 애플이나 아마존과 같은 주요 음성 인식 기술은 사람이 다른 사람의 말을 알아듣는 수준인 96%를 훨씬 뛰어넘는 수준입니다. 최근에는 문맥까지 이해하여 연속적인 질문에 대답하기도 하고 심지어 사람들의 대화에 끼어들기까지 합니다. 또한 KT의 'AI 통화 비서'와 같은 솔루션들은 사람을 대신해서 고객을 상담하거나 예약을 받는 일도 수행하고 있습니다.

최근에는 사람들의 동작이나 뇌파 변화를 바탕으로 디바이스를 제어하는 방법도 연구되고 있습니다. 더 나아가서 여러 가지 인터페이스 방식을 함께 이용(multi-modal interface)해서 더욱 정교하게 디바이스의 동작이나 상태를 제어하기도 합니다. 또한 과거의 서비스 이용 내역이나 디바이스 제어 이력을 바탕으로 사용자가 의사를 표시하기 전에 먼저 알아서 디바이스를 제어하기도 합니다. 인터페이스 기술이 발달하면서 앰비언트 컴퓨팅의 환경 구축이 앞당겨지고 있습니다.

자연스러운 음성 대화

제 딸은 아빠인 저를 비서처럼 부려먹습니다. 말이 비서지 사실상 종이 더 맞는 말일 것입니다. 딸이 문제집을 풀면서 "아빠, 물 좀 주세요!"라고 하면 저는 즉시 시원한 물 한 컵을 대령합니다. 하지만 자신의 일을 하면서 퉁명스럽게 "아빠, 물!"이라고 하면 저는 못 들은 채 그냥 무시해 버립니다. 부탁하는 법도, 부모에게 말하는 방법도 잘못되었다고 생각하기 때문이죠. 그러면 딸은 다시금 저를 바라보며 손가락 하트와 함께 "물 조옴!"이라며 어울리지도 않는 애교를 떨기도 합니다. 이것이 사람 사이의 자연스러운 대화 혹은 부탁의 방식일 것입니다.

그렇다면 사람과 컴퓨터의 소통 방식은 어떻게 진화해야 할까요? 지금처럼 스마트폰을 이용해서 일일이 명령을 내리거나 인공지능 스피커를 이용해서 사람이 일방적으로 질문을 하거나 명령을 내리는 방식이 유지될까요? 저는 사람과 컴퓨터의 소통 방식도 사람들 사이의 소통 방식과 비슷하게 발전하리라 생각합니다. 즉, 지금처럼 말로 하는 방식이 더욱 정교해질 것이며 사람이 스피커에게 질문하거나 명령하는 형태를 넘어서 스피커가 사람에게 먼저 의견을 제시하거나 사람 사이의 대화에 자연스럽게 끼어들기도 할 것이라 생각합니다.

실제로 인공지능 스피커나 스마트 디스플레이를 가장 많이 보급하고 있는 아마존과 구글은 이와 관련된 다양한 기술을 개발하고 있습니다. 예를 들면 아마존은 이미 2018년에 사람의 목소리 톤이나 기침 소리 등을 인식하여 사용자의 정신적 또는 신체적 느낌을 식별하고 해당 정보를 기반으로 응답을 제공하는 기능을 특허로 출원하기도 했습니다. 아마존의 인공지능은 사용자가 어떤 말을 하려다 버벅거려도 제대로 알아듣습니다. 또한 평소 사용자가 관심 있어 하는 제품을 알려주기도 하고 음성으로 쉽게 구매할 수 있도록 유도하고 있습니다. 구글의 경우에는 대화 중에 생각하느라 잠시 말을 멈추거나 "어" 혹은 "음" 같은 말을 하더라도 자연스럽게 사람의 말을 알아듣습니다.

맥락을 이해한 상태에서 사용자의 연속적인 질문에 답할 수도 있습니다. 예를 들어 "《냉장고를 공짜로 드립니다》라는 책을 쓴 사람이 누구야?"라고 묻는다면 인공지능 스피커는 "김학용 IoT전략연구소 소장입니다."라고 답변을 합니다. 이어서 "그 사람이 쓴 다른 책들 알려 줘!"라고 질문을 하면 인공지능 스피커는 '그 사람'이 김학용이라는 것을 인식한 채 "《사물인터넷》과 《온리원》 등의 책이 있습니다."라고 답변하는 식입니다. 대화의 맥락을 이해함으로써 보다 더 자연스러운 대화가 가능하게 되는 것입니다. 아마존의 경우에는 대화 탐색(conversational explorations)이라는 기능도 제공하는데, 이를 통해 사용자가 어떤 질문을 하면 계속해서 그와 관련된 후속 질문을 하도록 유도하기도 합니다.

스마트 디스플레이에서는 조금 더 진화된 기능도 제공합니다. 인공지능 스피커와는 달리 호출어를 이용하지 않고 사람을 대하듯 스마트 디스플레이를 보고 질문(look and talk)을 하는 것입니다. 예를 들어 외출 후 집에 들어오면서 스마트 디스플레이를 보며 "에어컨 켜 줘!"라고 말하기만 하더라도 스마트 디스플레이는 에어컨을 켜 주게 됩니다. 이게 가능한 것은 대부분의 스마트 디스플레이에는 카메라가 내장되어 있기 때문입니다. 카메라로 사용자의 얼굴 방향, 시선 방향, 입의 모양 등을 통해 사용자의 의도를 파악한 후에 그에 대한 답변을 제공하는 것입니다. 구글의 경우 이런 정보 외에 음성 및 얼굴을 이용한 이용자 식별, 상황 인지, 의도 분류 등 실시간으로 100여 개의 신호를 처리한다고 합니다.

구글에 따르면 사용자와 컴퓨터가 자연스러운 대화를 하기 위해서는 스피커가 사람의 질문이나 명령에 0.2초 이내에 반응해야 한다고 합니다. 그런데 100여 개의 신호를 처리하고 사람의 질문과 명령을 이해하기 위해서 관련 정보를 클라우드에 있는 구글 서버로 보낸다면 이는 불가능할 것입니다. 그래서 구글은 최신 스마트폰에 사용되는 '텐서(tensor)'라는 신경망 프로세서를 스마트 디스플레이에도 이용하고 있습니다. 이 프로세서는 동시에 6개의 기계학습 모델을 사용함으로써 실시간 처리를 가능하게 하고, 로컬 처리로 사용자의 프라이버시까지 보호합니다.

아마존도 구글의 '보고 질문하기'와 비슷한 기능을 제공하고 있습니다. 바로 '알렉사 대화 모드(Alexa conversation mode)'인데, 이 모드를 활성화해 놓으면 굳이 '알렉사'라는 호출어를 말하지 않고도 알렉사와 대화를 할 수 있게 됩니다.* 예를 들면 가족끼리 주말에 〈범죄도시2〉와 〈탑건 매버릭〉 중에서 어떤 영화를 볼 것인지를 놓고 대화를 하다가 알렉사를 바라보며 "너는 어떤 영화가 좋을 것 같아?"라고 질문하면 그 질문이 자신에게 하는 것임을 인식하고 "가족 중에 미성년자가 있으니 탑건 매버릭을 보는 건 어때요."라고 답변을 해 주게 됩니다. 이 역시 '에코쇼 10'이라는 스마트 디스플레이에 내장된 AZ1이라는 뉴럴 프로세서가 사용자의 얼굴과 상황과 질문을 인식하고 실시간으로 대응할 수 있기 때문에 가능한 것입니다.

만약 이처럼 자연스러운 대화를 자주 하게 되면 어떻게 될까요? 가족이나 친한 친구끼리 눈빛만 봐도 속마음을 알 수 있는 것처럼, 인공지능 스피커도 사용자의 얼굴이나 동작만 보고서도 그 사람의 심리 상태를 파악하고 대응하는 것이 가능해지지 않을까 생각합니다. 기분이 좋은 것 같으면

---

* 아마존의 알렉사 대화 모드는 2018년 처음 소개된 구글의 '계속되는 대화(continued conversation)' 기능에 더 가깝습니다.

신나는 음악을 틀어 줄 수 있고 우울해 보인다면 조명을 차분한 색으로 바꿔 줄 수 있을 것입니다. 물론 "기분도 꿀꿀한데 쇼핑이나 하자!"라고 속내를 드러내면 안 되겠죠?

대부분의 인공지능 스피커는 "오늘 날씨 어때?"라든가 "거실 형광등 켜!"와 같은 짧고 단순한 명령에만 대응합니다. 하지만 GPT-3와 구글의 MUM처럼 최근 개발되고 있는 '대규모 언어 모델(LLM, large language model)'은 보다 완곡한 표현 뒤에 숨어 있는 의도까지 분석하고 이해할 수 있습니다. 예를 들어 구글이 개발하고 있는 대규모 언어 모델이 적용된 로봇에게 "나 물을 쏟았어. 좀 도와줄래?"라고 말하면 로봇은 이 말을 "부엌에서 행주 좀 가져다 줄래?"로 해석하는 것입니다.

이런 개념은 그대로 영상이나 소리 인식으로 확대되어 적용될 수 있습니다. 즉, 로봇에 내장된 카메라로 물컵이 쓰러지는 장면을 인식했다면 물을 닦을 수 있는 무엇인가를 가져다 물을 닦아야겠다고 판단하는 것입니다. 만약, 싱크대에서 물이 계속해서 졸졸 흐르는 소리가 나온다면 수도꼭지를 잠가야겠다는 판단을 하고 수도꼭지를 잠그거나 사람에게 그 사실을 알려줄 수도 있습니다. 이런 기능은 이미 아마존의 가드(Guard) 서비스에 적용되고 있습니다.

멀티 에이전트와 멀티 링구얼

음성 인터페이스와 관련하여 또 하나 중요한 부분은 여러 개의 음성 비서를 사용하는 경우입니다. 여러 개의 음성 비서는 서로 다른 음성 에이전트를 지원하는 여러 개의 스피커를 이용하거나 여러 개의 음성 인식 에이전트를 지원하는 하나의 스피커를 통해 사용할 수 있습니다. 이런 경우에도 각각 고유한 문제가 발생할 수 있는데, 하나씩 살펴보도록 하겠습니다.

먼저 하나의 스피커에서 여려 개의 음성 인식 에이전트를 지원하는 경우부터 살펴보죠. 하나의 스피커에서 여러 개의 음성 인식 에이전트를 지원하는 것을 '멀티 에이전트(multi-agent)'라고 하는데, 음성 에이전트는 동시에 하나밖에 작동할 수 없으므로 디바이스 설정이나 호출어를 통해 자신이 사용하고자 하는 음성 인식 에이전트를 선택합니다. 일반적으로는 호출어를 이용하는 편인데, 알렉사와 시리를 동시에 지원하는 스피커의 경우 "알렉사"로 시작하면 알렉사가 응답하고 "시리야"로 시작하면 시리가 응답을 하게 됩니다.

멀티 에이전트는 하나의 인공지능 스피커에서 서로 다른 두 개의 언어를 동시에 지원할 때 유용하게 이용됩니다. 즉, 우리말을 지원하는 에이전트와 영어를 지원하는 에이전트를 함께 이용하는 것입니다. 예를 들면 SK텔레콤의 신형 인공지능 스피커에서는 우리말을 사용하고자 할 때는 '아리아'라는 호출어를 이용하면 되고, 영어를 사용하고자 할 때는 '알렉사'를 이용하면 됩니다. 이처럼 하나의 스피커에서 서로 다른 두 개의 언어를 지원하는 것을 '멀티 링구얼(multi-lingual)'이라고도 하는데, SK텔레콤의 제품처럼 서로 다른 호출어를 이용하여 서로 다른 에이전트를 사용할 수도 있지만 구글의 구글 어시스턴트처럼 동일한 호출어를 사용하는 하나의 음성 인식 에이전트가 동시에 여러 개의 언어를 지원할 수도 있습니다. 예를 들면 "오케이 구글, 몇 시야?"라고 질문하면 "현재 시간은 오후 5시 13분입니다."라고 대답하며, "Ok google, what time is it?"이라고 질문하면 "It's Five Thirteen PM."이라고 대답하는 식입니다. 구글 어시스턴트의 경우 2022년 8월 현재 19개 국가의 45개 언어를 지원하지만 한 번에 2개의 언어만 사용할 수 있습니다.

하나의 스피커든 여러 개의 스피커든 서로 다른 음성 인식 에이전트를 이용하는 경우 전혀 생각지도 못한 일이 발생할 수 있습니다. 그중 하나가 특정 에이전트에 의해 제공되는 서비스는 해당 에이전트를 이용해서만 중단이 가능하다는 것입니다. 저의 경우 7개의 음성 인식 에이전트를 동시에 이용하고 있는데, 카카오미니를 이용해서 음악을 틀었다면 카카오미니를 통해서만 음악을 끌 수 있습니다. 만약 다른 에이전트에게 음악을 끄라고 한다면 대부분의 경우 자신과는 상관없는 명령어라 판단하며 무시할 것입니다. 그러나 사용자 관점에서는 어떤 음성 비서를 이용하더라도 서비스를 제어하는 것이 바람직할 것입니다. 특히 제가 음악을 켜 놓고 자리를 비웠

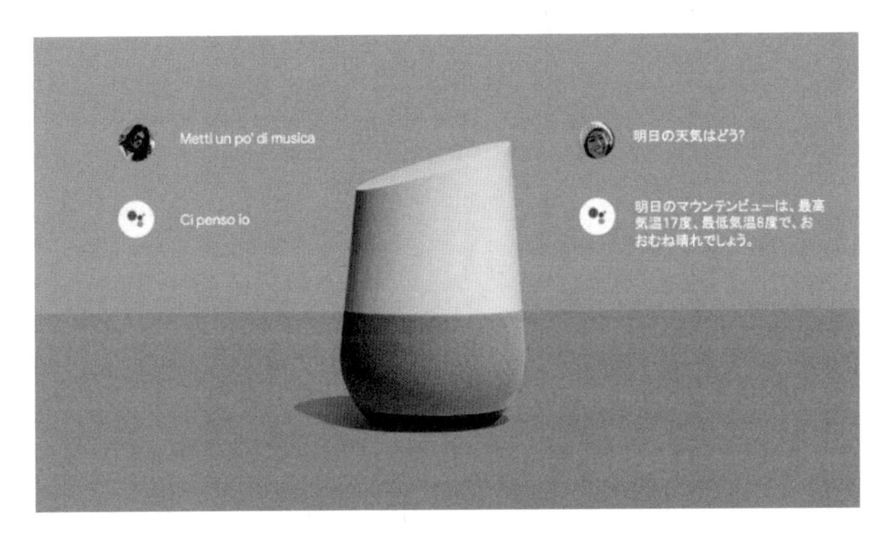

그림 14*. 구글의 인공지능 스피커는 동시에 2개의 언어를 사용할 수 있음

는데 다른 가족이 음악을 꺼야 하는 상황이라면 더욱 그럴 것입니다.

이처럼 하나의 스피커에서 여러 개의 음성 비서를 이용하게 하거나 음악을 끄는 것처럼 특정한 기능에 대해서는 어떤 음성 비서에게든 명령할 수 있게 허용하는 기능(UDC, universal device commands), 그리고 특정 음성 비서가 수행할 수 없는 작업을 요청받은 경우 동일한 장치에 있는 다른 음성 비서에게 명령을 전달(agent transfer)하는 기능 등에 대한 문제는, 음성 인터페이스가 보편화되기 위해서 반드시 해결되어야 할 일일 것입니다. 아마존은 일찍부터 이런 문제의식을 가졌고 관련된 기업들과 함께 2019년 9월부터 음성 상호운용성 이니셔티브(VII, voice interoperability initiative)를 운영 중

* 출처: Google Research, <ai.googleblog.com/2018/08/Multilingual-Google-Assistant.html>

에 있습니다. 하지만 아쉽게도 2022년 8월 현재 구글과 애플은 참여하지 않은 상태입니다.

앰비언트 컴퓨팅은 커다란 비전이므로 어느 특정한 기업의 솔루션만으로는 완성될 수 없습니다. 따라서 다양한 기업의 서비스와 솔루션과 인터페이스 방식이 서로 연결되고 유기적으로 작동할 수 있어야 합니다. 실제로 아마존 알렉사를 이용한 상호 작용의 20% 이상이 타사 기술과 상호작용한다고 합니다. 이런 상황에서 최근에는 가전 제조업체, 자동차 제조업체, 호텔이나 디즈니 같은 레저 시설에서도 고객에게 제공하는 서비스와 경험에 알렉사를 통합하면서 그 비중은 더 커질 것으로 예상됩니다. 이런 상황에서 어느 특정 기업의 기술만으로 앰비언트 컴퓨팅을 구현한다는 것은 불가능할 것입니다. 이런 문제를 해결하고자 하는 노력 중의 하나가 '매터'라고 하는 개방형 스마트홈 연동 표준이며, VII와 같은 음성 상호운용성을 지원하려는 노력일 것입니다.

가속화되는 인터페이스 장치의 보급

시장조사 기관인 옴디아에 따르면 2021년까지 전세계적으로 설치되어 사용되는 인공지능 스피커의 개수가 5억 대를 넘어섰다고 합니다. 이 수치는 2022년 7.2억 대를 넘어 2023년에는 9.6억 대에 달할 것으로 전망됩니다. 수치에 있어 다소간의 편차는 있지만 이런 추세는 스태티스타 등 다른 시장조사 기관의 자료에서도 비슷하게 나타나고 있습니다. 또한 카운터포인트 리서치의 전망에 따르면 스마트 스피커의 출하량은 2025년까지 연평균 21%로 증가할 것으로 보입니다.

이처럼 인공지능 스피커의 보급이 빠르게 이루어지는 이유는 앰비언트 컴퓨팅에 진심인 아마존과 구글이 적극적으로 나서고 있기 때문입니다. 아마존의 경우 벽걸이형 스피커, 스마트 플러그 일체형 스피커, 어린이용 스피커, 로봇형 스피커 등 다양한 형태의 인공지능 스피커를 출시할 뿐만 아니라 50달러짜리 에코닷(Echo Dot)과 같은 보급형 제품을 활용해 앰비언트 환경을 빠르게 구축해 나가고 있습니다. 또한 3개 혹은 6개의 에코닷을 패키지로 묶어서 판매하기도 했으며 프라임데이나 블랙프라이데이에는 최대 60%나 할인된 20달러 초반대의 가격에 판매하기도 했습니다.

이뿐만 아니라 아마존은 다른 디바이스 제조사들이 알렉사를 쉽게 가져다 쓸 수 있도록 AVS(Alexa Voice Service) 소프트웨어 개발 키트(SDK)나 ASK(Alexa Skill Kit)를 제공하고 있으며 음성 명령을 바탕으로 자신들의 디바이스를 제어할 수 있도록 하는 ACK(Alexa Connect Kit)라는 모듈도 함께 판매하고 있습니다. 또한 Alexa Auto SDK와 ACA(Alexa Custom Assistant)를 제공함으로써 자동차 제조사들이나 개별 기업이 자사만의 음성 비서를 만들어서 사용할 수 있게 지원하고 있습니다. 그 결과 아마존은 미국 스마트 스피커 판매량의 65%에 달하는 점유율을 확보하게 되었습니다.

이런 모습은 구글이나 애플도 비슷합니다. 구글은 고급형 스피커 외에도 보급형 스마트 스피커 및 스마트 스피커에 디스플레이가 탑재된 네스트 허브와 같은 장치도 저렴한 가격에 판매하고 있습니다. 유튜브 프리미엄 서비스 1년 구독자에게 스피커를 무상으로 제공한 적도 있으며, 특정 가전 제조사와 공동으로 판촉 마케팅을 벌이기도 했죠. 반면 뒤늦게 인공지능 스피커를 출시했던 애플은 처음에는 프리미엄급 스마트 스피커만 출시했다가 시장에서 참패를 했습니다. 시장 점유율이 1~2%에 머물자 2021년이 되어서야 100달러 수준의 보급형 홈팟 미니(HomePod Mini)를 출시하며 빠른 속도로 미국 시장에서 점유율을 높여 가고 있습니다.

이런 모습은 우리 기업들에서도 비슷하게 나타나고 있습니다. 국내에서 가장 먼저 인공지능 스피커를 출시한 SK텔레콤의 경우, 초기 가입자를 확보하기 위해 무려 70% 할인된 가격에 제품을 판매하기도 했습니다. 반면에 자체 스트리밍 음악 서비스를 제공하는 네이버나 카카오는 스트리밍 음악 1년 구독 서비스와 결합하여 할인판매를 진행했습니다. 삼성전자의 경우 2020년 초에 출시된 갤럭시S20 구매자에게 사은품으로 인공지능 스피커를 제공하거나 같은 해 10월에 개최한 코리아세일페스타에서 자사의 주방 가전제품을 구매한 고객에게 경품으로 제공하기도 했습니다.

앰비언트 인텔리전스가 사용자를 학습하기 위해서는 인공지능 스피커 외에도 다양한 센서를 탑재한 장치도 다수 보급되어야 합니다. 센서의 경우 체온이나 맥박 등 사용자와 직접적으로 관련된 정보를 수집할 수 있으며, 방의 온도, 미세먼지 수치, 문의 여닫힘 상태 등 사용자 주변의 환경 정보를 수집할 수도 있습니다. 일반적으로 사용자와 직접적으로 관련된 정보는 주로 스마트밴드나 스마트워치와 같은 웨어러블 장치를 통해 수집하지만 스마트 체중계나 스마트 체온계처럼 이따금 이용하는 장치를 통해서도 수집할 수 있습니다. 반면 사용자 주변의 환경 정보는 움직임 감지 센서, 문열림 센서, 온습도 센서, 다양한 종류의 가스를 측정하는 센서 등 전용 센서 장치를 이용하게 됩니다. 물론 공기청정기나 인공지능 스피커에 내장된 센서들을 이용할 수도 있습니다.

생각만으로도 모든 게 가능해지는 세상

음성 인식과 더불어 최근에 주목받는 인터페이스 방식은 동작을 이용하는 것입니다. 동작을 이용하는 인터페이스 장치 중에서는 2010년 마이크로소프트가 출시한 키넥트(Kinect)와 닌텐도 스위치의 컨트롤러 등 게임용 제어기가 대표적입니다. 최근에 많이 사용하는 오큘러스 퀘스트의 경우 센서 정보를 이용하기도 하며 컨트롤러를 바닥 혹은 안 보이는 곳에 놓으면 손의 모양을 인식해서 서비스를 이용할 수 있습니다. 이 외에도 싱글

큐(Singlecue)나 최근에 출시된 신형 홈 CCTV 등에서는 내장된 카메라가 동작을 인식하여 해당 동작에 대해 설정된 기능이나 디바이스를 제어하게 됩니다. 게다가 인공지능 기술의 발달로 손동작뿐만 아니라 연속적인 동작을 인식하는 것도 가능하기 때문에 마치 수어(手語)를 이용하는 것처럼 동작으로 모든 것을 표현하는 것이 가능해지고 있습니다.

호흡 패턴을 이용하여 기계와 인간이 소통하는 방법도 개발 중에 있습니다. 미국 오하이오 주에 있는 케이스 웨스턴 리저브 대학교(Case Western Reserve University)의 소프트 기계 및 전자 연구실에서 개발하고 있는 이 기술은 코에 클립 형태의 제품을 부착하여 사람의 호흡을 감지합니다. 코 클립에 내장된 마찰전기 나노발전기(TENG, triboelectric nanogenerator)를 이용하여 호흡 패턴을 감지하는데, 호흡 패턴에 따라 지정된 스마트 장치를 제어하는 방식입니다. 호흡 패턴을 다양하게 하는 것에 한계가 있기 때문에 사용에는 제한이 있겠지만 터치 또는 음성으로 IoT 장치를 제어할 수 없는 사람들에게는 유용할 것 같습니다.

뇌파를 이용하는 제품 중에는 MIT의 미디어랩에서 개발 중인 '알터에고(Alterego)'라는 웨어러블 장치가 있습니다. 미국의 타임지(Time)가 2020년 최고의 혁신으로 선정한 이 제품은 얼굴과 턱 근육의 미세한 전기 신호를 읽은 뒤 인공지능으로 생각을 분석 및 해독하여 텍스트 및 음성으로 변환합니다. 따라서 키보드를 이용하거나 터치 스크린을 이용하지 않고도 컴퓨팅 서비스를 이용하는 것을 가능하게 합니다. 아직까지는 인식 정확도가 92%로 만족스럽지는 않은 수준이지만 다발성 경화증 및 ALS 환자가 의사소통하는 데는 큰 도움이 될 것으로 기대됩니다.

뇌파를 이용한 인간과 기계의 커뮤니케이션에 깊은 관심을 가지고 있는 기업 중의 하나는 테슬라의 일론 머스크가 소유하고 있는 뉴럴링크(Neuralink)입니다. 이 회사는 뇌파를 이용해 마비가 있는 사람들로 하여금 컴퓨터를 제어할 수 있게 하는 뇌-기계 인터페이스(BMI) 기술을 개발하고 있습니다. 이미 원숭이 실험을 통해 생각만으로 벽돌깨기나 탁구 같은 비디오 게임을 제어할 수 있다는 것을 보이기도 했습니다. 일론 머스크는 장기적으로 이 기술을 휴머노이드인 테슬라봇에 적용하는 것을 생각하고 있는 것 같습니다. 즉, 환자가 생각만으로 휴머노이드 로봇과 소통하며 의료서비스는 물론 다양한 도움을 받을 수 있도록 하는 것입니다.

뇌파를 이용하여 무엇인가를 제어하는 것은 자동차 회사 입장에서도 중요한 연구 분야입니다. 테슬라의 관계사인 뉴럴링크는 말할 것도 없고 벤츠나 닛산 같은 기업들도 관련 연구를 진행 중에 있습니다. 벤츠는 2021년 독일 뮌헨에서 열린 〈IAA Mobility 2021〉에서 뇌파로 제어가 가능한 미래형 콘셉트카를 소개했습니다. 운전자는 머리 뒤쪽에 부착된 BCI 장치를 착용한 후 미리 정의된 여러 작동을 제어해 볼 수 있습니다. 생각으로 모든 것이 제어되기 때문에 이 차량은 내부에 운전대나 버튼 혹은 다이얼 같은 것들이 없습니다. 사용자에게 정보를 제공하기 위한 디스플레이가 존재할 뿐입니다. 하지만 이 기술 역시 초기 단계에 있어서 본격적으로 상용화하는 데는 많은 시간이 필요할 것으로 보입니다.

사용자 인식 방법의 진화

2017년 1월 초, 미국 텍사스주 댈러스에 사는 브룩 나이츨(Brooke Neitzel)이라는 6살 소녀의 집에 커다란 택배 상자가 하나 도착했습니다. 그 안에는 4파운드짜리 설탕 쿠키와 키즈크래프트사의 대형 인형의 집이 들어 있었습니다. 소녀의 엄마는 주문도 하지 않은 택배가 도착한 것에 대해 고개를 갸우뚱했습니다. 그 순간 소녀가 천진난만하게 "그거 제가 알렉사를 통해 주문한 거에요."라고 말했습니다. 평소 필요한 물건을 인공지능 스피커를 이용해 음성으로 주문하던 엄마의 모습을 보고 따라했던 것입니다. 뭐 그럴 수도 있겠다는 생각도 들었지만 이렇게 누구나 음성 명령으로 주문을 할 수 있게 된다면 악용될 가능성도 크겠다는 생각이 들었습니다. 그래서 엄마는 이 사실을 지역 방송국에 알렸습니다.

진짜 사건은 그 다음에 일어납니다. 며칠 후 샌디에이고 CW6 TV의 아침 뉴스에서 이 해프닝이 보도되었는데, 뉴스가 끝나갈 즈음 남성 앵커가 "알렉사, 인형의 집 하나 주문해 줘!"라고 말했습니다. 그러자 그 뉴스를 틀어 놓고 있었던 집에 있던 수백 대의 아마존 에코가 동시에 인형의 집을 주문한 것입니다. 난데없이 인형의 집이 주문된 것을 알게 된 사람들은 뒤늦게 주문을 취소하는 소동을 벌였고, 결국 아마존은 인형의 집 주문을 일괄 취소합니다. 그리고 이런 문제가 재발하지 않도록 인공지능 스피커에 사용자 인증 기능을 추가하게 됩니다.

인공지능 스피커에서 이런 일이 발생한 이유는 컴퓨터나 스마트폰에서처럼 사용자를 인증하는 것이 쉽지 않기 때문입니다. 스마트폰의 경우 터치 스크린이 있어서 비밀번호나 패턴을 이용해서 잠금 화면을 해제하거나 개별적인 서비스를 이용할 때마다 ID와 PW를 입력하는 식으로 사용자를 인증할 수 있지만 앰비언트 컴퓨팅 장치들은 그렇지 않기 때문입니다. 최근에는 지문이나 홍채, 얼굴과 같은 생체 정보를 이용해서 사용자를 인증하고 잠금을 해제하기도 합니다. 하지만 서비스를 이용할 때마다 의식적으로 사용자 인증을 하는 것은 앰비언트 컴퓨팅의 속성에 부합하지 않습니다. 따라서 자연스러운 사용자 인증 방식이 필요합니다.

그렇다면 인공지능 스피커에서는 어떤 방식으로 사용자를 인증할 수 있을까요? 바로 목소리입니다. 사람의 목소리도 지문이나 홍채처럼 사람마다 서로 다른 패턴을 띠고 있으므로, 그 정보를 이용하는 것입니다. 즉, 처음 인공지능 스피커를 설치할 때 특정한 문구를 말하도록 함으로써 사용자의 목소리 패턴(聲紋)을 확보한 후 이 정보를 디바이스의 안전한 공간에 저장해 놓습니다. 그리고 음성 쇼핑이나 일정 확인 등 사용자 인증이 필요한 음성 명령이 인식될 때마다 이 정보와 비교해서 사용자를 인식하고 인증합니다. 스피커 제조사마다 부르는 명칭은 다르지만 이를 보이스 프로필(Voice Profile) 혹은 보이스 아이디(Voice ID)라고 부릅니다.

인공지능 스피커와 달리 스마트 디스플레이나 홈서비스 로봇처럼 최근에 출시되는 장치들은 카메라를 내장하는 경우가 많습니다. 카메라의 경우 보안이나 프라이버시 이슈가 있어서 그동안은 카메라를 사용할 때만 셔터를 열고 사용하도록 하는 것이 일반적이었습니다. 하지만 사용자 맞춤형 서비스를 제공하거나 집안 모니터링 등의 서비스를 위해 항상 카메라를 열어 놓고 사용하는 사람도 많아지고 있습니다. 이런 경우 스마트폰처럼 사용자의 얼굴을 인식함으로써 사용자를 확인하고 맞춤형 서비스를 제공하는 것이 가능합니다. 비주얼 아이디(Visual ID) 혹은 페이스 아이디(Face ID)라 불리는 이런 얼굴 인식 기능은 단순히 사용자를 인증하는 것뿐만 아니라, 서비스 전달 대상을 찾기 위해서도 필수적입니다. 아마존의 홈서비스 로봇인 아스트로의 경우 몸통 뒤에 있는 트렁크에 음료나 작은 물건을 담아 다른 가족에게 전달하는 기능도 포함하고 있는데, 가족들의 얼굴을 모두 등록해 놓지 않는다면 해당 서비스를 이용하는 것이 불가능할 것입니다. 재밌는 것은 서비스 로봇의 경우 옆모습만으로도 사용자를 인식할 수 있어야 하므로 사용자 등록 시 머그샷을 찍듯 세 장의 사진을 찍어서 등록해야 한다는 사실입니다.

음성이든 얼굴이든 사용자를 인식한다는 점에서 두 가지는 비슷한 기능을 수행합니다. 그러나 앰비언트 특성, 즉 선제적으로 사용자를 인지하고 서비스를 제공한다는 관점에서는 커다란 차이가 있습니다. 사용자 관점에서 음성 인식은 능동적인데 비해 얼굴 인식은 수동적이기 때문입니다. 즉, 음성 인식의 경우 사용자가 호출어와 함께 뭔가 필요한 것을 말하면 사용자를 확인하고 요청된 서비스를 수행하게 됩니다. 반면에 얼굴 인식의 경우 호출어도 필요 없고 사용자가 먼저 요청하지 않아도 사용자에게 필요하거나 도움이 된다고 생각되는 정보나 서비스가 자동으로 제공합니다. 따라서 더 고도화된 앰비언트 서비스를 제공하고자 한다면 얼굴 인식 등 자연스러운 사용자 인증 방식을 이용해야 할 것입니다.

인공지능 스피커나 스마트 카메라, 스마트 도어록처럼 비교적 크기가 크고 마이크나 카메라 같은 비접촉 사용자 인증 수단이 있는 장치들은 위와 같은 방식으로 사용자를 인식하고 인증하는 것이 가능합니다. 하지만 그렇지 않은 장치들은 어떻게 사용자를 인식할 수 있을까요? 방법은 간단합니다. 바로 사용자의 스마트폰이나 스마트워치처럼 이미 인증된 제품에 저장된 인증 정보를 이용하는 것입니다. 이런 제품은 항상 사용자와 함께 움직인다고 여겨지기 때문에 이들을 이용하여 간접적으로 사용자를 인증하게 됩니다. 개별 스마트 장치는 블루투스 혹은 저전력 블루투스 통신을 이용해서 스마트폰에 인증 정보를 요청하게 되는데, 초기에는 이런 제품의 고유한 장치(MAC) 번호를 이용했으나 최근에는 이런 장치에 내장된 인증서 정보를 이용합니다. 즉, 스마트 디바이스를 인터넷에 연결하고 스마트홈 플랫폼에 등록하는 과정에서 스마트폰에 저장된 인증서와 관련된 인증키를 해당 디바이스 혹은 클라우드에 저장한 후 이용합니다. 이것만으로도 충분히 안전하게 사용자를 인증하는 것이 가능하지만 최근에는 '다중장치 FIDO 자격증명(multi-device FIDO credentials)' 혹은 '패스키(passkey)'처럼 사용자의 생체 정보까지 함께 이용할 수 있도록 함으로써 편리성과 함께 안전성을 제고하고 있습니다.

디바이스가 사용자를 인식할 수 있게 되면 크게 두 가지가 달라집니다. 하나는 서비스 권한을 제한할 수 있게 됩니다. 즉, 6살 소녀처럼 아이들이 음성 쇼핑이나 유해한 콘텐츠에의 접근하는 것을 차단할 수 있게 됩니다. 또 다른 변화는 사용자 맞춤형 서비스를 제공하는 것이 가능해집니다. 예를 들어 "알렉사, 최근에 들었던 노래 들려줘!"라는 동일한 음성 명령에 대해서도 딸에게는 BTS의 노래를 틀어 주고 아빠에게는 송가인이나 양지은의 노래를 틀어 주게 됩니다. 이는 음악 같은 콘텐츠 서비스뿐만 아니라 스케줄, 쇼핑 등 다양한 분야에서 개인화되고 맞춤화된 서비스를 가능하게 해 줍니다. 따라서 최근 기업들은 하나의 스피커에 여러 사용자 계정을 등록해서 이용할 수 있도록 하고 있습니다.

위치를 알아야 서비스가 보인다

저는 사물인터넷과 관련된 일을 하다 보니 동일한 유형의 제품일지라도 여러 브랜드의 제품을 이용하며 비교해 보기도 하고, 동일한 브랜드의 다른 버전 제품을 이용해 보기도 합니다. 그러다 보면 생각지도 못했던 일을 자주 경험하게 되는데, 그중 하나가 동일한 음성 명령에 대해 여러 대의 인공지능 스피커가 반응하는 것입니다. 예를 들어 "헤이 카카오, 블랙핑크 노래 틀어 줘!"라고 말하면 거실에 있는 스피커와 제 방에 있는 스피커에서 동시에 노래가 나옵니다. 어떨 때는 약간의 시차를 두고 노래가 나오기도 합니다. 노래가 두 군데서 나오는 거는 그나마 그러려니 하겠는데, 만약 피자를 한 판 주문했는데 두 개의 스피커가 각자 인식해서 똑같은 피자가 두 판 배달된다면 이건 문제가 될 것 같습니다.

이 문제는 인공지능 스피커가 단순히 사용자만 인식함으로써 발생하는 문제입니다. 즉, 사용자의 음성 명령을 인식한 두 대의 스피커가 '이 사람은 음성 쇼핑 권한이 있으니까 피자를 주문한다.'고 판단하는 것입니다. 하지만 상식적으로 이는 잘못된 프로세스임에 틀림없습니다. 이런 문제를 해결하기 위해서 아마존은 ESP(Echo spatial perception)이라는 기능을 제공합니다. 에코 공간 인식이라는 이 기능은 특정한 사용자 계정에 연결되어 있는 여러 스피커가 동일한 음성 명령을 인식했을 때 가장 가까이에 있는 스피커 하나만 반응하도록 하는 것입니다. 사용자가 가까이 있다는 것은 스피커가 인식한 사용자 목소리의 크기로 결정하게 됩니다. 일반적으로는 오류 없이 잘 작동하지만 어떨 때는 조금 더 멀리 있는 스피커가 반응을 보이기도 합니다. 하지만 한 대의 스피커만 반응을 보이기 때문에 동일한 명령을 이중으로 실행하는 문제는 더 이상 발생하지 않게 됩니다.

존재 정보는 서비스의 제공 및 연속성 측면에서 사용자의 위치 못지않게 중요합니다. 예를 들어 가족이 모두 외출한 경우를 가정해 봅시다. 가족이 모두 외출했는데 보일러가 켜져 있거나 불필요한 조명이 켜져 있다면 어떻게 해야 할까요? 앰비언트 서비스라면 불필요하게 작동하고 있는 제품들의 전원을 끄거나 대기 모드로 전환시킬 가능성이 큽니다. 반면에 가족이 모두 외출한 틈을 이용해서 로봇 청소기는 청소를 시작할 수도 있고 보안 시스템은 집안에서 발생하는 움직임이나 이상한 소리를 감지하기 위해 노력할 것입니다. 이처럼 서비스 제공을 위해서 사용자의 위치 정보는 필수적입니다.

위치 정보는 사용자 인증 정보와 더불어 보안을 강화하는 목적으로도 이용될 수 있습니다. 가족이 모두 외출한 상태에서 가족 중의 한 명이 집에 돌아온 모양입니다. 디지털 도어록이 아빠 스마트폰이 전송하는 제품의 고유 정보를 수신한 것입니다. 일반적인 상황에서는 아빠임이 확인되었기 때문에 도어록이 열리고 아빠가 집에 들어오는 것이 정상적이겠지만 제대로 된 앰비언트 서비스라면 진짜 아빠인지 재차 확인할 가능성이 높습니다.

평소 아빠가 집에 오는 것과 다른 시간대에 아빠가 귀가를 했기 때문입니다. 이런 경우 도어록은 아빠 스마트폰에 GPS 정보를 요청하거나 생체 정보 인증을 하도록 요청할 수도 있을 것입니다.

이 외에 아주 정확한 위치 정보를 필요로 하는 경우도 있습니다. 저는 리모컨을 찾을 때 "지니야, 리모컨 찾아줘!"라고 말을 합니다. 그러면 리모컨에서 멜로디가 나와 리모컨을 찾게 됩니다. 하지만 이처럼 소리를 낼 수 없는 것들은 어떻게 찾을 수 있을까요? 그 방법 중의 하나가 거리와 방향을 정확하게 인식할 수 있는 UWB 태그를 리모컨이나 열쇠고리 혹은 지갑 등에 부착하는 것입니다. 그러면 아이폰의 '나의 찾기(find my)'나 갤럭시의 '스마트 싱스 파인드' 같은 위치 추적 앱을 이용해서 UWB 태그의 위치를 센티미터 수준의 정확도로 찾을 수 있습니다.

스마트폰이나 태그에 들어가는 UWB 칩셋은 다양한 스마트 디바이스에 사용되어 위치 정보를 바탕으로 다양하게 활용될 수 있습니다. 예를 들면 자동차에 아주 가까워지면 자동차 문의 잠금을 해지하고, 차에 앉으면 자동으로 시동이 걸리게 하는 게 가능할 것입니다. 이미 주요 자동차 회사들은 UWB를 이용한 스마트 차키 기능을 제공하고 있고 애플의 경우 홈키 기능을 이용해서 자동차나 스마트 도어록을 자동으로 열고 닫을 수 있습니다. 샤오미의 경우에는 스마트폰을 UWB 칩셋이 탑재된 제품 방향으로 하는 것만으로도 제품의 전원이나 작동을 제어할 수 있는 'point to connect'

인터랙션 방법을 제공하고 있으며 플루이드(Fluid)라는 회사도 샤오미와 비슷한 'point-to-click' 기술을 제공하고 있습니다.

이와 관련해서 구글의 ATAP도 비언어적 방식으로 컴퓨터와 상호작용을 하는 방법에 대한 연구(Interaction studies)를 수행하고 있습니다. 즉, 사람의 위치나 동작 등을 바탕으로 사용자가 다음에 행할 상호작용이나 상호작용의 순서를 결정하는 것이 가능합니다. 예를 들면 현관문을 열고 들어오는 것이나 인공지능 스피커 혹은 디스플레이 앞에 다가오는 것이 어떤 의미가 있고 그다음에 어떤 행동을 취하려 하는 것인지를 암시할 수 있다는 뜻입니다. 그래서 ATAP은 이를 위해서 근접성, 방향, 경로라는 3가지 차원의 움직임을 식별할 수 있는 컴퓨팅을 위한 공간 인식 시스템을 만드는 것이 중요하다고 생각하고 있습니다. 근접성은 말 그대로 사용자와 장치 사이의 거리를, 방향은 장치에 대한 신체 또는 머리의 각도를, 경로는 공간에서 가질 수 있는 특정 궤적을 말합니다. 이를 바탕으로 사용자가 다음에 행할 상호작용이나 그 순서를 결정하는 것이 가능합니다.

구글은 이와 관련된 연구를 진행하며 우리가 서로 의사소통하는 자연스러운 방식에서 영감을 얻어 기본적인 상호작용 요소 세트를 만들었습니다. 이에는 어떤 디바이스에 접근하거나 멀어지는 것(approaching and leaving), 어떤 디바이스를 향해 혹은 반대로 방향을 트는 것(turning toward and away), 어떤 디바이스를 지나치는 것(passing by), 그리고 어떤 디바이스를 응시하는 것

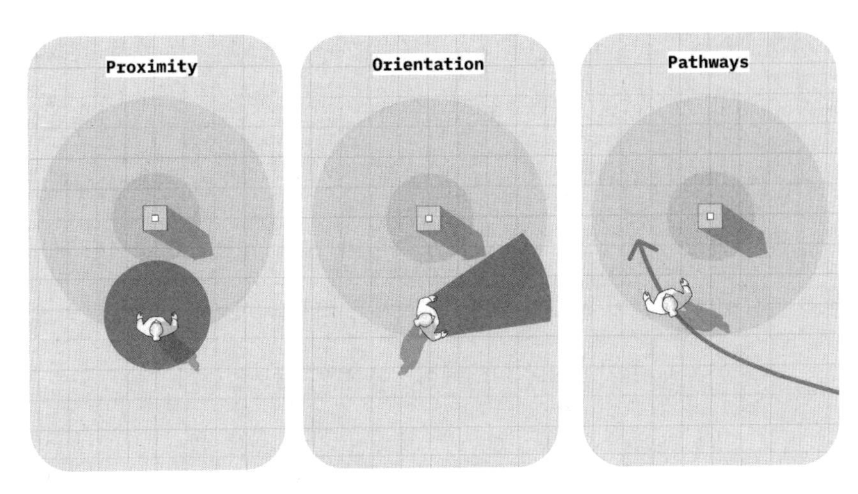

그림 15*. 구글의 ATAP이 말하는 3가지 유형의 움직임 패턴

(glancing over at)이 해당합니다. 구글은 이를 바탕으로 제품 및 경험에 대한 새로운 사용 사례를 재구성하고 발전시키는 데 사용할 예정입니다. 이를 통해 기술이 배경으로 물러나고 사용자의 콘텍스트를 이해하며 필요할 때만 전면에 나오는 앰비언트의 미래에 더 가까이 갈 것으로 기대하고 있습니다.

제로 클릭 경제

이처럼 터치 스크린에서 벗어나 음성이나 동작 혹은 더 나아가서 호흡이나 생각처럼 보다 자연스러운 방식으로 주변 장치와 인터페이스 하는 것

* 출처: Google ATAP, <twitter.com/GoogleATAP>

을 제로 UI라고 합니다. 인터페이스를 하는 데 아무런 노력도 필요하지 않다는 의미일 것입니다. 제로 UI라는 용어는 2015년 6월 샌프란시스코에서 개최된 SOLID 컨퍼런스에서 앤디 굿맨(Andy Goodman)이 처음 소개했습니다. 하지만 이 개념은 새로운 것은 아닙니다. 앞에서 살펴본 것처럼 제로 UI의 개념이 등장하기 전부터 음성 인식 가상 비서나 마이크로소프트의 키넥트 등을 이용해서 컴퓨터와 인터페이스를 했기 때문입니다.

제로 UI의 개념이 서비스 분야에 적용된 것을 제로 에포트(Zero Effort)라고 합니다. 제로 에포트는 미국의 인터넷 쇼핑몰 사업자인 이베이(eBay)가 처음 만든 개념인데, 아무런 노력을 들이지 않아도 원하는 제품을 빠른 시간 내에 구매할 수 있도록 함으로써 소비자의 편의를 높이는 쇼핑 방법인 '제로 에포트 상거래(ZEC, zero effort commerce)'에서 유래한 것입니다. 재미있는 사실은 아마존이 일찍부터 제로 에포트를 위한 고민을 했다는 것입니다. 1997년에 특허를 출원한 '원 클릭 주문(One-Click Ordering)'이 대표적인데, 클릭 한 번으로 제품의 선택에서 구매까지 모든 과정을 처리해 주는 것입니다. 이를 통해 고객을 묶어 두며 오늘날의 아마존을 있을 수 있게 한 것입니다. 이베이가 제로 에포트의 개념을 만들어 낸 것은 아마존에 대응하기 위해서임이 분명한 것 같습니다.

여기서 더 나아가 아마존은 고객의 구매 이력이나 소비 패턴을 바탕으로 고객이 주문을 하지 않더라도 배송을 해 주는 '예측 배송(anticipatory shipping)'이나 앞에서 소개했던 '대시 자동 보충(dash replenishment)' 서비스를 출시하기도 했습니다. 예측 배송 서비스는 소비자의 주문을 미리 예측하고 선제적으로 소비자가 위치한 장소로 배송을 시작함으로써 배송 시간을 단축하기 위한 방법입니다. 갑자기 창문 밖에 아마존의 배송용 드론이 떠 있다면 아마도 제가 갖고 싶어하는 무언가를 아마존이 미리 배송해 주었을지도 모릅니다.

저는 이처럼 사용자가 직접 주문하거나 요청하지 않더라도 알아서 선제적으로 서비스를 제공하는 것을 '제로클릭(Zero-Click)' 서비스라고 말합니다. 굳이 주문하겠다는 의사 표시(click)를 하지 않아도 알아서 필요한 제품과 서비스가 제공되기 때문입니다. 그리고 제로클릭을 중심으로 돌아가는 경제를 '제로클릭 경제(Zero-Click Economy)'라는 말로 설명하기도 했습니다. 이런 내용을 2019년 말에 출간한 《냉장고를 공짜로 드립니다》에서 깊이 다루기도 했는데, 앰비언트 컴퓨팅 시대 혹은 앰비언트 경제에서 아주 중요한 개념이 되리라 생각합니다.

일상 속에 스며들 사용자 맞춤형 서비스

어렸을 때부터 많이 들었던 이야기 중의 하나가 역사책을 많이 읽으라는 것이었습니다. 역사책을 통해 지금까지 있었던 다양한 일을 간접적으로 경험함으로써 현재의 문제를 해결할 실마리를 발견하고 미래를 예견하는 능력을 키우라는 의미였습니다. 그도 그럴 것이 아무리 첨단 기술이 발전하고 삶의 방식이 바뀌더라도 사람들이 살아가고 생각하는 방식은 크게 변하지 않기 때문입니다. 그런데 놀랍게도 이런 논리가 앰비언트 컴퓨팅에도 그대로 적용됩니다.

앰비언트 컴퓨팅이 사용자가 필요로 하는 서비스를 알아내기 위해서는 사용자의 습관이나 성향을 이해하기 위해 열심히 사용자를 읽어야 합니다. 사용자가 디바이스를 이용하는 패턴이나 설정 정보는 물론 자주 이용하는 서비스와 서비스를 이용할 때는 환경 정보도 함께 학습합니다. 또한 디바이스나 서비스의 이용 패턴이 혼자 있을 때와 다른 사람과 함께 있을 때 어떻게 다른지도 알아야 합니다.

이를 위해 필요한 것이 사용자 및 사용자를 둘러싼 다양한 장치가 생성하는 정보입니다. 그리고 이를 한데 모아 분석함으로써 사용자의 성향과 기호는 물론 장치나 서비스를 이용할 때의 상황까지도 함께 이해해야 합니다. 뿐만 아니라 앞에서 살펴본 것처럼 사용자가 누구이며 어디에 있는지, 그리고 무엇을 원하는지도 알아내야 합니다. 어딘가에서 이런 일들을 처리하는 지능을 바로 앰비언트 인텔리전스라고 부르는 것입니다. 앰비언트 인텔리전스는 수많은 일반적인 인공지능을 유기적으로 결합하여 이용하는 것이라 할 수 있습니다. 즉, 특정한 기능을 수행하는 인공지능 엔진이 하나만 작동할 수 있겠지만 여러 인공지능 엔진이 동시에 혹은 순차적으로 작동할 수도 있습니다.

과거에 앰비언트 인텔리전스는 클라우드라고 불리는 인터넷 어딘가에 존재했습니다. 조금 더 구체적으로 말하자면 주로 스마트홈 서비스를 제공하는 사업자의 서비스 플랫폼에 존재했습니다. 이들은 서비스 제공을 전제로 사용자와 관련된 모든 정보를 자신들의 플랫폼에 저장하고 처리하기를 바랐습니다. 그래야만 이를 바탕으로 다양한 서비스를 제공하며 수익을 확보하는 것이 가능했기 때문입니다. 하지만 최근에는 상황이 바뀌고 있습니다. 사용자와 관련된 정보를 특정 기업에 맡기는 것이 사용자의 프라이버시를 침해하는 것은 물론 서비스 안정성 측면에서도 바람직하지 않기 때문입니다.

따라서 클라우드에서 처리하던 상당수의 일이 에지라고 하는 인터넷의 가장자리 부분, 즉 사용자 주변으로 이동하고 있습니다. 이를 에지 컴퓨팅이라고 하는데, 사용자 관련 정보를 사용자 댁내에 있는 에지 서버에서 처리하면 프라이버시를 지킬 수 있으며, 데이터를 멀리 클라우드까지 보낼 필요가 없으니 데이터 처리 속도도 빨라지게 됩니다. 또한 인터넷 장애가 발생하더라도 최소한 집안에서 작동하는 서비스들은 안정적으로 작동할 수 있게 됩니다.

만약 보편적인 인공지능이 아니라 특정한 장치가 제공하는 기능과 관련된 인공지능이라면 이를 굳이 에지 서버에 두는 것보다는 해당 장치에 내장하는 것이 더 바람직할 것입니다. 예를 들면 밤에 찍은 사진을 선명하게 보이도록 하는 기능은 카메라가 내장된 장치에서 처리하는 것이 더 바람직할 것입니다. 이처럼 개별 디바이스에서 특정한 목적을 위해 사용되는 인공지능을 온디바이스 AI라 부릅니다.

앰비언트 인텔리전스

앰비언트 컴퓨팅은 사람이 필요로 하는 것을 요청할 때 그에 응답하는 형태가 될 수도 있지만 일반적으로는 사람이 필요로 하는 것을 예측해서 선제적으로 대응하게 됩니다. 이를 위해 앰비언트 컴퓨팅은 다양한 형태의 지능, 즉 앰비언트 인텔리전스를 사용할 수 있어야 합니다.

처음으로 앰비언트 인텔리전스라는 말을 사용했던 팔로 알토 벤처스의 일라이 젤카와 그의 동료들은 "앰비언트 인텔리전스는 컴퓨터화된 사물들이 연결되어 구성된 환경에 숨겨진 정보와 지능을 바탕으로 직관적인 방식으로 일상생활, 작업, 의식 등을 수행할 수 있도록 지원하는 것"이라고 정의했습니다. 즉, 앰비언트 인텔리전스는 사용자와 관련된 데이터로부터 사용자를 이해하는 것을 넘어 사용자가 원하는 서비스를 제공하는 것까지 포함하는 개념이라고 할 수 있습니다.

앰비언트 인텔리전스는 다음과 같은 세 가지 목적으로 이용됩니다.

1) 사용자가 직접 설정한 자동화 루틴을 바탕으로 지정된 조건이 만족되었을 때 정해진 서비스를 자동으로 수행
2) 음성 명령이나 동작 등 사람을 둘러싼 컴퓨팅 기기들과 자연스러운 상호작용을 통해서 사용자가 요청하는 서비스를 수행
3) 사물인터넷 센서 및 디바이스가 수집한 상황 정보 분석을 통해서 사용자의 니즈를 파악하고 사용자에게 필요한 서비스를 결정한 후 서비스를 수행

이 세 가지 방법 중에서 첫 번째 방법은 단순히 센서 데이터가 조건식

을 따르는지만 확인하면 되는 것처럼 보일 수 있습니다. 하지만 권한이 있는 사용자일 때 출입문을 열어 주는 것처럼 조건을 확인하기 위해 인공지능 기술을 사용해야 하는 경우도 있습니다. 즉, 사용자의 얼굴을 인식하거나 지문이나 홍채와 같은 생체 정보를 인식하기 위해서 인공지능 기술을 사용하게 됩니다. 물론 두 번째와 세 번째 방법에서는 사용자가 원하는 서비스를 찾아내기 위해서 인공지능 기술을 사용해야 합니다. 예를 들면 음성 인식 기술을 통해 사용자의 말을 이해해야 하고 자연어 처리 기술을 이용해 사용자가 원하는 것이 무엇인지를 확인하거나 사용자를 둘러싼 사물인터넷 센서와 디바이스가 수집한 상황 정보를 바탕으로 사용자의 니즈를 예측하는 것입니다.

이런 앰비언트 인텔리전스는 환경의 상태와 선호도를 이해하고 필요할 때 도움을 주고 필요하지 않을 때는 배경으로 물러납니다. 스마트 액자를 생각하면 이는 분명해집니다. 사람이 액자에 접근하면 개인 일정을 보여 주고 날씨 서비스와 상호작용하여 미리 입을 옷을 제안하지만 다른 곳으로 이동하면 예술 작품으로 돌아가게 됩니다. 앰비언트 컴퓨팅 환경에서 앰비언트 인텔리전스가 중요한 것은, 사용자와 관련된 원시 데이터를 서비스를 위한 행동 설계로 바꾼다는 것입니다. 즉, 사용자의 생활 패턴이나 기호 등을 바탕으로 집안에서 이루어지는 다양한 일을 자동화하는 데 중요한 하게 됩니다.

앰비언트 인텔리전스 중에는 비교적 간단히 구현될 수 있는 것들도 있지만 방대한 양의 빅데이터를 분석해야 하거나 더 높은 수준의 정확도를 요하는 경우 엄청난 컴퓨팅 연산을 필요로 합니다. 따라서 최근까지는 이런 일들을 주로 클라우드 컴퓨팅 기술을 활용하여 처리하곤 했습니다. 하지만 최근에 소형 고성능 프로세스 기술의 개발 및 인공지능 기술의 경량화나 연합 학습과 같은 기술이 발전함에 따라 사용자 주변의 장치에서 처리하는 것이 가능해지고 있습니다.

일반화 가능한 지능

앰비언트 컴퓨팅은 다양한 형태의 앰비언트 인텔리전스를 통해 구현됩니다. 앰비언트 인텔리전스는 하나의 강력하고 전지전능한 인공지능이라기 보다는 다양한 머신러닝 메커니즘이 하나로 결합된 형태로 존재하게 됩니다. 예를 들면 가상 비서를 호출하는 호출어를 감지하고 인식하는 것에서부터 사람의 말을 이해하는 것, 말하는 사람을 인식하는 것, 존재나 자세를 인식하는 것 등 매우 다양할 수 있습니다. 또한 사용자의 음성 명령과 과거 이력을 바탕으로 정보 검색, 콘텐츠 추천, 응답 생성, 음성 합성 등 인공지능이 이해한 사용자의 요구 사항에 맞는 답을 찾거나 행동을 수행하는 것일 수도 있습니다.

이처럼 앰비언트 인텔리전스라는 것은 우리의 일상생활에서 발생하는 일을 처리하는 다양한 머신러닝 알고리즘으로 구성됩니다. 즉, 앰비언트 인텔리전스는 알파고나 자율주행차에 사용되는 것 같은 특수한 인공지능이라기 보다는 일반적이고 실용적인 일을 처리할 수 있는 것들의 총합입니다. 예를 들면 "지금 몇 도야?"라는 질문에 대해 그 말을 한 사람의 시선을 인식하여 답을 해 주는 것을 생각할 수 있습니다. 만약 주방을 향하고 있다면 오븐이나 찜기의 온도를 알려줄 것이며 창밖을 바라보면 바깥 온도를 말해 주게 될 것입니다. 즉, 인공지능에게 아주 구체적인 정보를 제공하지 않더라도 사람에게 있어서 보편적이고 상식적인 형태로 반응을 하게 되는 것을 말합니다. 이런 이유로 아마존에서는 앰비언트 인텔리전스가 '일반화 가능한 지능(generalizable intelligence)' 혹은 줄여서 GI가 되어야 한다고 주장합니다.

아마존에서 알렉사 개발을 담당하고 있는 로히트 프라사드(Rohit Prasad)에 따르면 어떤 인공지능이 일반화가 가능한 지능이 되기 위해서는 다음의 세 가지 주요 속성을 가져야 한다고 합니다. 첫째 동시에 여러 작업을 수행할 수 있어야 합니다. 물론 특정한 순간에 하나의 알고리즘만 작동할 수 있지만 일반적으로는 여러 개의 알고리즘이 순차적으로 혹은 동시에 작동할 수 있어야 합니다. 둘째, 끊임없이 변화하는 주변 환경 및 사용자의 요구사항에 대응할 수 있도록 진화해야 합니다. 그리고 마지막으로 사람으로부터 외부입력을 최소화하면서 새로운 개념과 작업을 배울 수 있는 능력이 있어야 합니다.

일반화 가능한 인공지능의 예가 아마존의 알렉사 같은 가상 비서인데, 알렉사의 경우 30개 이상의 머신러닝 메커니즘이 동시에 작동하고 있으며 그 수는 꾸준히 늘어나는 중입니다. 또한 스스로 감독하는 알렉사 교사 모델(Alexa teacher model)을 통해 언어 이해, 음성 인식, 대화 예측 등을 수행할 수 있습니다. 또한 알렉사는 자체 학습 메커니즘을 활용하여 매주 수천만 개의 결함을 자동으로 찾아내고 수정함으로써 진화하고 있다고 합니다.

클라우드 컴퓨팅

앰비언트 인텔리전스는 다양한 인공지능의 총합이라고 했습니다. 일반적으로 특정한 기능을 수행하는 인공 지능은 학습과 추론이라는 두 단계를 통해 구현됩니다. 학습이라는 것은 말 그대로 사용자와 관련된 방대한 양의 데이터를 학습함으로써 사용자를 이해하는 과정이라 할 수 있습니다. 이를 통해 인공지능은 사용자가 누구인지를 알 수 있고 사용자만의 반복적인 생활 패턴이나 성향, 기호 등을 확인할 수 있습니다. 또한 그것이 다른 사람들과 얼마나 유사한지 혹은 얼마나 다른지도 알 수 있습니다.

이처럼 인공지능은 사용자와 관련해서 학습한 결과를 바탕으로 추론 엔진이라는 것을 생성하게 됩니다. 추론 엔진이라는 것은 어떤 데이터를 판단하기 위한 기준 및 조건식의 모음 정도로 이해하면 될 것 같습니다. 추론 엔진은 학습 과정에서 얼마나 다양하고 충분한 데이터를 사용해서 학습했는지에 따라서, 또 어떤 학습 모델을 사용했느냐에 따라서 달라지기도 합니다. 예를 들어 5가지의 판단 기준이 있는 추론 엔진보다는 20가지 판단 기준이 있는 추론 엔진이 더 정확한 결과를 도출해 낼 수 있을 것입니다. 결국 앰비언트 시대에는 사용자를 얼마나 잘 표현할 수 있는 인공지능 추론 엔진을 개발하느냐에 따라 서비스의 수준이 달라질 것입니다.

이렇게 만들어진 추론 엔진은 용도에 따라 서비스를 위해 사용됩니다. 즉, 서비스와 관련된 새로운 데이터가 생성됐을 때 추론 엔진은 해당 데이터의 적합도를 0~100% 사이에서 결정하게 됩니다. 예를 들어 스마트 액자 앞에 어떤 사람이 다가왔다고 가정해 봅시다. 그러면 스마트 액자는 그 사람의 사진을 찍어 누구인지를 확인하려고 할 것입니다. 이 때 그 사람의 사진을 얼굴 부분만 나오도록 적절히 가공한 후에 사용자 인증을 위한 추론 엔진에 입력합니다. 그 결과 등록된 사용자와의 매칭 정확도가 98%가 나오면 등록된 사용자라고 인증을 하게 됩니다. 우리가 역사책에서 과거를 바탕으로 현재와 미래를 예측할 수 있었던 것처럼, 인공지능도 과거의 데이터를 학습해서 추론 엔진을 만듦으로써 현재와 미래를 예측하는 것입니다.

학습과 추론 과정이 말로는 쉽게 설명되지만 실제로 이를 구현하기 위해서는 어마어마한 양의 컴퓨팅 파워를 필요로 합니다. 그것도 특정한 기능 하나를 구현하는 데 그렇습니다. 앰비언트 인텔리전스가 수많은 머신러닝 메커니즘의 집합인 점을 생각한다면 앰비언트 인텔리전스가 작동하기 위해서는 얼마나 강력한 컴퓨팅 파워가 필요할지 예측될 것입니다. 그래서 일반적으로 인공지능 혹은 앰비언트 인텔리전스는 클라우드에서 작동하게 됩니다. 즉, 사용자와 관련된 모든 데이터가 인터넷 어딘가에 있는 고성능 컴퓨터로 보내져 처리됩니다. 사용자 인증을 할 때 촬영된 사용자의 얼굴이나 결제를 할 때 촬영된 사용자의 손바닥과 관련된 생체 정보와 인공지능 스피커에게 한 모든 말들이 클라우드의 컴퓨터로 보내집니다. 이뿐만이 아닙니다. 사용자 집에 있는 수많은 디바이스가 시시각각으로 수집한 데이터나 디바이스를 제어한 정보 및 디바이스를 통해 이용한 서비스와 관련된 정보, 사용자의 위치 정보까지 모든 것이 보내집니다.

그 결과는 우리 주변에서 나타납니다. 즉, 사용자가 음성 명령을 내리면 그 음성 명령의 내용을 이해하고 음성 명령에 해당하는 서비스를 결정하는 일은 클라우드에서 일어납니다. 하지만 그 결과물인 서비스는 사용자 주변에 있는 인공지능 스피커를 통해서 전달됩니다. 혹은 스마트 램프나 스마트 플러그 같은 스마트홈 디바이스를 통해 전달되기도 합니다. 그래서 마치 앰비언트 인텔리전스가 사용자 주변에 존재하는 것처럼 보이는 것입니다. 그런데 최근에는 여러 가지 이유로 클라우드에서 처리되던 일이 사용자 근처의 장치에서 처리되고 있습니다.

에지 컴퓨팅

시장조사 기관인 가트너는 2025년에는 기업이 관리하는 데이터 가운데 50% 이상이 데이터 센터나 클라우드 이외의 영역에서 생성 및 처리될 것으로 전망하고 있습니다. 또한 IT 리더들을 대상으로 실시한 설문조사에 따르면 응답자의 72%가 이미 에지 컴퓨팅을 활용하고 있는 것으로 나타나고 있습니다.

클라우드 컴퓨팅은 데스크탑 컴퓨터와 스마트폰으로 대표되는 인터넷 시대에 컴퓨팅 서비스를 제공하는 매우 유용하고 합리적인 방법이었습니다. 또한 메타버스 시대에도 가장 중요한 기술 중의 하나가 될 것입니다. 하지만 사물인터넷 시대가 도래하고 여기서 더 나아가 앰비언트 시대가 되면서 상황은 달라지고 있습니다. 수많은 사용자 장치에서 생성되는 어마어마한 데이터를 모두 클라우드로 보내서 처리하거나 분석하는 것이 현실적이지 않기 때문입니다.

자율주행차의 예를 들어 보겠습니다. 2016년 당시 인텔의 CEO였던 브라이언 크르자니티에 따르면 자율주행차는 하루 약 4TB의 데이터를 생성한다고 합니다.* 자율주행차 한 대가 일반인 3,000명이 하루 동안 사용하는 데이터를 생성하고 이용하는 것이죠. 문제는 교통량이 늘어나는 출퇴근 시간대입니다. 자율주행차들이 통신망을 통해 어마어마한 데이터를 주고받게 된다면 5G는커녕 6G 기술을 사용하더라도 감당하기 어려울 것입니다. 도로뿐만 아니라 통신망에도 교통체증이 발생하게 되는 것입니다.

설령 이 많은 데이터를 클라우드로 전송할 수 있다고 해도 문제가 끝나는 것은 아닙니다. 엄청난 양의 데이터를 클라우드에서 처리하는 데 한계가 있기 때문입니다. 또한 자동차만 문제가 되는 것은 아닙니다. 통신망에 정체가 발생한다면 자동차에 타고 있는 사람들도 제대로 음악이나 동영상 서비스를 이용할 수 없게 될 수도 있습니다. 그러나 이런 걱정을 할 필요는 없습니다. 자동차가 생성하는 데이터의 대부분은 자동차 내에서 처리되고 일부만이 클라우드로 보내지기 때문입니다. 이처럼 클라우드 컴퓨팅이 수행하던 일을 사용자와 가까운 곳에서 처리하도록 하는 것이 에지 컴퓨팅입니다.

에지 컴퓨팅은 아카마이(Akamai)라는 회사가 콘텐츠 전송 네트워크(CDN)을 출시한 1990년대 말에 시작되었습니다. 이미지와 동영상처럼 트래픽을 많이 잡아먹는 콘텐츠를 보다 안정적으로 서비스하기 위해 최종 사용자와 지리적으로 더 가까운 곳에 서비스 노드를 도입하는 형태였죠. 그러

* 도요타에 따르면 차량간 데이터양이 2025년에는 매달 10엑사바이트에 이를 것으로 전망했습니다. 엑사바이트는 10^{18}으로 테라바이트에 비해 100만 배 큰 규모입니다.

다가 사물인터넷이 본격적으로 확산되기 시작하고 인공지능에 대한 관심이 고조되던 2017년을 전후로 다시 주목받기 시작했습니다. 포브스는 에지 컴퓨팅을 2018년 디지털 트랜스포메이션 10대 트렌드 중의 하나로 선정했으며 가트너는 2018년 10대 전략 기술 트렌드에서 '클라우드에서 에지로'를 선정하기도 했습니다.

데이터양 폭증으로 인해 클라우드와 기기 간 통신 속도는 전에 없이 느려지고 있으며 동시에 생각보다 큰 지연이 발생하고 있습니다. 1,000분의 1초 단위의 지연 시간에도 민감한 금융 서비스나 제조업에서는 에지 컴퓨팅이 현실적인 대안이었을 것입니다. 자율주행차의 경우도 수많은 센서가 수집한 정보를 클라우드로 보내 처리하기보다는 자동차 내부에서 직접 처리하는 것이 자동차의 성능이나 안전 측면에서 더 바람직했을 것입니다.

또한 클라우드와 기기들 사이의 연결이 안정적으로 지속되지 않는 것도 문제입니다. 2021년 10월 25일 KT의 인터넷 장애로 인해 인터넷 검색은 물론 카드 결제나 은행 이체가 되지 않아 불편했던 것을 기억하면 충분히 이해가 되리라 생각합니다. 실제로 이런 이슈는 다양한 디지털 기기나 장치가 사용되는 공장 환경에서 중요합니다. 따라서 기업들은 통신회선을 이중화 혹은 삼중화하기도 합니다. 하지만 개인이나 소규모 사업장에서는 대기업처럼 이중화나 삼중화를 하는 것은 불가능합니다. 그러다 보니 대기업보다 더 빈번하게 인터넷 접속 장애가 발생하는 것이 현실입니다.

또 하나 간과할 수 없는 것은 프라이버시 이슈입니다. 기존에는 사용자 장치에서 생성되는 거의 모든 데이터를 클라우드로 전송했는데, 이런 경우 막연한 불안감을 떨쳐 버릴 수 없었습니다. 내 데이터를 클라우드로 보내는 와중에 혹은 클라우드에서 오남용되거나 해킹되어 유출될 수도 있기 때문입니다. 실제로 강력한 보안 시스템을 구축한 기업에서도 이따금씩 개인 정보가 유출되었다는 뉴스는 이런 불안감을 더욱 증폭시켰습니다. 게다가 아무리 안전하고 서비스 사업자를 100% 신뢰할 수 있다 하더라도 사용자와 관련된 정보를 클라우드로 보내는 것이 꺼림칙한 것은 부인할 수 없을 것입니다. 따라서 가능하다면 사용자 가까운 곳에 데이터를 저장하고 처리하는 것이 심리적으로도 더 바람직할 것입니다.

프라이버시와 별개로 사용자 장치가 생성하는 모든 데이터를 클라우드로 보낼 필요가 없다는 것도 중요한 이유입니다. 대부분의 기기가 주기적으로 전송하는 장치는 센서가 생성한 센서 데이터인 경우가 많습니다. 실시간성을 위해 1초에 한 번 혹은 1초에 여러 번 데이터를 전송하기도 하는데, 온도나 다른 환경 지표가 그렇게 급작스럽게 변하지는 않습니다. 따라서 로컬에 저장하고 있다가 변화가 감지될 때만 해당 데이터를 보내는 것이 더 바람직할 것입니다. 보안용 카메라가 실시간으로 생성하는 데이터를 모두 클라우드로 보내 이상 징후를 파악하는 경우를 생각해 보면 이는 더 명백해집니다. 보안 사고가 일상적인 것이 아니기 때문에 사실상 의미

없는 데이터를 꾸준히 클라우드로 보낸 후 아무 일이 없음을 확인하게 되기 때문입니다. 하지만 이런 일을 카메라나 에지 컴퓨팅 장치에서 처리할 수 있다면 쓸데없이 대역폭을 낭비하지 않아도 될 것입니다.

게다가 인공지능 기술의 발전 및 인공지능 칩의 확산으로 인해 기기에서 처리할 수 있는 능력이 크게 증가했다는 것도 중요한 이유입니다. 아마존에서 출시되는 인공지능 스피커나 스마트 디스플레이들은 기기에서 온디바이스로 음성 명령을 처리하거나 사용자 얼굴 인식 기능을 처리합니다. 또한 가정용 카메라나 카메라가 탑재된 스마트 도어록 혹은 도어벨에서도 사람이나 사물을 인식하기도 하고 사람의 동작을 인식하기도 합니다. 최근에는 센서에도 데이터 프로세싱 모듈이나 인공지능 모듈이 추가되어 센서가 수집한 데이터를 자체적으로 처리하는 스마트 센서가 주목을 받고 있습니다.

주요 기업들은 일찍부터 에지 컴퓨팅 환경에 대비하고 있습니다. 산업 인터넷(IIoT) 플랫폼인 프레딕스(Predix)로 잘 알려진 GE는 2016년에 산업 현장에서 다양한 상황에 실시간으로 대응하거나 네트워크 망이 원활하지 않은 경우를 대비해서 에지에서 처리할 수 있는 기능들을 클라우드에서 분리하기 시작했습니다. 이를 프레딕스 에지(Predix Edge)라고 합니다. 아마존도 비슷한 시기에 클라우드의 기능을 로컬 디바이스로 확장하는 'AWS 그린그래스(AWS Greengrass)'와 사물인터넷에 특화된 'AWS IoT 그린그래스'

를 출시하기도 합니다. 이 외에 마이크로소프트는 2017년 빌드 개발자 컨퍼런스에서 인공지능과 클라우드가 결합한 인텔리전트 클라우드와, 인텔리전트 클라우드가 사용자나 데이터 가까운 곳에서 데이터를 수집하고 분석하는 인텔리전트 에지의 개념을 소개하기도 했습니다. 그리고 이 기능을 사용자 디바이스까지 내려보내는 '애저 IoT 에지(Azure IoT Edge)'를 소개하기도 했습니다.

애플은 에지 컴퓨팅의 개념을 스마트홈 분야에서 사용하고 있는데, 바로 홈킷(Homekit)이 이에 해당합니다. 홈킷은 아이폰 같은 iOS 기기나 맥북 같은 macOS 기기로 스마트 가전 제품을 제어할 수 있게 해 주는 애플의 소프트웨어 프레임워크입니다. 홈킷은 2014년 9월 iOS8에서 처음 출시되었는데, 아마존이나 구글의 스마트홈 플랫폼들과는 달리 가정 내에 있는 인공지능 스피커나 애플TV 같은 홈킷 지원 장치들을 통해 스마트홈 디바이스 및 서비스를 관리했습니다. 스마트홈 서비스가 로컬 환경에서 작동했기 때문에 인터넷 장애가 발생하더라도 스마트홈 서비스는 정상적으로 작동하였으며 경쟁사에 비해 반응 속도도 매우 빨랐습니다. 2022년 가을에 공개된 개방형 스마트홈 연동 표준인 매터가 '로컬 제어'를 바탕으로 하는 이유도 바로 이 때문입니다.

이처럼 에지 컴퓨팅은 클라우드 컴퓨팅 방식에 비해 다양한 측면에서 이점을 제공합니다. 하지만 기존의 단순한 허브 장치에 비해 더 많은 일을 수행해야 했기 때문에 더 강력한 프로세서와 더 많은 내부 메모리를 필요로 하는 것이 일반적입니다. 또한 에지 컴퓨팅 장치를 사용자가 직접 관리하고 운영해야 한다는 어려움도 뒤따릅니다. 따라서 클라우드 컴퓨팅과 에지 컴퓨팅을 적절히 결합하여 사용하는 하이브리드 방식도 관심을 끌고 있습니다.

온디바이스 AI

스마트폰의 경우 새로운 제품이 나올 때마다 카메라의 해상도가 올라가곤 하지만 신제품에 이전 스마트폰에 사용된 것과 동일한 해상도의 카메라 모듈이 사용되기도 합니다. 그럼에도 불구하고 기존 제품과는 차원이 다른 사진을 제공합니다. 해질녘에 사진을 찍으면 말 그대로 작품이 되고 인물 모드나 접사 모드로 찍으면 마치 제가 전문 사진작가라도 된 듯한 착각이 들 정도입니다. 그런데 그런 착각은 바로 넣어 두어야 합니다. 이 모든 것이 인공지능의 작품이기 때문입니다. 스마트폰에서 사진 촬영이 그 어느 때보다 중요해지면서 스마트폰 제조사들이 영상 처리를 전문으로 하는 인공지능 칩셋을 탑재하기 시작했습니다.

인공지능 스피커나 스마트 디스플레이의 경우도 마찬가지입니다. 인공지능 스피커의 경우 사람의 음성 명령을 이해하기 위해 지금까지는 클라우드에 있는 고성능 엔진에 의존했습니다. 하지만 음성 명령을 저장한 후 클라우드로 전송하고 처리하여 다시 회신을 받기까지 상당한 시간이 걸립니다. 그래서 최근에는 디바이스 자체에서 음성 명령을 직접 처리합니다. 그래서 스피커에 거실의 형광등을 끄라는 음성 명령이 입력되면 인공지능 스피커가 직접 음성 명령을 이해하고 형광등에게 제어 명령을 전송합니다. 음성 명령을 이해하고 그에 맞는 서비스를 검색하기 위해 클라우드로 신호를 보낼 필요가 없으니 거의 실시간으로 제어가 이루어집니다.

이런 트렌드는 스마트 가전제품에 있어서도 예외가 아닙니다. 스마트 냉장고는 이미지 인식만으로도 냉장고 안에 있는 식재료가 무엇이며 유효기간이 언제인지를 확인하는 것이 가능합니다. 또한 스마트 오븐이나 스마트 전자레인지 같은 제품은 식재료를 구분할 수 있어 동시에 서로 다른 조리법으로 여러 식재료를 조리하는 것도 가능합니다. 마찬가지로 스마트 로봇 청소기는 거실이나 방에 있는 사물뿐만 아니라 바닥에 떨어져 있는 전선이나 양말, 과자 부스러기까지 인식할 수 있습니다. 무엇보다 강아지 똥을 구분해서 피해 갈 수 있기 때문에 대참사가 발생하는 일을 막을 수도 있습니다.

이를 위해 스마트폰 제조사들은 앞다투어 자체 프로세서를 개발하고 있습니다. 구글의 스마트폰인 Pixel 6에 탑재된 텐서, 애플의 아이폰이나 아이패드에 탑재된 A15나 A16과 같은 칩셋이 대표적입니다. 아마존은 인공지능 스피커와 스마트 디스플레이에 뉴럴 에지 프로세서인 AZ1, AZ2를 사용하고 있습니다. 구글과 애플은 주로 그래픽 처리가 주 목적인데 비해, 아마존은 사용자 인식이나 음성 및 영상 기반의 부가 서비스를 제공하기 위해 탑재합니다. 반면에 삼성전자는 주력 상품인 메모리의 연산 속도를 향상하고 전력 소모량을 최소화하기 위한 메모리용 AI 칩셋 개발에 주력하고 있습니다.

이처럼 개별 디바이스에 특수한 목적을 위해 사용되는 인공지능 기술이 최근에는 센서 모듈에도 적용되고 있습니다. 즉, 센서가 측정한 데이터를 자체적으로 분석한 후 사용합니다. 측정한 데이터를 자체적으로 처리한 후 필요한 데이터 및 결과만을 제공하면 되므로 적은 메모리를 사용할 수도 있으며 데이터 전송 빈도를 현격히 줄임으로써 전력 사용량도 줄일 수 있습니다. 또한 사용자의 프라이버시를 보호하는 데도 도움이 될 수 있습니다. 이에 우리 정부도 2019년부터 스마트 센서 기술을 확보하고 상용화하기 위한 다양한 지원을 아끼지 않고 있습니다.

연합 학습과 인공지능 경량화

김태리와 남주혁이 주인공으로 나왔던 〈스물다섯 스물하나〉라는 드라마가 한창 방영되던 때였습니다. 가족들과 드라마를 보다가 김태리의 나

이 이야기가 나왔습니다. 저와 아내는 동시에 스마트폰을 꺼내 검색창에 "김ㅌ"을 입력했습니다. 여기까지만 입력을 했는데 놀라운 일이 벌어졌습니다. 아내 핸드폰에서는 '김태리의 나이'가 검색이 된 반면 제 핸드폰에서는 국악인이자 트로트 가수인 '김태연의 나이'가 검색된 것입니다. 동일한 브랜드의 핸드폰에서 (완성되지는 않았지만) 동일한 검색어를 입력했는데 서로 다른 결과가 나온 이유가 무엇일까요?

그 답은 저와 아내가 사용하는 스마트폰이 연합 학습(federated learning)이라는 것을 하기 때문입니다. 연합 학습이라는 것은 기기나 기관 등 여러 위치에 분산 저장된 데이터를 직접 공유하지 않으면서 서로 협력하여 AI 모델을 학습할 수 있는 분산형 머신러닝 기법을 말합니다. 모든 사용자 데이터를 클라우드에 모아 인공지능 기술을 적용하는 기존의 방법과는 달리 사용자의 개별 디바이스에 저장 및 처리해 인공지능 모델을 강화한 후, 이 모델을 클라우드에 모아 더 정교하게 만들어 재배포하는 방식입니다. 이 과정에서 개인 데이터는 로컬하게 수집되고 개인 디바이스에 저장되며 개별 디바이스에서 처리된 학습 엔진만이 클라우드로 전송됩니다.

바로 이런 연합 학습 때문에 동일한 키워드로 검색을 했더라도 사용자나 사용 기기에 따라 다른 결과가 나온 것입니다. 즉, 아내의 핸드폰은 평소 드라마를 즐겨 보는 아내가 배우들의 나이를 궁금해한다는 점을 인식하고 자동으로 김태리의 나이를 알려 준 반면 제 핸드폰은 평소 제가 트로트

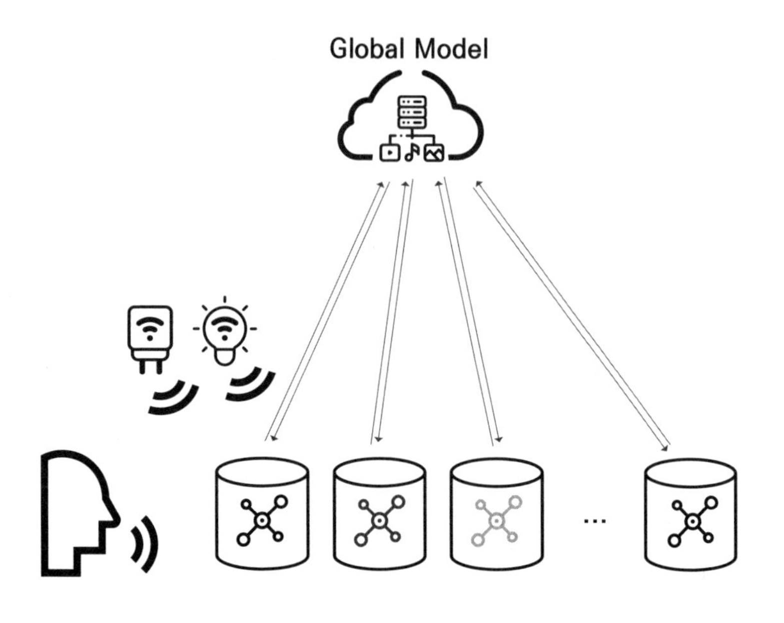

그림 16. 인공지능 스피커에 적용되는 연합 학습인공지능 스피커에 적용되는 연합 학습

를 즐겨 들으며 트로트 가수들에 대해 자주 검색한다는 점을 인식하고 김태연의 나이를 알려 주었던 것입니다. 이런 일은 스마트폰의 가상 키보드에서 단어를 추천할 때도 확인됩니다. 단어의 첫 글자만 입력하더라도 자신이 자주 입력한 단어가 자동으로 추천되며 당연히 추천되는 단어는 사용자마다 다릅니다.

이런 연합 학습은 유럽연합의 '일반 데이터 보호 규칙(GDPR)'이나 우리나라의 '데이터 3법'처럼 개인 정보 보호 이슈가 강조되기 시작하면서 주목을 끌기 시작했습니다. 기존처럼 클라우드에서 모든 데이터를 처리한다면 개인 데이터를 보호하는 것과 동시에 활용하는 것이 매우 어렵기 때문입니다. 게다가 학습 결과가 개인의 특성이나 성향을 반영하지 못하는 한계도 있었습니다. 뿐만 아니라 어마어마한 양의 사용자 데이터를 한 곳에 모아서 처리하기 위해서는 막대한 컴퓨팅 파워와 비용도 발생했습니다. 연합 학습은 클라우드 컴퓨팅 기반의 인공지능 학습 과정에서 발생하는 주요 문제들을 해결할 수 있었습니다. 이 외에도 중앙에서 한꺼번에 처리하는 방법에 비해 학습 소요 시간을 줄일 수 있었습니다.

연합 학습뿐만 아니라 개별 기기에 인공지능을 적용할 때 중요한 이슈 중의 하나가 인공지능 모델의 크기와 연산량입니다. 방대한 규모의 클라우드 서버를 통해 인공지능을 적용하는 것은 비교적 수월하지만 소형의 저성능 저전력 디바이스에서 인공지능을 처리하는 것은 쉬운 일이 아니기 때문입니다. 이런 문제를 해결하기 위해 나온 기술이 바로 인공지능 경량화입니다. 인공지능 경량화는 성능의 손실은 최소화하면서 소형 디바이스에 적합하도록 인공지능 모델 크기를 줄이는 것을 말하는데, 일반적으로 경량화된 알고리즘을 설계하거나 기존에 개발된 알고리즘을 경량화하는 방식 중의 하나로 구현됩니다.

생태계를 먼저 조성하는 쪽이 승리한다

앰비언트 시대에는 사람이 기계를 배우는 것이 아니라 기계가 사람을 배우기 때문에 이용법을 모르더라도 장치를 이용하는 것이 가능합니다. 하지만 이런 시대가 어느 한 순간에 도래하는 것은 아닐 것입니다. 그동안 개별적으로 이용하던 장치들을 인터넷에 연결해야 하며 여기서 더 나아가 장치들을 서로 연동시켜 함께 이용할 수 있어야 합니다. 여러 장치를 함께 이용하는 것도 처음에는 사용자가 자신의 이용 패턴에 맞는 자동화 루틴을 일일이 설정해서 이용해야 하고, 이 과정에서 생성되는 데이터를 인공지능이 학습함으로써 차차 자동화되고 지능화된 서비스를 이용하게 될 것입니다.

그런데 문제는 가장 첫 단계인 '개별적으로 이용하던 장치들을 인터넷에 연결해서 쓰기'가 말처럼 쉽지 않다는 것입니다. 물론 얼리 어답터들이나 기계 만지는 것을 좋아하는 사람들에게는 아무런 문제가 되지 않을 것입니다. 이들에게는 그런 어려움을 극복하는 것도 즐거움이기 때문입니다.

하지만 전원 플러그를 꽂고 스위치만 켜면 작동해야 한다고 생각하는 보통의 사람들에게는 전혀 딴 세상 이야기입니다. 기술이 발전했으면 더 쉽게 장치들을 이용할 수 있어야 하는데 낯선 용어로 가득한 매뉴얼을 공부해야 하는 상황을 납득할 수 없는 것입니다.

다행히도 이런 문제를 해결하기 위한 노력이 조금씩 결실을 맺고 있습니다. 바로 매터라고 하는 개방형 스마트홈 연동 표준이 개발되고 있기 때문입니다. 이 표준은 기존의 스마트홈 표준들과는 달리 사용자 관점에서 개발된 표준입니다. 따라서 사용자는 매터 표준을 지원하는 장치를 구매하기만 하면 됩니다. 어떤 서비스 사업자를 이용할 것이며 장치는 어떻게 등록하는지는 걱정하지 않아도 됩니다. 매터 지원 장치들은 매터 표준을 지원하는 어떤 서비스 플랫폼에도 연결해서 사용할 수 있으며 스마트폰으로 장치에 부착된 QR 코드를 찍는 것만으로 장치 등록이 끝나기 때문입니다. 물론 장치를 등록한 이후 자신만의 자동화 루틴을 만드는 부분은 여전히 직접해야 합니다. 사용자마다 상황도 다르고 필요한 자동화 루틴도 다르기 때문입니다. 하지만 이 역시 한 번만 직접 해 본다면 누구나 쉽게 할 수 있는 부분입니다.

평범한 사람들은 사용할 수 없는 스마트홈

2022년 2월, 기술 칼럼니스트인 오웬 윌리엄스(Owen Williams)는 온라인 기술잡지인 〈테크크런치(TechCrunch)〉에 "평범한 사람들은 스마트홈을 사용할 기회가 없다"는 글을 게재했습니다. 시장에서 판매되는 대부분의 가전제품이 인터넷에 연결되고 인공지능 스피커를 이용해서 다른 디바이스들과 함께 이용하는 것이 가능한 현실이지만 보통 사람들이 이러한 환경을 만드는 것은 쉽지 않다는 것입니다. 앰비언트 컴퓨팅의 취지와는 전혀 다르게 자신에게 맞는 스마트홈을 꾸미기 위해서는 알아야 할 기술과 서비스, 그리고 관련된 표준이 너무 많기 때문입니다. 기존에 컴퓨터나 스마트폰을 이용할 때처럼 특정한 운영체제를 선택한다고 해서 모든 것이 끝나지 않는다는 이야기입니다.

오웬은 직접 스마트홈을 구축해 보면서 일반인들이 스마트홈을 구축하는 과정에서 경험하게 되는 문제들을 하나하나 지적합니다. 장치를 구매하기 위해서도 해당 장치가 이미 보유하고 있는 다른 장치들과 함께 쓸 수 있는 것인지를 알아야 하며 통신 프로토콜은 어떤 것을 쓰는지도 확인해야 합니다. 그리고 이를 편리하고 효과적으로 이용하기 위해서는 별도의 제어 장치가 필요합니다. 여기서 더 나아가 서로 다른 플랫폼에 등록된 장치들을 함께 이용하기 위해서는 또 인내심이 필요합니다. 정말 넘어야 할 산이 너무도 많고 생각보다 많은 시간을 할애해야만 합니다.

실제로 스마트 디바이스를 구매해서 설치하는 과정을 간단히 설명하면 다음과 같습니다. 먼저 제품을 구매할 때는 이 제품이 자신이 이용하는 플랫폼에 연결되는지 혹은 다른 플랫폼에 등록된 장치와 함께 이용할 수 있는지 일일이 확인해야 합니다. 제품을 구매했다면 매뉴얼을 보며 제품을 디바이스 제조사의 플랫폼에 등록해야 합니다. 문제는 이 과정이 제조사별로 천차만별이라는 것입니다. 가장 일반적인 형태를 소개하면 이렇습니다. 먼저 스마트폰에 해당 제품의 앱을 설치하고 장치에 전원을 연결한 후 버튼을 5초든 10초든 꾹 누르고 있어야 합니다. 그러면 장치에 있는 LED가 깜박거리거나 색상이 바뀌게 되는데 이때 스마트폰을 해당 장치가 제공하는 와이파이에 연결해야 합니다. 그리고 스마트폰 앱에서 설치 중인 장치가 앞으로 사용할 와이파이를 선택하고 비밀번호를 설정해야 합니다. 이때 와이파이는 5GHz가 아니라 2.4GHz를 선택해야 합니다. 이 모든 것이 끝나면 장치의 전원을 껐다가 다시 켜 주면 됩니다.

아마 "도대체 이게 뭔 소리야?"라고 하실 겁니다. 그냥 스위치만 켜면 알아서 인터넷에 연결되고 아주 간단하게 제가 사용하는 다른 제품들과 함께 쓸 수 있어야 하는 게 아닌가 하는 생각이 들 겁니다. 고작 디바이스 하나를 인터넷에 연결하는 게 이 정도인데, 여러 개를 인터넷에 연결하고 플랫폼을 통해 서로 연동시켜야 한다면 얼마나 더 복잡하고 정신이 없을까요? 설상 가상으로 삼성전자와 LG전자처럼 서로 경쟁 관계에 있는 기업들은 상호간에 플랫폼 연동을 거부하고 있는 상황입니다. 사물인터넷 장치들이 이용되기 시작한 지 벌써 10년이 지났음에도 아직까지 제대로 활성화되지 않은 이유가 단지 구체적인 고객가치가 없거나 보안 및 프라이버시가 우려되기 때문만은 아닐 것입니다.

그런데 다행히도 스마트홈 서비스 사업자들을 중심으로 이대로는 안 되겠다는 인식이 확산되기 시작했습니다. 그래서 2019년 말에 아마존, 구글, 애플을 중심으로 여러 서비스 사업자들과 디바이스 제조사, 칩 제조사 등이 모여 새로운 스마트홈 연동 표준을 개발하기로 합의합니다. 그게 바로 프로젝트 CHIP(Project CHIP: connected home over IP)이라는 것입니다. 이름만 보면 IP, 즉 인터넷 프로토콜을 이용해서 스마트홈을 만들어 보자는 것처럼 보이는데, 사실은 그 이상입니다. 프로젝트 CHIP은 2021년 5월에 '매터'로 이름을 바꾸고 2020년 10월에 첫 번째 표준안을 공식적으로 발표합니다. 이제 앰비언트 컴퓨팅 환경을 구축하는 데 있어서 기본이자 핵심이 되는 매터 표준에 대해 살펴보도록 하겠습니다.

매터 표준, 앰비언트 환경에 방점을 찍다

우리가 스마트폰을 쓸 때 이동통신망이 어떻게 작동하는지 알 필요가 없듯이 스마트홈도 그래야 할 것입니다. 그러나 현재 스마트홈을 이용하기 위해서는 자신이 사용하려는 스마트 디바이스가 주로 사용하는 스마트 홈 서비스에 연동되는지 그리고 인공지능 스피커와 함께 이용할 수 있는지를 확인해야 합니다. 이런 상황은 스마트홈이 본격적으로 보급되기 시작한 지 20여 년이 지나도록 계속되고 있습니다. 얼리 어답터가 아닌 이상 여전히 건설사나 통신사가 제공하는 디바이스를 이용해야만 제한적인 스마트 홈 서비스를 이용할 수 있을 정도입니다.

다행히도 2019년 말에 스마트홈 서비스를 제공하던 아마존, 구글, 애플 등이 이런 문제에 주목하기 시작했습니다. 현재의 스마트홈에서 발견되는 사용성, 호환성, 신뢰성, 안전성에 대한 이슈들을 해결하기 위해 CHIP이라는 프로젝트를 진행하기로 한 것입니다. 즉, 사용자가 어떤 스마트홈 디바이스를 구매하더라도 모든 스마트홈 플랫폼에 연결해서 이용할 수 있으며 단일화된 통신 방식을 이용함으로써 신뢰할 수 있고 안전한 스마트홈을 구축할 수 있게 하기로 한 것입니다. 처음에 70여 기업이 참여하며 시작됐던 프로젝트 CHIP은 이후 매터로 이름을 바꾸었고 2022년 11월 기준으로 540여 기업이 매터 표준을 주도하는 CSA(connectivity standards alliance)에 참여하고 있습니다.

매터 표준이 적용되면 사용자들은 자신이 선택한 하나의 스마트홈 서비스 플랫폼을 이용하여 모든 스마트홈 디바이스를 이용하는 것이 가능해집니다. 삼성전자의 스마트싱스를 이용하는 사람들이라면 삼성전자 제품은 말할 것도 없고 LG전자 제품이나 다른 기업들의 제품도 모두 등록해서 이용하는 것이 가능해집니다. 게다가, 지금처럼 서로 다른 제조사의 디바이스를 살 때마다 스마트폰 앱을 설치할 필요도 없어지며 새로운 디바이스를 등록하기 위해 복잡한 설치 및 설정 과정을 거쳐야 할 필요도 없어집니다. 상자에서 디바이스를 꺼내 전원을 연결하자마자 자동으로 자신의 스마트홈 환경에 추가되거나 디바이스에 인쇄된 QR 코드를 촬영하는 것만으로 디바이스를 추가해서 이용하는 것이 가능해집니다. 말 그대로 누구나 쉽게 스마트홈을 만들어서 사용하는 것이 가능해진다는 이야기지요.

물론 서로 다른 디바이스를 이용해서 자신만의 스마트홈 서비스를 만드는 것은 별개의 이야기입니다. 즉, 잠이 들면 자동으로 형광등을 꺼 주고 TV의 전원을 꺼 주는 일은 여전히 사용자가 스스로 만들어야 합니다. 하지만 지금처럼 어떤 조건을 만족시킬 때 어떤 작동을 하도록 하는 일을 훨씬 쉽게 하거나 어쩌면 자동으로 할 수 있을 것입니다. 예를 들면 지금은 스마트홈 앱을 실행시키고 자동화 설정 메뉴에서 조건과 동작을 선택하는 식으로 서비스를 만들어야 하는데, 가까운 미래에는 인공지능 스피커에게 말만 하면 될 것입니다. "알렉사, 내가 잠이 들면 형광등과 TV 꺼 줘!"라고 말하면 알렉사가 그 내용을 이해한 후 사용자의 서비스 리스트에 추가해 줄 것입니다. 그리고 사용자가 잠이 들면 자동으로 형광등과 TV를 꺼 주게 될 것입니다.

이런 자동화의 첫 단계로 구글은 새로운 디바이스가 추가될 때마다 그 디바이스와 함께 이용하면 좋을 자동화 루틴을 추천해 주기 시작했습니다. 예를 들어 침실에 새로운 스마트 램프를 추가했다면 '취침 시 자동 소등'과 같은 루틴이나 '새로운 이메일 수신 시 램프를 빠르게 두 번 깜박이기' 같은 루틴을 제안하는 식입니다. 여기서 더 나아가 사용자의 생활 데이터를 바탕으로 사용자에 맞는 서비스를 추천해 줄 수도 있을 것입니다. 예를 들면 인공지능 스피커나 스마트폰을 통해 "주무실 때 형광등과 TV가 켜져 있는 날이 많은데, 편안한 수면과 에너지 절약을 위해 주무실 때 해당 제품들의 전원을 끌까요?"처럼 사용자에게 서비스 자동화를 위한 의견을 물어보게 될 것입니다. 이런 질문에 대해 "그래, 대신에 수면 등을 흐릿하게 켜줘!"라고 하면 잠이 들자마자 침대 옆의 수면 등을 흐릿하게 켤 것입니다. 이런 지능화된 기능은 어떤 스마트홈 플랫폼을 선택해서 사용하느냐에 따라 달라질 것입니다.

멀티 어드민과 로컬 제어

매터 표준에 있어서 가장 중요한 특징 중의 하나는 멀티 어드민(multi-admin)입니다. 멀티 어드민이라는 것은 하나의 디바이스를 여러 플랫폼에 동시에 등록해서 이용하는 것을 말합니다. 즉, 기존에는 특정한 하나의 플랫폼에만 등록해서 사용했는데, 앞으로는 동시에 여러 플랫폼에 등록해서 이용하는 것이 가능해진다는 것입니다. 물론 기존에도 개별 디바이스가 등록된 플랫폼들을 상호 연동하는 식으로 하나의 디바이스를 여러 플랫폼에서 이용하는 것이 가능하기는 했습니다. 하지만 디바이스 플랫폼이 새롭게 추가될 때마다 다른 플랫폼들과 연동하는 작업을 해야만 해서 몹시 번거로웠습니다.

이처럼 클라우드에 있는 플랫폼과 클라우드에 있는 플랫폼을 연동하는 것을 Cloud-to-Cloud 혹은 줄여서 C2C 방식이라고 합니다. 플랫폼만 연동하면 숫자에 무관하게 사용할 수 있어서 뛰어난 확장성을 제공하지만 플랫폼을 연동하는 과정이 복잡하고 디바이스의 제어 결정이 디바이스가 있는 집이 아니라 인터넷상의 어딘가에서 이루어지기 때문에 제어 속도가 느리다는 단점이 있습니다. 또한 인터넷 혹은 특정한 플랫폼에 장애라도 생기면 스마트홈 서비스를 이용하는 것 자체가 불가능해집니다. 물론 인터넷이 정상이더라도 삼성과 LG처럼 경쟁관계에 있거나 플랫폼 사업자 사이의 관계가 좋지 않은 경우에도 플랫폼을 연동해서 이용하는 것이 불가능합니다.

기존 스마트홈 플랫폼이 클라우드에 기반을 둔 것과 달리, 매터 환경에서는 가정 내 허브 장치를 통해 일종의 연동 작업이 이루어집니다. 매터를 지원하는 장치는 매터를 지원하는 어떤 허브 장치에도 연결될 수 있습니다. 즉, 동시에 여러 허브 장치에 등록해서 이용하는 것이 가능합니다. 물론 해당 허브 장치에 등록된 다른 장치와 함께 이용하는 것도 가능합니다. 허브를 통해 디바이스와 디바이스가 직접 연결되어 이용되기 때문에 Device-to-Device 혹은 D2D 방식이라고 말합니다. 이렇게 되면 가족들은 각자 자신이 선호하는 플랫폼을 이용하는 것이 가능해집니다. 즉, 동일한 거실 등을 제어할 때도 아빠는 아마존 알렉사를 이용하고 엄마는 삼성 스마트싱스를 이용하고 딸은 애플 홈킷을 이용할 수 있게 되는 것입니다. 물론 그렇게 하기 위해서는 그만큼 여러 대의 제어 장치를 이용해야 한다는 단점은 있습니다.

이처럼 매터 표준은 스마트홈과 관련된 일 대부분을 클라우드보다는 가정 내에 존재하는 로컬 컨트롤러에서 처리하게 됩니다. 이를 로컬 제어(local control)라고 하는데, 디바이스를 등록하고 관리하는 것도, 자동화 루틴도 로컬 컨트롤러에서 관리됩니다. 물론 사용자 인식과 기본적인 음성 명령 인식도 로컬 컨트롤러에서 수행됩니다. 클라우드에 있는 플랫폼이 하던 일을 가정 내에 있는 컨트롤러가 수행하다 보니 작동 속도가 빠르고 인터넷에 장애가 발생하더라도 기본적으로 집 안에서 작동하던 자동화 루틴은 정상적으로 작동하게 됩니다. 따라서 앞으로는 컨트롤러 역할을 하는 장치의 중요성이 매우 커질 것으로 보입니다.

그래서 주요 스마트홈 플랫폼 사업자들은 매터 표준을 지원하는 컨트롤러 장치를 보급하기 위해 고군분투하고 있습니다. 처음부터 매터 표준을 주도했던 아마존, 구글, 애플은 2019년부터 쓰레드를 지원하는 인공지능 스피커 등을 출시했고 새롭게 출시되는 인공지능 스피커나 스마트 디스플레이, TV 셋톱 박스, 온도 조절기 같은 장치도 매터 컨트롤러로 사용할 수 있도록 하고 있습니다. 일반적으로 이들은 음성이나 영상 기반의 사용자 인터페이스까지 지원하는데, 매터 환경에서는 다양한 디바이스를 등록해서 쓰는 것도 중요하지만 이들을 쉽고 편리하게 이용하는 것도 중요하기 때문입니다. 반면에 삼성전자는 냉장고, TV, 모니터 같은 장치들을 컨트롤러로 이용하고자 합니다. 하지만 이런 제품들은 교체 주기가 길고 가격도 만만치 않아서 매터 표준 기반의 초기 시장을 장악하는 데 어려움이 클 것으로 보입니다.

직관적인 디바이스 등록

앞에서 지금은 스마트 디바이스를 플랫폼에 등록하는 절차가 매우 복잡하며 일반인들에게는 어렵다는 이야기를 했습니다. 그리고 이와 같은 사용자를 외면하는 프로세스가 스마트홈의 확산, 더 나아가서 앰비언트 환경의 도래를 가로막는 주된 원인 중의 하나라고 했습니다. 다행히도 매터를 주도하는 서비스 사업자들은 이 문제의 심각성을 간파한 것 같습니다. 그래서 매터 표준에서는 아주 직관적이고 사용자 친화적인 방식으로 새로운 디바이스를 등록해서 이용할 수 있도록 하고 있습니다.

매터 환경에서 새로운 디바이스를 스마트홈 플랫폼에 등록하는 방법은 크게 3가지입니다. 하나는 스마트폰 앱을 이용해서 제품에 부착된 QR 코드를 찍는 것입니다. 그러면 해당 디바이스가 사용자가 이용하는 플랫폼에 자동으로 등록됩니다. 또 다른 방법은 QR 코드 대신에 NFC 태그를 이용하는 방법입니다. 이 경우에는 스마트폰을 NFC 태그가 부착된 디바이스에 가져다 대면 자동으로 스마트폰 앱이 실행되며 해당 디바이스가 스마트홈 플랫폼에 등록되게 됩니다. 교통카드를 버스 단말기나 지하철 단말기에 대 본 사람들은 누구나 디바이스를 등록할 수 있게 되는 것입니다. 그리고 세번째 방법은 블루투스를 이용하는 방법인데, 디바이스의 전원이 켜지기만 하면 자동으로 자신이 이용하는 스마트홈 플랫폼에 등록되게 됩니다. 디바이스에 전원이 들어오면 저전력 블루투스 기술을 이용해서 스마트폰에 설치된 앱 혹은 현재 사용 중인 컨트롤러 장치와 신호를 교환한 후 자동으로 등록되기 때문입니다. 옛날 제품들처럼 제품을 박스에서 꺼낸 후 전기 플러그를 꽂을 줄만 알면 이용할 수 있게 되는 것입니다.

사실 이런 방법들은 애플, 구글, 아마존 등이 기존에 자체 플랫폼에서 이용하던 기술들인데, 사용자 관점에서 너무 좋은 기술이라서 매터 표준에 그대로 수용된 것입니다. 즉, 첫 번째 디바이스를 등록할 때 디바이스가 연결될 네트워크 정보를 클라우드의 안전한 장소에 저장해 둔 후 두 번째 이후의 디바이스를 등록할 때 이를 호출해서 이용하는 것입니다. 이에 대해 궁금하다면 아마존의 '와이파이 심플 셋업(wi-fi simple setup)'이나 구글의 '패스트 페어 서비스(fast pair service)'를 찾아보기 바랍니다. 매터 표준에서는 이에 더해 등록하려는 디바이스가 정상 디바이스인지 아니면 가짜 디바이스인지 확인하기 위해 블록체인 기술(DCL, distributed compliance ledger)을 이용해서 디바이스의 인증서를 따로 관리하기도 합니다.

디바이스 경쟁에서 서비스 경쟁으로

더 많은 장치가 서로 통신할 수 있다는 것은 이를 바탕으로 더 많은 '경험' 플랫폼이 구축될 수 있다는 것을 의미합니다. 스마트홈 1등 기업은 누구일까요? 바로 중국의 샤오미(Xiaomi)입니다. 2022년 6월말 기준, 샤오미의 지능형 사물인터넷 플랫폼에는 약 5억 2,700만 대의 디바이스가 연동되어 있습니다. 이 수치는 1년 전에 비해 무려 40.7%나 증가한 것으로 2024년에 10억 대를 돌파할 것으로 전망됩니다. 샤오미 다음으로 많은 수의 디바이스가 연결된 스마트홈 플랫폼은 아마존의 알렉사입니다. Alexa Live 2022에서 발표된 내용에 따르면 알렉사에 연결된 디바이스는 3억 대 이상이며 무려 17만 종의 디바이스가 알렉사를 지원한다고 합니다. 이 외에 구글의 경우 구글 홈에 연동되는 디바이스가 약 10만 종, 그리고 애플의 경우 애플 홈킷에 연동되는 디바이스가 1,000종밖에 되지 않습니다. 물론 디바이스 개수보다는 이들이 제공하는 서비스가 얼마나 더 많고 유용한가가 더 중요한데, 그래도 이용할 수 있는 디바이스의 개수가 많아야 더 많은 서비스를 만들 수 있을 테니 그 숫자를 무시할 수는 없을 것입니다.

게다가 아마존은 다른 경쟁사들보다 더 많은 음성 인식 기반의 사용자 인터페이스 장치, 즉 인공지능 스피커를 보급한 상태입니다. CIRP(Consumer Intelligence Research Partners)의 자료에 따르면 2021년 6월 기준으로 아마존은 미국 인공지능 스피커 시장의 69%를 점유하고 있습니다. 구글이 25%로 그 뒤를 잇고 있으며 애플이 5%, 페이스북이 1% 수준입니다. 물론 음성 명령을 사용할 수 있는 스마트폰에 있어서는 구글이나 애플이 더 압도적이겠지만 집에서는 스마트폰보다는 인공지능 스피커를 훨씬 더 많이 이용한다는 점을 감안하면 주목해야 할 부분입니다.

이런 상황은 국내에서도 마찬가지입니다. 국내의 경우 이동통신사들과 가전 제조사들, 건설사들이 자체 스마트홈 플랫폼을 구축하고 얼마나 많은 디바이스가 자사 플랫폼에 연동되어 있는지를 자랑합니다. 그러다 보니 2010년대 중반에 어떤 이동통신사는 경쟁 플랫폼에 연동하면 자신들의 플랫폼에서는 제외시키겠다고 으름장을 놓는 경우도 있었을 정도입니다. 반면 이동통신사나 가전 제조사들처럼 연동 디바이스를 확보하는 것이 쉽지 않은 카카오나 네이버의 경우 크게 주목받지 못하고 있는 것이 현실입니다. 즉, 디바이스 중심의 스마트홈 생태계를 바탕으로 서로 경쟁을 하고 있는 상황입니다.

그런데 매터 표준이 확산되면 그동안 디바이스 중심의 스마트홈 생태계가 서비스 중심의 생태계로 전환될 것으로 기대됩니다. 매터 표준이 디바이스의 플랫폼 종속성 이슈, 즉 특정한 플랫폼에만 연동해야 한다는 문제를 해결해 줌으로써 플랫폼 사업자들은 디바이스 기반의 서비스나 그런 서비스를 이용하는 환경 측면에서 경쟁자와 차별화하기 위해 노력할 것이기 때문입니다. 또 하나 중요한 부분은 디바이스 라인업 확보 문제로 스마트홈 사업을 적극적으로 추진할 수 없었거나 스마트홈 사업을 포기해야만 했던 기업들에게는 새로운 기회를 제공할 것으로 보입니다. 디바이스 라인업을 확보하기 위한 노력 대신에 자신들의 차별화된 서비스를 바탕으로 스마트홈 생태계를 강화해 나가면 될 것이기 때문입니다. 그런 측면에서 앞으로는 네이버나 카카오 같은 인터넷 서비스 사업자들이 주목받으리라 생각합니다. 이들은 기존에 온라인 혹은 모바일 기반의 서비스 중개 사업자들로 앞으로는 스마트 디바이스를 새로운 서비스 채널로 활용할 것으로 기대됩니다. 또한 미국의 아마존처럼 이커머스 서비스를 제공하는 사업자나 홈케어나 보안 등 다양한 형태의 생활 서비스를 제공하는 기업들도 스마트홈 분야에 본격적으로 뛰어들 수 있게 됩니다. 이 외에도 인공지능 스피커나 허브 장치를 제조하는 디바이스 전문 제조사들도 가능성이 없지는 않습니다.

이에 비해 전통적인 디바이스 제조사에게는 기회와 위기가 공존할 것으로 보입니다. 자신들의 디바이스가 매터를 지원하면 매터를 지원하는 어떤 플랫폼에든 연동해서 사용할 수 있으므로 더 많은 시장 기회를 발굴할 수 있을 것입니다. 특히, 기존에 특정 플랫폼 사업자에게 종속될 수밖에 없었던 디바이스 제조사들에게는 어마어마한 시장 기회가 펼쳐질 것으로 보입니다. 플랫폼 연동의 이슈가 사라지기 때문에 시장 경쟁력만 있다면 국내뿐 아니라 해외 수출의 가능성도 커질 것입니다. 반면에 매터라는 공통 표준은 스마트 디바이스를 일상용품으로 만들 것이므로 다른 디바이스 제조사들과 무한 경쟁을 해야만 합니다. 경쟁사 대비 차별화된 기능이나 품질을 강조할 수도 있겠지만 그보다는 저렴한 가격이 더 중시될 가능성이 큽니다. 기능이나 성능을 차별화하는 것이 쉽지도 않을뿐더러, 앰비언트 시대에 디바이스는 배경으로 사라져 보이지 않는 형태가 될 것이므로 디자인도 중요하지 않으리라 생각됩니다.

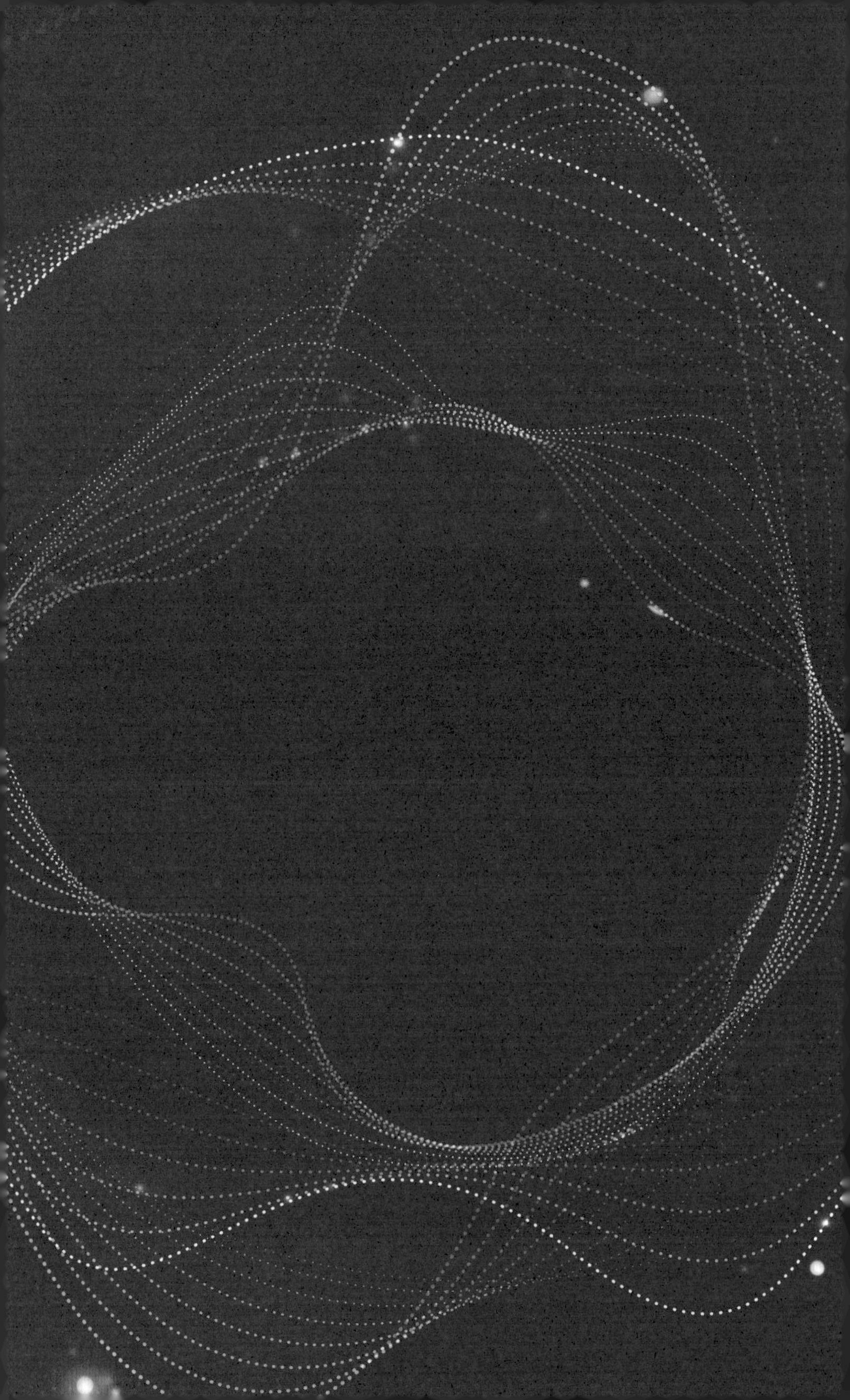

Part 3.

모든 산업에 예고된 지각변동

주도권 전쟁의 승자는 누가 될 것인가

젊은 남녀 커플이 현관문을 열고 들어오자 자동으로 거실 조명이 켜지며 어디선가 소근거리는 소리가 들려옵니다. "어! 오늘은 혼자가 아니네!" "뭐야, 친구지? 친구일 거야!! 그렇지, 네모야?" 그러자 네모가 호들갑을 떨며 말합니다. "이거 분위기 뭐야? 아 웬일이야, 내가 다 떨려!" 하지만 이런 소리가 젊은 커플에게는 들리지 않습니다. 이내 남자가 마실 것을 가지고 와서 소파에 함께 앉습니다. 그리고는 테이블 위에 있는 버튼을 누르자 이번에는 또 다른 누군가가 말을 하기 시작합니다. "이게 얼마만이야? 커튼 닫아 주고 조명은 은은하게. 이 정도는 되어야 영화 보는 분위기가 날 거야!" 그러자 "살짝 서늘해야 꼭 붙어 있겠지?"라며 처음에 호들갑을 떨었던 친구가 맞장구를 칩니다. 이윽고 네모가 말합니다. "쉿, 영화 시작한다!" 이 말이 떨어지자마자 모두 조용해졌습니다.

도대체 집 안에서 무슨 일이 일어난 것일까요? 그리고 어딘가에 숨어서 소근거린 사람들은 누구일까요? 정답부터 말하자면 이들은 사람이 아닙니다. 바로 거실에 있는 스마트 에어컨과 스마트 TV(네모), 그리고 어딘가에 있는 인공지능입니다. 스마트 디바이스와 인공지능이 젊은 두 남녀를 위해 최선을 다하는 모습을 개념적으로 보여 주는 광고의 한 장면인 것입니다. 바로 지능형 스마트홈을 주제로 한 삼성전자의 광고 '팀삼성 – 시네마 편'의 일부인데, 스마트폰 앱이나 음성 명령을 통해 장치들을 개별적으로 제어해야 했던 기존의 스마트홈과는 달리, 미래의 스마트홈은 사용자 및 사용자의 상황을 인식해서 자율적으로 작동하는 앰비언트 환경으로 진화해 나간다는 것을 설명하고자 한 것입니다.

물론 광고에 나오는 모든 것이 지금 당장 가능한 것은 아닙니다. 간단한 자동화 시나리오는 지금도 가능하긴 하지만 지능화된 서비스가 구현되려면 인공지능이 사용자를 학습하기 위해 어느 정도 시간이 필요할 것으로 보입니다. 그럼에도 불구하고 삼성전자가 이런 광고를 내보낸 이유는 무엇일까요? 바로 앞으로 펼쳐질 앰비언트 시대를 삼성전자가 주도해 나가겠다는 의지를 보여 주기 위함이라고 생각합니다. 실제로 2017년 월트 모스버그가 마지막으로 쓴 기고 글에서 앰비언트 컴퓨팅을 언급한 이후, 앰비언트 컴퓨팅은 삼성전자, 아마존, 구글 같은 주요 글로벌 기업들의 비전이자 핵심 사업 전략으로 자리잡기 시작했습니다. 2017년에 '앰비언스'라는 프로젝트를 진행했던 삼성전자는 '디바이스 경험(DX, device experience)'을 강조하며 캄테크의 개념을 본격적으로 도입하고 있고, 아마존과 구글은 앰비언트 컴퓨팅을 회사의 새로운 비전으로 채택하고 하나하나 관련 기술을 개발해 나가고 있습니다.

삼성전자가 DX 부문을 만든 이유

2017년 10월 개최된 '삼성 개발자 컨퍼런스 2017(SDC 2017)'에서 당시 무선개발 1실장을 맡았던 이인종 부사장은 '프로젝트 앰비언스(Project Ambience)'의 주요 내용을 직접 시연합니다. 프로젝트 앰비언스는 사용자 주변의 다양한 사물이 모두 IoT 기기가 되어 서로 매끄럽게 연결되며 사용자가 자신이 원하는 서비스를 직관적인 방식으로 명령하고 제공받을 수 있도록 하는 것입니다. 말 그대로 앰비언트 컴퓨팅의 프로토타입을 소개하는 자리였습니다. 이를 위해 그동안 스마트폰에서만 이용할 수 있었던 음성 인식 서비스인 빅스비를 스마트 TV나 패밀리허브 냉장고 등 어느 제품에서나 이용할 수 있도록 고도화한 빅스비 2.0을 발표합니다. 또한 그동안 스마트싱스, 아틱(ARTIK), 삼성 커넥트(Samsung Connect)로 나뉘어 있던 사물인터넷 플랫폼을 하나로 통합한 통합 IoT 서비스 플랫폼인 스마트싱스를 선보이며 더욱 강력한 사물인터넷 서비스를 제공할 것임을 밝히기도 했습니다.

이후 앰비언트 컴퓨팅과 관련된 눈에 띄는 움직임은 없었습니다. 그러다 2021년 12월 정기 조직 개편을 통해 기존의 CE(소비자 가전) 부문과 IT 및 모바일 통신(IM) 부문을 통합해 DX(디바이스 경험) 부문을 새로이 출범한다고 발표했습니다. DX 부문은 VD(영상 디스플레이), 생활가전, MX(모바일 경험), 네트워크, 의료기기, 로봇 사업부로 구성되는데, 조직간 경계를 뛰어넘는 전사 차원의 시너지 창출과 차별화된 제품-서비스 기반을 구축하기 위한 전략으로 보입니다. 그동안 제품에 집중되었던 전략을 대신하여 제품과 서비스를 결합한 삼성 생태계를 구축하기 위한 장기적인 전략으로 생각할 수 있습니다. 예를 들면 먼지 알레르기가 있는 사람은 삼성전자의 에어컨과 공기청정기를 함께 구매할 때 생활 환경을 더 잘 관리할 수 있도록 하는 것입니다. 갤럭시 스마트폰을 이용하는 사람이 삼성전자의 TV를 구매하게 되면 스마트폰에서 보던 콘텐츠를 아주 손쉬운 방법으로 TV 화면에서 볼 수 있도록 하는 것도 비슷한 사례라고 할 수 있습니다. 즉, 삼성 생태계를 바탕으로 고객의 새로운 라이프 스타일을 만드는 것이 최종 목표인 것입니다.

실제로 이런 모습은 2021년 7월에 출시한 스마트 오븐인 '비스포크 큐커'에서도 확인되고 있습니다. 기존처럼 프리미엄급 가전으로 디바이스를 판매하기도 하지만 디바이스와 밀키트 구독 서비스를 결합해서 판매하기도 합니다. 만약 구독 서비스 결합 방식을 선택한다면 59만 원짜리 스마트 오븐을 5만 원에 구입할 수 있고 24개월간 매달 3만 9,000원 이상의 밀키트를 구매하면 됩니다. 전체적으로는 대략 100만 원을 지불해야 하지만 평소 이용하던 밀키트나 식재료 구매 비용이 포함되어 있기 때문에 사실상 5만 원에 오븐을 구입하게 되는 셈입니다. 간편식을 즐기는 사람이라면 아주 좋은 조건이다 보니 기존에 오븐만 판매했을 때보다 3~4배 정도 더 많이 판매되었다고 합니다.

또 하나 주목해야 할 것은 밀키트를 이용하는 방식입니다. 기존의 오븐이나 전자레인지는 밀키트의 조리 방법을 확인한 후 그에 맞게 오븐을 조작해야만 했었습니다. 그러나 비스포크 큐커 이용자는 스마트싱스 앱을 이용하여 밀키트 포장지에 있는 QR 코드를 촬영해 오븐에 전송하기만 하면 됩니다. 오븐이 밀키트의 종류를 이해하고 전문 요리사들이 만들어 놓은 레시피대로 알아서 조리를 해 주기 때문입니다. 핫도그를 예로 들면 전자레인지 기능으로 1분 40초간 가열한 후 에어프라이어 기능으로 5분간 조리를 해서 핫도그의 바삭한 맛을 즐길 수 있게 해줍니다. 요리의 즐거움은 그대로 제공하면서도 조리 과정의 불편함을 제거해 줌으로써 고객경험을 개선하는 것입니다.

삼성전자는 한 해 5억 대 규모의 제품을 판매하고 있어 이들을 활용해 차별화된 고객경험을 제공하는 데 최적화되어 있으며, 고객이 어떤 디바이스를 쓰더라도 동일한 경험을 느끼고 차원이 다른 가치를 느낄 수 있게 할 계획입니다. 이를 위해 2022년 주주총회에서는 멀티 디바이스 기반 고객경험 혁신을 주요 사업 방향 중의 하나로 제시하였으며 삼성전자의 다양한 디바이스와 외부의 기기들을 연결하고 매터, HCA 등 글로벌 에코시스템과의 전략적 협력도 강화하기로 했습니다. 특히, 스마트 냉장고, 스마트 TV, 스마트 모니터에 스마트싱스를 내장해 집안의 다양한 기기들을 간편하게 연결해 모니터링하고 제어할 수 있도록 할 예정입니다.

이 외에 삼성전자가 주목하고 있는 분야는 서비스 로봇 분야입니다. 특히 2022년 정기주주총회에서는 메타버스와 더불어 로봇을 새로운 기회 영역으로 선정했습니다. 로봇이 더 이상 단순하게 반복 작업이나 허드렛일만 하는 기기가 아니라 고객경험을 개선하고 고객과의 새로운 접점을 제공하는 수단으로 바라보고 있다는 의미입니다. 실제로 삼성전자는 2019년 삼성봇을 처음 공개한 이후에, 2020년 볼리, 2021년 삼성 봇 핸디, 삼성 봇 아이 등 다양한 서비스 로봇들의 시제품을 공개하기도 했습니다. 로봇과 관련된 다양한 기술을 축적하고 로봇을 활용한 생활 밀착형 서비스를 제공함으로써 로봇을 '라이프 컴패니언'으로 인식하도록 할 예정입니다.

2022년 3월 말에 개최된 '언박스 & 디스커버(Unbox & Discover)' 행사에서 DX부문장인 한종희 부회장은 "사용자가 새로운 제품이나 기술을 배우지 않아도 알아서 필요한 기능을 수행하고 특별히 신경을 쓰지 않아도 사용자 개인에 최적화된 맞춤형 서비스를 제공할 수 있어야 합니다."며 캄테크의 필요성을 강조하기도 했습니다. 캄테크는 유비쿼터스 컴퓨팅의 마지막 단계이자 사실상 앰비언트 컴퓨팅과 같은 개념인데, 이를 실현하기 위해 스마트싱스를 기반으로 다양한 기기를 연결하고 문제를 점검해 최적의 솔루션을 제공하는 팀삼성 활동을 강화하고 있으며 스마트홈 생태계 확대를 위해 만든 HCA에도 주도적으로 참여하고 있습니다.

그러나 앰비언트 세상을 위한 삼성전자의 노력이 차근차근 잘 진행되는 것은 아닙니다. 삼성전자는 아직도 앰비언트 세상의 기본인 인공지능 스피커를 출시하지 못하고 있습니다. 2018년 인공지능 스피커인 '갤럭시 홈'을 공개했지만 정식으로 출시되지는 않았으며, 2019년에는 갤럭시 홈을 경량화한 '갤럭시 홈 미니'를 공개했지만 이 역시 정식으로 출시되지는 않았습니다. 그나마 2020년 상반기에 출시된 스마트폰 갤럭시 S20의 사은품으로 활용되는 정도였습니다. 그리고 2021년 말에는 '갤럭시 홈 미니2'를 출시할 것이라는 소문과 함께 2022년 초에는 전파 인증 및 블루투스 인증을 받았다는 뉴스까지 나왔지만 역시 공식적으로 출시되지 않고 있는 상황입니다. 이 외에 CES 2022에서도 태블릿 형태의 스마트홈 허브 장치인 '홈허브'를 출시하겠다고 발표했지만 잠정 보류되고 말았습니다.

아마존, 모든 것은 알렉사로 통한다

1995년 온라인 서점으로 시작해서 지금은 세계 최고의 종합 전자상거래 기업이 된 아마존은 앰비언트 컴퓨팅 분야에서 가장 앞서가는 기업입니다. 심지어는 자사의 미래 비전으로 앰비언트 컴퓨팅을 지목하고 있을 정도입니다. 아마존이 앰비언트 컴퓨팅에 이처럼 진심인 이유는 아마존은 설립 시점부터 고객을 최우선으로 생각하는 기업이었기 때문입니다. 그리고 이런 고객 집착의 철학이 앰비언트 컴퓨팅의 근본 취지와 동일하기 때문입니다.

앰비언트 서비스를 위한 아마존의 노력은 고객의 온라인쇼핑 경험을 개선하기 위한 '원클릭 주문'에서 시작됩니다. 지금 우리가 사용하고 있는 간편결제의 기반이 된 원클릭 주문은 결제 정보를 클라우드에 저장해 놓고 주문 버튼을 누르는 순간 해당 정보를 호출하여 이용함으로써 아주 간단하게 결제를 완료하는 방법입니다. 물론 사용자가 직접 구매하려는 제품을 검색하고 주문 버튼까지 눌러야 하지만 이 기술이 없었다면 현재의 음성 쇼핑이나 자동화된 주문 및 결제는 불가능했을 것입니다.

실제로 2015년 3월에 출시된 '대시 보충 서비스'는 원클릭 주문을 기반으로 개발된 서비스입니다. 프린터의 토너나 정수기의 필터처럼 구매해야 할 제품이 정해져 있는 경우 해당 장치가 사람을 대신해서 주문하게 됩니다. 현재 대시 보충 서비스는 전자레인지에서 팝콘을 자동으로 주문하거나 대시 스마트 선반을 이용해서 음료수나 휴지, A4 용지 같은 일반 생필품을 자동으로 주문하는 데까지 확대 적용되고 있습니다. 2014년에는 대시 보충 서비스와 달리 구매해야 할 제품이 결정되어 있지 않은 경우에도 사용자의 구매 이력, 검색 이력, 조회 정보 등을 감안하여 주문하기도 전에 제품을 배송해 주는 '예측 배송' 아이디어를 특허로 출원하기도 했습니다.

이 외에도 계산원이 없는 매장인 아마존 고는 대표적인 앰비언트 컴퓨팅의 사례라 할 수 있을 것입니다. 출입 게이트에 손바닥만 대고 매장에 입장해서 원하는 제품을 선택해서 들고 나오기만 하면 모든 것이 끝납니다. 출입 게이트는 누가 입장하는지를 자동으로 확인하며 매장에 설치된 카메라와 센서들은 어떤 제품들을 선택했는지 자동으로 파악합니다. 그리고 매장을 나가는 순간 원클릭 주문을 통해 자동으로 결제가 이루어지게 됩니다. 아마존은 이런 매장을 자사의 홀푸드 마켓뿐만 아니라 스타벅스나 세인스버리(Sainsbury)와 같은 다른 매장으로 확대 적용함으로써 앰비언트 공간을 빠르게 늘려 나가고 있습니다.

아마존 앰비언트 전략의 한 축이 자동화된 쇼핑이라면 다른 한 축은 알렉사를 기반으로 하는 앰비언트 환경을 구축하는 것입니다. 아마존은 2014년 11월 처음으로 알렉사가 탑재된 인공지능 스피커인 에코를 출시하면서 고객이 컴퓨터 기기를 의식하지 않고 컴퓨팅 파워를 이용할 수 있게 합니다. 처음에는 거실 테이블이나 부엌에 놓고 가정주부가 주로 사용하는 제품으로 포지셔닝 되었지만 이후 보급형 에코닷, 휴대형 에코탭은 물론 안경테 형태의 에코 프레임, 전기 콘센트에 꽂아 쓰는 에코 플러스 등 20여 종이 넘는 다양한 형태의 에코 스피커를 출시하며 언제 어디에서나 알렉사를 이용할 수 있도록 하는 옴니 프레즌스(omni-presence) 전략을 실천합니다. 또한 AVS 및 ASK를 통해 제3의 디바이스 제조사들도 자사 제품에서 알렉사를 사용할 수 있게 만들었습니다.

최근에는 벽면 부착형 '에코쇼 15'나 홈서비스 로봇인 아스트로를 통해 앰비언트 컴퓨팅을 조금 더 구체화하고 있습니다. 15.6인치의 커다란 화면을 가지고 있는 에코쇼는 월패드처럼 거실 벽면에 설치되는 스마트 디스플레이입니다. 이 제품은 평소에는 디지털 액자로 작동하지만 필요할 때는 스마트홈을 제어하는 대시보드의 역할도 하고 가족에 관한 정보를 관리하거나 메시지를 교환할 수 있도록 하는 홈 오거나이저의 역할을 하도록 하고 있습니다. 반면 아스트로는 평소에는 로봇청소기처럼 거실 어딘가에서 충전을 하고 있지만 사용자가 부르면 쪼르르 다가와서 필요한 일을 해주고 다시 조용히 사라지게 됩니다. 앰비언트의 개념을 문자 그대로 구현했다고 할 수 있습니다.

기존의 에코 스피커들과 달리 에코쇼 15와 아스트로 로봇은 집이라는 공용 공간에서 가족의 공유 정보와 개인의 정보를 동시에 취급할 수 있도록 고안되었습니다. 이를 위해서 목소리(Voice ID)뿐만 아니라 얼굴(Visual ID) 정보까지 이용하여 가족 구성원을 확인하고 맞춤형 서비스를 제공해 주게 됩니다. 기존의 에코 스피커와 경쟁사의 스피커들이 클라우드에서 사용자 인식 프로세스를 처리하는 것과 달리 에코쇼 15와 아스트로는 자체 개발한

AZ2 뉴럴 프로세스를 탑재하여 디바이스에서 로컬하게 처리합니다. 따라서 더욱 신속하며 프라이버시를 보호하는 방식으로 서비스를 제공하게 됩니다.

아마존은 이처럼 음성 명령을 사용할 수 있는 장치들을 보급하기 위해 노력하면서도 다른 한편으로는 가능하면 사용자가 알렉사에게 말을 덜 하게 하려고 노력하고 있습니다. 즉, 알렉사에게 음성 명령을 내리지 않더라도 알렉사가 사용자를 대신해서 능동적으로 작동하기를 바라고 있습니다. 말 그대로 조용한 컴퓨팅을 구현하고자 하는 것입니다. 자동화 루틴이나 예감과 같은 기능들이 대표적인데, 이미 스마트홈 작업의 90% 정도가 자동으로 작동하는 것이라고 합니다. 또한 30개가 넘는 일반화 가능한 인공지능을 개발하여 알렉사와 함께 제공하고 있습니다. 알렉사가 사용자에 대해 더 많이 알아가면 알아갈수록 이 수치는 더욱 빠르게 높아질 것 같습니다.

구글이나 애플 혹은 삼성전자 같은 회사들이 제공하는 앰비언트 컴퓨팅 기술들은 디바이스의 기능적인 성격이 강합니다. 즉, 디바이스에 내장된 센서가 디바이스 주변 혹은 디바이스가 수행해야 하는 대상의 상태를 확인하고 그에 적합한 방식으로 작동하는 것입니다. 이에 반해 아마존은 이런 기능들을 넘어 기존에 존재하던 서비스와 연결시키고 있습니다. 다용도실에 팝콘이 2팩밖에 남아 있지 않으면 스마트 전자레인지는 자동으로 팝콘을 주문하고 스마트 선반은 화장실 휴지나 커피 캡슐, 강아지 사료, 건

전지 등을 알아서 주문해 줍니다. 머지않아 이런 기능들이 냉장고에도 들어갈 것으로 보이는데, 그러면 서비스를 활성화하기 위해 제 책의 제목처럼 냉장고를 공짜로 주는 날이 올지도 모르겠습니다.*

이런 것들 외에도 인공지능 스피커를 활용하여 다양한 서비스를 제공하기도 합니다. 부엌에서 졸졸졸 물 흐르는 소리가 인식되면 수도꼭지를 잠그거나 누수가 발생했는지 확인하라고 알림 메시지를 보내 주며, 부재 중 움직임이 감지되거나 창문 깨지는 소리가 감지되면 사용자에게 알려 주는 것과 동시에 경찰이나 보안회사에 신고를 하기도 합니다. '알렉사 투게더(Alexa Together)'라는 서비스는 멀리 혼자 계시는 부모님의 활동 상태나 낙상과 같은 정보를 에코 스피커를 통해 확인하고 도움을 요청할 수 있도록 하기도 합니다. 또한 텔라닥(Teledoc)과 같은 원격진료 서비스 사업자와 제휴하여 원격에서 상담을 받을 수 있도록 도와주고 있습니다.

아마존은 인공지능 스피커나 자동 주문 장치 외에도 보안 카메라나 로봇 청소기 같은 전략적인 제품들은 적극적인 인수합병을 통해 내재화를 시도하고 있습니다. 2017년에 보안 카메라 제조사인 블링크(Blink)를 인수한 데 이어, 스마트 초인종 제조사인 링(Ring), 그리고 와이파이 라우터 제조사인 이에로(Eero)를 인수한 바 있으며, 2022년 8월에는 룸바라는 로봇청소기로 유명한 아이로봇을 인수하기도 했습니다. 이들은 인공지능 기술과 결합

* 실제로 아마존은 프로젝트 펄스(Project Pulse)라는 이름으로 스마트 냉장고를 개발 중에 있습니다.

되어 사용자 및 사용자의 집과 관련된 다양한 정보를 수집하는 도구로 활용될 것으로 예상되며, 이를 바탕으로 광고나 마케팅 혹은 생활 서비스를 중개하는 식으로 2차적인 수익 사업을 전개할 것으로 예상됩니다.

2022년 6월 현재, 아마존의 알렉사 플랫폼에 연동된 디바이스는 3억 대 이상으로 14만 종에 달하는 디바이스가 사용되고 있습니다. 이는 구글의 11만 종, 애플의 1,000여 종에 비해 현격히 높은 수치로 2022년 10월에 발표된 매터 표준이 아니더라도 완벽한 스마트홈 및 앰비언트 환경을 구축하는 것이 가능한 상황입니다. 그럼에도 불구하고 아마존 역시 매터 표준 개발에 적극 참여하고 있습니다. 더 놀라운 사실은 알렉사 이용자가 꾸준히 증가하고 있어 활성 사용자 수가 지난 3년 사이 두 배로 늘어났으며, 디바이스 작동의 90% 이상이 사람의 관여 없이 음성 명령이나 자동화 루틴에 의해 수행되는 것이라고 합니다. 아마존은 이미 앰비언트 세상의 한복판에 들어섰다고 이야기해도 과언이 아니라 생각합니다.

스마트폰과 웨어러블 중심의 구글

구글도 삼성이나 아마존 못지 않게 앰비언트 컴퓨팅에 관심이 많은 기업입니다. 구글이 공식적으로 앰비언트 컴퓨팅을 언급하기 시작한 것은 2019년 10월에 개최된 연례 하드웨어 이벤트인 '메이드 바이 구글(Made by

Google)'부터였습니다. 이 행사에서 구글의 하드웨어 책임자인 릭 오스텔로(Rick Osterloh)는 구글이 생각하는 앰비언트 컴퓨팅이 무엇이며 그래서 구글은 어떻게 앰비언트 컴퓨팅 시대에 대비해 나갈 것인지를 이야기합니다. 예를 들면 "우리의 비전은 당신 주변의 모든 것이 당신을 도울 수 있어야 한다는 것입니다. 그리고 많은 것이 컴퓨터가 되고 있기 때문에 사용자는 필요할 때마다 다양한 장치에서 원활하게 도움을 받을 수 있어야 한다고 생각합니다." 즉, 앰비언트 컴퓨팅을 위해서는 우리 주변에 존재하는 수많은 사물이 컴퓨터가 되어야 하며 구글은 이들을 통해 사용자를 돕기 위해 노력하겠다고 합니다.

또 다음과 같은 이야기도 합니다. "앰비언트 컴퓨팅에 대한 우리의 목표는 가정, 직장, 또는 이동 중이더라도 필요할 때 일관된 단일 환경을 제공하는 것으로, 서비스는 기기와 함께 작동하고 유동적이어서 배경으로 사라지게 됩니다." 이 말에서 오스텔로는 일관되고 끊김 없는 앰비언트 컴퓨팅 서비스를 강조하며 단순히 하드웨어만 중요한 것이 아니라 이를 바탕으로 하는 서비스가 중요하고 일관된 고객경험을 제공하는 것이 중요하다는 점을 강조하고 있습니다. 그런 맥락에서 '솔리(Soli)'라고 하는 레이더 센서가 탑재된 픽셀 4나 픽셀 버즈(Pixel Buds), 초음파 센서가 탑재된 인공지능 스피커 겸 와이파이 공유기인 네스트 와이파이(Nest Wifi)와 더불어 스마트 초인종이나 가정용 카메라와 함께 사용하는 클라우드 서비스인 네스트 어웨어(New Nest Aware) 등을 공개합니다.

구글이 공식적으로 앰비언트 컴퓨팅을 언급한 것은 2019년이지만 앰비언트 컴퓨팅에 대한 관심은 한참 전인 2012년으로 거슬러 올라갑니다. 한때 세상을 놀라게 했던 구글 글래스가 바로 그 주인공인데, 웨어러블 장치를 이용해서 컴퓨팅 파워를 이용하려고 했던 첫 번째 시도가 아니었나 생각됩니다. 너무 오래전 일이라서 지금은 기억도 잘 나지 않을 정도인데, 구글 글래스는 높은 가격과 개인정보 보호 문제로 비판을 받으며 상용화가 중단되었습니다. 하지만 구글은 스마트 글래스에 대한 꿈을 포기하지 않았습니다. 2020년 6월에는 스마트 글래스 전문기업인 '노스(North)'를 인수하기도 했는데, 노스에서 개발한 '포컬스(Focals)'라는 증강현실 글래스를 이용하여 자연스럽게 사용자에게 다양한 정보 및 서비스를 제공하려고 하고 있습니다.

구글은 스마트폰에 연결되는 웨어러블 장치에 특별히 관심이 많은데, 2019년에 스마트밴드 전문 제조사인 핏빗(Fitbit)을 인수한 것이 대표적입니다. 2020년 5월에 개최된 Google I/O 2022에서는 가을에 스마트워치인 '픽셀 워치(Pixel Watch)'를 출시하겠다고 밝히기도 했는데, 이 역시 핏빗의 인수와 맥이 닿아 있다고 볼 수 있습니다. 웨어러블 관점에서는 구글의 연구소인 ATAP(Advanced Technology and Projects)가 수행한 '자카드(Jacquard)' 프로젝트가 대표적입니다. 자카드는 디지털 환경에서 생활하는 데 있어서 접근성을 높이기 위한 웨어러블 프로젝트입니다. 이 프로젝트에 처음 참여한 기업은 의류 기업인 리바이스(Levi's)였는데, 소매 부분에 작은 크기의 '자카드 태그(Jacquard Tag)'를 삽입하여 소매를 터치하거나 쓸어내리는 제스처를 통해 모바일 기기를 제어할 수 있는 스마트 재킷을 개발하기도 했습니다. 2020년에는 스포츠 용품 전문 기업인 아디다스(Adidas)와 제휴하여 '게이머(GMR)'라는 활동량 추적기를 개발하기도 했습니다. 이 장치는 자카드 태그처럼 운동화에 삽입한 후 돌아다니면 활동량을 측정해서 알려 주는 제품입니다.

이 외에 또 하나 중요한 제품이 2021년 3월에 출시된 네스트 허브 미니 2세대 제품입니다. 이 제품에는 픽셀 4 스마트폰에 사용되었던 솔리 센서가 탑재되어 있어서 손동작을 이용해 음악이나 동영상의 재생을 잠시 멈추거나 다시 재생하도록 하거나 알람을 제어할 수 있습니다. 또한 수면 시 침대 옆에 놓으면 약 1.5~2m 이내에 있는 사람의 수면 관련 정보를 비접촉 방식으로 수집하는 것도 가능합니다. 이 정보는 핏빗의 다양한 스마트밴드 및 픽셀 워치, 혹은 게이머 같은 활동량 추적기에서 수집된 정보들과 함께 헬스케어 서비스를 제공하는 데 활용될 것으로 보입니다. 물론 이 외에도 사용자의 취침 및 기상 시간을 기반으로 해서 스마트홈 디바이스를 제어하거나 보안 시스템을 작동시키는 등 스마트홈 용도로도 이용할 수 있습니다.

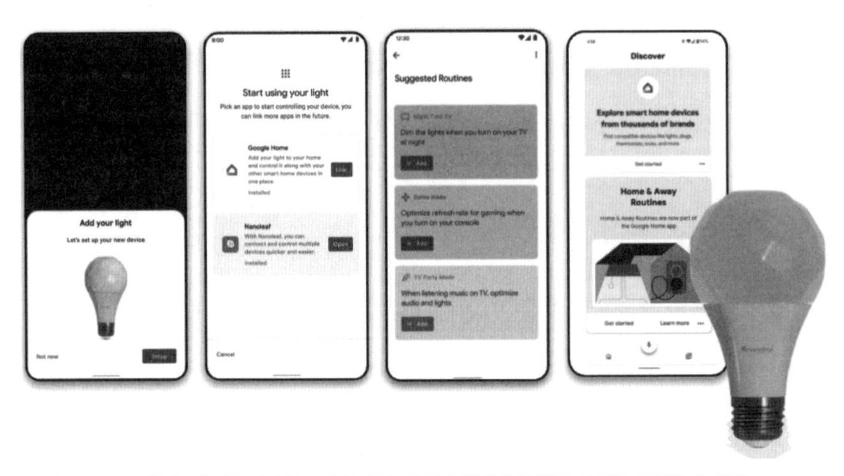

그림 17*. 구글 홈은 새로운 디바이스가 추가될 때 사용자에게 적합한 자동화 루틴을 추천함

음성 인터페이스 및 인공지능 스피커와 관련해서도 다양한 기술 및 제품들을 선보이고 있는데, 2021년 6월 기준 미국에서 구글의 인공지능 스피커 점유율은 25%에 달합니다. 아마존의 69%에 대해 절반에도 못 미치는 수준이지만 2021년만 보자면 아마존이 44.1%, 구글이 40.8%로 거의 비슷한 시장 점유율을 보이고 있습니다. 게다가 전세계 스마트폰 시장의 87%가 구글의 음성 인식 기술인 구글 어시스턴트를 활용할 수 있는 스마트폰이며 다양한 가전제품에서도 구글 어시스턴트를 이용할 수 있어서 상황은 나쁘지 않다고 생각합니다. 또한 2017년부터 판매되기 시작한 무선 이어폰인 픽셀 버즈에서도 구글 어시스턴트를 이용할 수 있습니다.

* 출처: Google Developer, <developers.googleblog.com>

2023년에는 '픽셀 태블릿(Pixel Tablet)'을 출시할 예정인데, 태블릿 형태이지만 스마트홈 컨트롤러의 역할도 할 것으로 기대되는 제품입니다. 특히 그동안 픽셀 스마트폰에만 사용되던 텐서라는 인공지능 칩셋을 사용함으로써, 사용자 목소리 및 얼굴 인식 등을 디바이스에서 수행하도록 할 것으로 보입니다. 즉, 그동안 태블릿이나 스마트 디스플레이에 카메라를 탑재함으로써 제기되었던 프라이버시 이슈를 온디바이스 컴퓨팅을 통해 해결하려는 것으로 보입니다. 이에 앞선 2019에는 '앰비언트 모드(Ambient Mode)'라는 서비스를 발표하기도 했는데, 이 서비스는 휴대폰, 태블릿, PC 등 안드로이드 기기들이 충전되는 동안에 이들을 마치 스마트 디스플레이처럼 사용할 수 있게 하는 기능입니다. 즉, 잠금화면에 날씨나 일정, 음악의 재생 목록 등을 표시해 주고 스마트홈 기기들도 보여 주게 됩니다. 이를 통해 빠르고 간단하게 스마트 기기들의 상태를 확인하고 제어할 수 있게 함으로써 어떤 장치에서든 앰비언트 서비스를 이용할 수 있게 하고 있습니다.

구글은 아직 아마존의 아스트로와 같은 홈서비스 로봇을 출시하지는 않았지만 알파벳 X가 수행하고 있는 '에브리데이 로봇 프로젝트(Everyday Robot Project)'를 통해 일상생활에서 사용할 수 있는 생활형 로봇을 개발하고 있습니다. 이 프로젝트의 기본 생각은 모든 개별 움직임에 대해 코딩할 필요 없이 로봇이 카메라와 복잡한 기계학습을 사용하여 주변 세계로부터 보고 배울 수 있도록 하는 것입니다. 즉, 집이나 사무실처럼 우리의 일상 환경에서 벌어지는 구조화되지 않은 일들을 로봇이 스스로 알아서 배우고 처리할 수 있게 하겠다는 것입니다. 현재는 쓰레기 더미에서 재활용 쓰레기를 찾아내어 분류하는 것, 테이블 정리, 창문 여닫기 등의 기능을 수행할 수 있지만 앞으로 더 많은 일을 할 수 있을 것으로 기대됩니다.

구글의 ATAP은 음성 이외의 비언어적 의사 소통 방법이 앰비언트 컴퓨팅 환경을 구축하는 데 매우 중요하다고 생각합니다. 예를 들면 사용자가 현관문을 열고 들어오는 것 자체가 하나의 신호가 될 수 있다는 것이죠. 그런 의미에서 특정한 공간에서 사용자의 움직임을 근접성, 방향, 경로 관점에서 이해하고 이를 바탕으로 뒤따르게 될 상호작용이나 상호작용의 순서를 결정하는 방법에 대해서도 연구하고 있습니다. 또한 보이지 않는 컴퓨팅을 위해 평소에는 보이지 않다가 사람이 다가가면 제어 버튼 및 디스플레이가 나타나는 '숨겨진 디스플레이와 '숨겨진 인터페이스' 및 바람, 소리, 그림자, 움직임 등 자연스러운 방식으로 사용자와 인터페이스 하는 '리틀 시그널(Little Signals)' 같은 기술도 개발하고 있습니다.

구글이 앰비언트 컴퓨팅에 관심이 많은 이유는 고객과 관련된 더 많은 데이터를 확보하기 위함입니다. 그동안은 검색 키워드처럼 온라인 세상을 중심으로 고객과 관련된 정보를 수집했는데, 앞으로는 온라인 세상뿐만 아니라 현실 세계에서도 사용자와 관련된 정보를 수집함으로써 고객 맞춤형 광고 및 생활 서비스를 제공하고자 하기 때문입니다. 2021년 구글 매출의

82%가 광고에서 발생했다는 사실은 이런 생각을 뒷받침하기에 충분할 것입니다. 이를 위해 구글은 스마트홈 연동 표준인 매터의 개발 및 확산에 매우 적극적입니다. 안드로이드 운영 체제에 매터에 대한 지원 기능을 내장하고 '빠른 설정(패스트 페어)' 기술을 이용해서 더 많은 디바이스를 쉽게 연결해 사용하도록 하고 있습니다. 또한 설치 및 설정 과정에 도움이 필요한 장치에 대해서는 출동 보안회사인 ADT의 도움을 받도록 지원하고 있습니다. 이를 통해 고객과 관련된 더 많은 데이터를 확보하고 고객에게는 ADT의 보안 서비스를 제공하려 하고 있습니다.

가장 최근에 개최된 행사였던 구글 I/O 2022에서는 앰비언트 컴퓨팅에 대한 구글의 생각을 3단계로 잘 요약해서 소개하고 있습니다. 제품 관리 부사장인 사미르 사맛(Sameer Samat)은 새로운 안드로이드 13은 다양한 디바이스로 구성되는 미래의 혜택들을 사용자들에게 전달하기 위해 3가지 주제에 집중하고 있다고 말합니다. 첫 번째는 '중앙에 전화(phone at the center)'입니다. 즉, 사용자의 일상생활 중심에 스마트폰을 두고 스마트폰으로 더 많은 것을 할 수 있게 한다는 것입니다. 두 번째는 '전화 너머로 확장(extending beyond the phone)'입니다. 그 동안 스마트폰에서만 제공되었던 것들을 스마트워치, 태블릿 등 다양한 형태의 컴퓨팅 기기를 통해서도 제공하겠다는 것입니다. 마지막으로 세번째는 '함께하면 더 좋은(better together)'입니다. 이 모든 장치가 서로 더 잘 작동하도록 함으로써 하루 종일 다양한 문제들을 해결하고 당신을 돕게 한다는 것입니다. 요컨대 스마트폰에서 시작하지만 다양한 컴퓨팅 기기와의 연동을 통해 더 나은 서비스를 제공함으로써 앰비언트 환경을 완성하겠다는 것입니다.

중국 기업들의 앰비언트 전략

샤오미의 2022년 2분기 실적발표 자료를 보면 샤오미의 AIoT 플랫폼에 연결된 스마트홈 기기 수는 무려 5억 2,690만 개에 달합니다. 이는 노트북, 스마트폰, 태블릿이 빠진 수치이며, 아마존의 3억 개를 훨씬 뛰어넘는 것으로, 전년 동기 대비 40.7%나 증가한 수치입니다. 이는 아마존의 3억 대에 비해 두 배에 가까운 수치입니다.

더 놀라운 것은 5대 이상의 스마트홈 기기를 이용하는 사용자의 숫자가 무려 1,020만 명이나 되며 미홈 앱(Mi Home App)의 월간 활성 이용자 수(MAU)는 무려 7,080만 명이나 된다는 사실입니다. 1인 평균 3대의 스마트홈 기기를 이용한다고 가정하면 이용자가 약 1.7억 명 정도가 되는데, 전체 이용자의 40% 정도가 활성 이용자라는 의미입니다. 일반적인 스마트홈 플랫폼의 활성 이용자 비율이 20% 내외라는 점을 감안하면 사용자들이 적극적으로 스마트홈 기기 및 서비스를 이용하고 있다는 것을 알 수 있습니다.

샤오미 역시 일찍부터 앰비언트 시대의 도래를 예상하며 관련된 준비를 진행해 오고 있는데, 스마트폰과 스마트홈을 두 개의 축으로 바라보고 있습니다. 그런 이유로 2018년에 개최되었던 연례 개발자 회의에서는 '스마트폰 × AIoT' 전략을 발표하기도 했습니다. 구글이나 삼성전자가 생각하는 것처럼 스마트폰을 기본으로 하되 다양한 웨어러블이나 스마트홈 기기를 활용하여 스마트한 경험의 폭을 넓히고 그 수준을 높이겠다는 것입니다. 이를 위해 2020년 초에는 향후 5년간 AIoT에 100억 위안을 투자하겠다고 밝힌 바 있으며, 같은 해 8월에는 스마트폰 × AIoT 전략을 추진하기 위해 향후 5년간 500억 위안을 투자하겠다고 밝히기도 했습니다.

미국의 대중국 제재로 통신장비 및 스마트폰 시장에서 어려움을 겪고 있는 화웨이는 1+8+N 전략을 바탕으로 앰비언트 시대에 대비하고 있습니다. 여기서 1은 스마트폰을, 8은 TV, 태블릿PC, 스피커, 노트북 PC, 이어폰, 스마트워치, 스마트 글래스, 자동차 등 핵심 기기를, 그리고 N은 프린터와 카메라 등 기타 스마트 기기들을 의미합니다. 초기에는 스마트폰을 앰비언트 생태계의 중심에 두고 단계적으로 그 대상을 확대해 나가겠다는 전략입니다. 이를 위해 2019년 뉴럴 프로세서인 Kirin 990을 공개했고, 2020년에는 Kirin 9000을 공개할 예정이었으나 미국의 제재로 모든 것이 중단된 상태입니다.

화웨이는 스마트폰 중심의 앰비언트 전략에 어려움이 발생하자 2021년에 '1+2+N'이라는 새로운 스마트홈 솔루션 전략을 발표합니다. 여기서 1

은 스마트폰이 아니라 화웨이의 자체 운영체제인 '하모니OS(HarmonyOS)' 기반의 제어 시스템을 의미하며, 2는 PLC(Power Line Communication)와 와이파이 6(wi-fi 6)로 구성된 네트워크 시스템을 의미합니다. 마지막으로 N은 하모니OS 중심의 풍부한 생태계를 의미하는 것으로 100개 이상의 전자제품 브랜드와 3,000개 이상의 스마트 디바이스 제조사로 구성됩니다. 2022년 3월 봄 컨퍼런스에서는 스마트홈 솔루션 운영체제의 업그레이드를 발표했으며 향후 가정에서의 다양한 서비스 시나리오를 개발하기 위해 준비하고 있습니다.

음성 인터페이스를 지배하는 자가 승리한다

이 외에도 다양한 기업이 앰비언트 시대의 주도권을 확보하기 위해 노력 중입니다. 전통적인 스마트홈 플랫폼 사업자나 가전 제조사, 통신사, 건설사뿐만 아니라 가구 제조사도 관심을 보이고 있으며 대형 할인마트나 출동 보안회사도 관심을 보이고 있습니다. 그동안은 앰비언트의 기반이 되는 스마트홈 시장에 진출하고자 하더라도 독자적인 스마트홈 플랫폼을 구축해야 하고 그 플랫폼에 연동시킬 풍부한 디바이스 라인업을 확보해야만 했습니다. 그러나 매터 표준이 발표되면서 상황이 크게 달라지고 있습니다. 해당 플랫폼이 매터 표준만 지원하면 매터를 지원하는 모든 디바이스를 연동시켜 사용할 수 있기 때문입니다. 즉, 매터 디바이스 이용자들로 하여금 자사의 플랫폼을 쓰도록 유도하기만 하면 되는 것입니다.

이를 위해 가장 중요한 것이 무엇일까요? 첫 번째는 매터 지원 장치를 연결할 수 있는 허브 장치의 보급입니다. 이런 허브 장치는 와이파이나 쓰레드를 지원하는 전용 허브 장치가 될 수도 있으나 일반적으로 인공지능 스피커나 스마트 디스플레이 같은 컨트롤러가 될 가능성이 큽니다. 구글의 네스트 온도 조절기나 애플의 애플TV 4K 같은 셋톱 박스도 가능성이 없지는 않습니다. 삼성전자의 경우 스마트 냉장고나 스마트 TV를 컨트롤러 장치로 이용할 생각을 하고 있지만 이는 커다란 오산입니다. 물론 이들은 디스플레이를 탑재하고 있어서 매우 좋은 후보임에는 틀림이 없습니다. 하지만 매터 기반의 초기 시장을 장악하기 위해서는 단시간에 다수의 사용자 기반을 확보할 수 있는 저렴한 장치가 더 바람직하기 때문입니다.

두 번째로 중요한 것은 사용자 친화적인 인터페이스 방식입니다. 바로 음성 명령을 이용할 수 있어야 한다는 것입니다. 음성 명령은 스마트폰은 물론 최근에는 다양한 스마트 가전에서도 이용할 수 있는데, 그래도 인공지능 스피커나 스마트 디스플레이를 당할 수는 없을 것입니다. 게다가 최근에 출시되는 주요 인공지능 스피커들은 쓰레드 프로토콜도 지원하기 때문에 동시에 허브 장치로도 이용할 수 있습니다. 만약, 인공지능 스피커에 카메라까지 포함되어 있어서 사용자를 인식하거나 상황까지 인식할 수 있다면 금상첨화일 것입니다.

이런 측면에서 향후 주목되는 기업은 애플입니다. 그동안 애플은 'MFi(made for iPhone/iPad)'라는 지나친 보안 정책으로 인해 스마트홈 생태계를 조성하는 데 큰 어려움을 겪었습니다. 하지만 앞에서 설명한 것처럼 매터 표준이 등장하면서 상황이 크게 달라지고 있습니다. 아직까지 인공지능 스피커 보급률에 있어서 아마존이나 구글에 비해 크게 뒤처져 있지만 스마트홈 상황이 달라진 만큼 홈팟미니 및 애플TV 4K의 보급량이 빠르게 늘어날 것으로 전망됩니다. 게다가 무선 이어폰 시장에서 가장 큰 점유율을 차지하고 있다는 것도 중요한 요인입니다. 언제 어디서나 음성 명령을 이용하던 습관이 집으로 빠르게 확대될 것이기 때문입니다.

또 하나 중요한 이유는 애플의 스마트홈 디바이스 이용자들은 다른 브랜드의 디바이스 이용자들에 비해 브랜드 충성도가 높다는 것입니다.

2022년에 플럼(Plume)이 발표한 자료에 따르면 한 개의 스마트홈 디바이스를 이용하는 경우에는 구글 제품 이용자들의 충성도가 7.9%로 가장 높았지만 5개 이상 혹은 10개 이상 이용하는 이용자들의 경우 애플 제품 이용자들의 충성도가 각각 12.9%와 23.9%로 가장 높게 나타났습니다.

디바이스 개수	애플	삼성전자	아마존	구글	마이크로소프트
1개 이상	2.2%	3.1%	3.1%	7.9%	2.3%
5개 이상	12.9%	9.2%	11.8%	5.8%	5.0%
10개 이상	23.9%	17.2%	17.9%	0.0%	9.3%

표 2. 스마트홈 디바이스에 대한 브랜드 충성도 (출처: Plume 2022)

따라서 국내 기업 중에서도 새롭게 스마트홈 분야에 진출하고 나아가 앰비언트 시대를 주도하고자 한다면 허브 기능과 음성 인터페이스 기능이 모두 포함된 장치를 빠르게 보급하는 데 집중해야 할 것입니다. 음악 서비스와 결합하여 할인된 가격에 해당 장치를 보급하거나 쇼핑몰에서 일정액 이상 구입하는 고객 혹은 멤버십 서비스 가입 고객 등에게 무상으로 제공함으로써 사용자 기반을 확대하는 것이 중요합니다. 기반 사용자를 확보해야만 새로운 서비스도 만들 수 있고 이를 기반으로 수익도 확보할 수 있기 때문입니다. 우리나라에서도 가전, 통신, 건설 분야가 아닌 다른 분야에서 새로운 스마트홈 서비스 사업자가 등장하기를 기대해 봅니다.

새로운 시대의 기회를 잡아라

앞에서 소개했던 삼성전자, 아마존, 구글 같은 기업들은 해마다 두어 차례 개발자 행사나 신제품 소개 행사를 개최합니다. 코로나가 끝을 향해 달려가는 2022년도 예외는 아니었죠. 대부분의 기업들이 코로나의 확산을 우려해서 여전히 온라인으로 행사를 진행하기도 했지만 어떤 기업들은 3년만에 오프라인 행사를 진행하기도 했습니다. 행사가 개최된 방식이나 표현 방법이 조금씩 다르기는 했지만, 이 행사들에는 한 가지 공통점이 있었습니다. 모든 행사의 핵심 주제가 바로 앰비언트 인텔리전스였다는 것입니다.

이 행사들 중 가장 먼저 개최된 것은 삼성전자의 '언박스 앤 디스커버' 였습니다. 2022년 3월 말 온라인으로 개최된 이 행사에서 삼성전자의 DX 부문장인 한종희 부회장은 '캄테크'를 내세우며 간접적으로 앰비언트 인텔리전스의 중요성을 강조했습니다. 이어 5월에 열린 구글의 'Google I/O 2022'에서는 구글의 디바이스 및 서비스 부문 책임자인 릭 오스텔로(Rick

Osterloh)가 스마트폰 이후의 시대를 언급하며 앰비언트 컴퓨팅을 강조했습니다. 그리고 6월과 7월에 각각 개최된 'Amazon re:MARS 2022' 및 'Alexa Live 2022', 그리고 9월 말에 개최된 'Hardware Day' 행사에서 아마존의 디바이스 및 서비스 부문 부사장인 데이브 림프(Dave Limp)는 다양한 인공지능 기술 및 스마트 디바이스를 소개하며 이 모든 것들이 앰비언트 인텔리전스를 구현하기 위한 것들이라고 말했습니다. 당장은 아니겠지만, 포스트 스마트폰 시대의 핵심 키워드가 '앰비언트'임은 확실한 것 같습니다.

그런데 말입니다, 메타버스의 열기로 뜨거운 지금 이 시기에 메타(구 페이스북)를 제외한 주요 기업들이 메타버스가 아닌 앰비언트 인텔리전스를 강조한 이유는 무엇일까요? 여러 이유가 있겠지만, 앞으로는 스마트폰이나 AR/VR 헤드셋보다는 현실에 기반한 디지털 세상에서 더 크고 더 다양한 비즈니스 기회가 발생할 것이라고 생각하기 때문입니다. 그리고 현실 기반의 서비스 플랫폼에서 경쟁자보다 먼저 강력한 고객 기반을 확보하는 기업만이 미래 비즈니스 환경에서 살아남을 수 있다는 것을 잘 알기 때문입니다. 그래서 경쟁자들보다 먼저 앰비언트 시대의 주도권을 잡기 위해 노력하는 것이라고 생각합니다.

그렇다면, 앰비언트 시대에 삼성전자나 아마존, 구글, 애플 같은 글로벌 선도기업을 제외한 다른 기업들에게는 아무런 기회도 주어지지 않는 걸까요? 그렇지는 않을 것입니다. 앰비언트 시대는 스마트폰을 중심으로 하는 지금과는 여러 측면에서 다를 것이기 때문이죠. 스마트폰 시대에는 디지털 기술, 플랫폼 비즈니스 모델을 잘 아는 기업들이 성공할 수 있었지만, 앰비언트 시대에는 현실 세계를 기반으로 하는 비즈니스에 디지털 기술을 잘 접목시킬 수 있는 기업들이 성공할 것이기 때문입니다. 즉, 전통적인 서비스 사업자들에게도 새로운 비즈니스 기회와 성공의 기회를 가져다줄 것입니다. 앰비언트 컴퓨팅과는 아무런 관련도 없을 것 같은 이케아나 ADT 혹은 도미노 같은 기업들이 앰비언트 컴퓨팅에 관심을 갖는 이유입니다.

컴퓨터를 품은 가구

앰비언트 컴퓨팅은 보이지 않는 컴퓨팅이라고 했습니다. 보이지 않는다는 것은 컴퓨팅 장치가 사라져서 보이지 않는다는 것을 의미하는데요, 정신적인 사라짐과 물리적인 사라짐으로 나누어 생각할 수 있습니다. 먼저 정신적으로 사라진다는 것은 컴퓨팅 장치를 컴퓨터로 인식하기 보다는 평소 사용하던 사물로 인식하게 되는 것을 말합니다. 예를 들면, 스마트 냉장고를 그냥 냉장고로 인식하고 스마트 램프를 그냥 램프로 인식하게 되는 것입니다. 물론 이들은 처음에는 스마트 냉장고였고 스마트 램프였습니다. 그런데 쓰다 보니까 스마트한 기능이 당연하게 여겨지면서 그냥 일반 냉장고나 램프로 여겨지는 것입니다.

반면, 물리적으로 사라진다는 것은 두 가지 측면에서 설명이 되는데요, 하나는 반도체 기술의 발전으로 인해 디바이스가 너무 작아져 보이지 않게 된다는 것입니다. 물리적으로 사라진다는 것은 컴퓨팅 디바이스들이 우리 환경 뒤로 숨어 보이지 않게 되는 것으로도 설명할 수 있습니다. 두번째 유형의 대표적인 사례가 바로 시스템 에어컨입니다. 그동안 거실의 한 귀퉁이를 차지하고 있던 에어컨이 어느 순간 천장 안으로 사라져 버리는 거죠. 또 다른 사례로는 삼성전자의 비스포크(BESPOKE) 냉장고나 LG전자의 오브제(OBJECT) 냉장고 같은 맞춤형 가전 혹은 공간 인테리어 가전제품들입니다. 이 제품들은 냉장고의 전면 디자인을 부엌 인테리어와 어울리게 함으로써 이게 냉장고인지 아니면 부엌 인테리어인지 구분되지 않게 만들었습니다.

이처럼 소비자 맞춤형 가전 혹은 공간 인테리어 가전 제품이 증가하면서 주요 가전제조사는 인테리어 사업자와의 제휴를 통해 시장을 만들어 나가고 있습니다. 가전제품을 판매하면서 그에 맞는 인테리어를 하거나, 혹은 인테리어를 할 때 인테리어와 어울리는 가전 제품을 함께 판매하는 것입니다. 그래서 삼성전자가 한샘과 제휴를 하고 있고 LG전자가 LX하우시스와 함께 신축 아파트의 인테리어 및 기축 아파트의 리노베이션 시장을 공략하는 것입니다. 심지어 한샘은 직접 스마트 가구를 제조하기도 합니다. 스마트홈을 미래 성장 발판으로 인식하고 있기 때문입니다. 최근 빠르게 보급되고 있는 스마트 미러도 이런 제품에 해당됩니다. 그래서 한샘은 스마트 디바이스를 유통하는 기업에 전략적인 투자를 하기도 했습니다. 이 외에 이케아(IKEA)는 무선 충전이 가능한 테이블과 같은 스마트 가구를 출시했고 LG전자는 IFA 2022에서 테이블형 공기청정기인 '퓨리케어 에어로 퍼니처'를 공개하기도 했습니다.

순돌이 아빠를 소환합니다

스마트홈이 잘 꾸며진 신축 아파트에 입주하거나 기존 주택을 리모델링해서 첨단 스마트홈을 만들지 않는 한 앰비언트 환경을 경험하는 것은 적어도 아직까지는 쉬운 일이 아닙니다. 사용자가 일일이 디바이스를 설치하고 설정하고 자동화 기능도 만들어주어야 하기 때문입니다. 즉, 지금까지는 앰비언트 환경을 만들기 위해 사용되는 스마트 디바이스보다 사용자들이 더 스마트해야만 했습니다. 그러나 이런 상황은 새로운 스마트홈 연동 표준인 매터의 등장과 더불어 상당히 개선될 것으로 보입니다. 어떤 스마트 디바이스를 선택하든 혹은 어떤 스마트홈 플랫폼을 선택하든 매터 표준을 지원하는 제품들만 선택하면 새로운 디바이스를 추가하는 것이 매우 단순해지며, 복잡하고 어려웠던 플랫폼간 연동을 더 이상 하지 않아도 되기 때문입니다.

하지만 그렇다고 해서 모든 것이 해결되는 것은 아닙니다. 디바이스를 추가하고 설정을 변경하는 것 외에도 물리적인 설치 작업이 필요한 장치들도 많기 때문입니다. 벽에 설치되는 조명 스위치나 블라인드 혹은 커튼과 같은 디바이스들이 대표적인데요, 이런 장치들은 전기를 다루기 때문에 위험하고 설치하는 데에 오랜 시간이 걸립니다. 직접 설치하는 것(DIY)을 즐기는 사람들에게는 재미있는 경험이겠지만 형광등이나 전구 하나 교체하는 것도 어려워하거나 두려워하는 분들이 많은 게 현실입니다.

따라서, 최근에는 합리적인 가격에 스마트 디바이스를 설치해주고 설정까지 해주는 서비스들이 속속 등장하고 있습니다. 대표적인 기업이 전자제품 및 컴퓨터 관련 제품을 전문으로 유통하는 베스트바이(Best Buy)인데요, 2002년에 인수한 긱스쿼드(Geek Squad)를 통해 전문적인 고객 상담 및 설치 서비스를 제공하고 있습니다. 아마존도 2017년 7월부터 아마존 스마트홈 서비스(Amazon Smart Home Service)라는 설치 서비스를 제공하고 있는데요, 알렉사 기반 제품에 대한 상담은 무료지만 제품 설치 서비스는 유료로 제공하고 있습니다. 물론, 이 과정에서 고객이 필요로 할 것 같은 제품을 추가로 판매하기도 합니다.

구글은 2020년부터 출동보안 회사인 ADT와의 파트너십을 통해 보안 및 스마트홈 서비스를 제공 중입니다. 2만 명이 넘는 ADT의 스마트홈 기술자들이 네트워크를 통해 구글 제품을 설치하는 형태입니다. 대신 ADT

는 설치 서비스에 따른 추가 수익을 확보하는 것은 물론 구글 디바이스에서 수집된 데이터를 바탕으로 보안요원들의 출동 횟수를 줄임으로써 비용까지 절감할 수 있다고 합니다. 월마트도 앤지(Angi) 및 헬로테크(HelloTech) 등과의 파트너십을 통해 스마트홈 디바이스 및 집과 관련된 DIY 프로젝트를 지원하고 있습니다. 아직까지는 인테리어 페인팅이나 욕실 리모델링 같은 일들이 가장 인기가 많지만, 스마트홈 장치의 설치가 그 다음으로 인기가 높다고 합니다. 최근에는 서포트닷컴(Support.com)이나 펄스(puls)처럼 스마트홈 디바이스 설치만 전문으로 하는 기업들도 속속 등장하고 있습니다.

이런 상황은 국내도 예외가 아닙니다. 아직까지 명확하게 스마트홈 디바이스 설치 서비스를 내세우고 있는 기업은 없지만, 코웨이나 하이마트, 한샘처럼 오프라인 네트워크가 강력한 기업들은 기존에 제공하던 제품 관리 서비스에 설치 서비스를 추가하는 것을 검토하고 있습니다. 또한, 부동산 중개를 전문으로 하던 직방의 경우에도 수익성의 한계를 극복하기 위해 삼성SDS의 홈IoT 사업 부문을 인수하며 스마트홈 설치 시장에 진출하는 것을 검토 중인 것으로 알려졌습니다. 물론 이 외에도 당근마켓이나 숨고 같은 지역 기반의 플랫폼 사업자가 재능 판매 형태로 설치 서비스를 제공할 수도 있을 것으로 보입니다. 이제 숨어 있던 순돌이 아빠와 맥가이버들이 그 능력을 보여줄 때입니다.

다크호스가 될 서비스 사업자들

앰비언트 세상을 가능하게 하는 것 중의 하나가 새롭게 등장할 매터 표준이라고 말씀드렸습니다. 매터 표준만 지원한다면 어떤 제품을 어떤 플랫폼에든 자유롭게 연결해서 이용하는 것이 가능하며, 디바이스를 등록해서 사용하는 것도 전혀 어렵지 않기 때문입니다. 일반적으로 이런 기술 표준은 주로 디바이스 제조사나 칩 제조사들에 의해 개발됩니다. 새로운 표준을 주도해야 디바이스며 칩을 더 많이 팔 수 있을 테니까요. 그런데, 특이하게 매터 표준은 서비스 사업자들의 주도 하에 개발되었습니다. 2022년 11월 기준 매터 표준을 주도하는 CSA의 회원사는 540여개나 되는데요, 의사 결정권이 있는 29개의 이사회 멤버 중에서 31%에 달하는 9개 회원사가 서비스 및 플랫폼 사업자들일 정도입니다.

이런 서비스 및 플랫폼 사업자들 중에는 매터 표준을 주도한 아마존, 구글, 애플, 그리고 삼성의 스마트싱스와 같은 거대 플랫폼 사업자도 존재하지만, 이케아 같은 가구 제조사, 크로거 같은 리테일 사업자도 존재합니다. 이런 특징은 270개가 넘는 파티서펀트 멤버(Participants Member) 리스트를 보면 더욱 명확해지는데요, 페이스북에서 이름을 바꾼 메타, 100년 전통의 보안 서비스 회사인 ADT, 중국의 이커머스 사업자인 JD.COM, 통신사인 T모바일, KT, LG U+, orange, 카드 사업자인 마스터카드, 생필품 제조사인 P&G 등 다양한 분야의 서비스 사업자들이 참여하고 있습니다. 디바이스 제조사들의 숫자에 비하면 여전히 적지만, 전례 없이 많은 서비스 사업자가 스마트홈 분야에 관심을 가지고 있다는 사실에 주목해야 할 것입니다.

이처럼 기술 기업이 아닌 서비스 사업자들이 다수 매터 표준 개발에 참여하는 이유는 무엇일까요? 매터 표준으로 인해 스마트홈 시장의 진입 장벽이 완전히 무너졌기 때문입니다. 지금까지는 스마트홈 사업을 시작하려면 자체 스마트홈 플랫폼을 구축하고 여기에 연동해서 사용할 다양한 디바이스들을 확보해야 했습니다. 대규모 통신, 가전, 건설사가 아닌 일반 서비스 기업 입장에서는 이런 디바이스 라인업을 구축하는 게 쉬운 일이 아니었습니다. 그런데 매터 표준이 등장하면서 이런 문제들이 모두 해결된 것입니다. 고객들로 하여금 자신들이 사용한 서비스 플랫폼만 선택하게 한다면, 여기에 필요한 디바이스들은 얼마든지 확보할 수 있을 것이며, 디바이스 제조사들과 플랫폼을 연동하려 노력할 필요도 없어지기 때문입니다. 거기다 서비스 사업자들은 기존의 IT 기업이나 플랫폼 기업들에 비해 훨씬 뛰어난 서비스 역량을 보유하고 있었습니다. 덕분에 이를 기반으로 스마트홈 및 스마트홈 기반의 생활 서비스 분야로 사업 영역을 넓혀 나가려는 기업들의 관심이 커졌습니다.

대표적인 기업이 가구 제조사인 이케아입니다. 이케아는 2012년부터 디지털 요소와 기술을 자신들이 판매하는 제품과 솔루션에 통합함으로써 가정의 삶을 풍요롭게 하기 위한 프로젝트를 진행했습니다. 이후 이케아는 트로드프리(TRÅDFRI) 게이트웨이는 물론, 스마트 조명, 스마트 블라인드, 전원제어장치를 공급하고 있으며 스마트폰 앱인 홈스마트(Home Smart)를 이용하여 고객이 원하는 실내 분위기를 제공하기 위해 노력하고 있습니다. 최근에는 스피커 전문 기업인 소노스(Sonos)와 제휴하기도 했으며 무선 충전 기능이 있는 테이블을 출시하기도 했습니다. 또한 2022년 11월에는 매터 표준을 지원하는 스마트홈 장치들을 활용하기 위해 매터 표준을 지원하는 스마트홈 허브 '디리휘라(Dirigera)'를 출시하기도 했습니다. 10년 넘게 스마트홈 분야에 전념했던 이케아가 앞으로 어떤 놀라운 변화를 보여줄지 지켜보는 것도 흥미로울 것 같습니다.

우리나라의 경우 카카오나 네이버 같은 인터넷 서비스 사업자들이 스마트홈 시장에 진출할 것으로 예상됩니다. 그동안 우리나라에서는 인터넷 서비스를 제공하는 통신 사업자들을 중심으로 스마트홈 사업이 전개되었고, 최근에는 가전제조사나 건설사가 스마트홈 분야에 열심입니다. 이들은 전통적으로 디바이스 제조사들과 함께 일했던 경험을 바탕으로 빠르게 스마트홈 생태계를 확대하면서 경쟁력을 키워왔습니다. 반면, 디바이스 라인업을 확보하는 것이 쉽지 않았던 카카오나 네이버는 인공지능 스피커만 공급하거나 이를 바탕으로 건설사와 제휴하는 형태로 스마트홈 사업을 전개했습니다. 하지만, 매터 표준이 등장하면서 디바이스 문제가 해결되었고

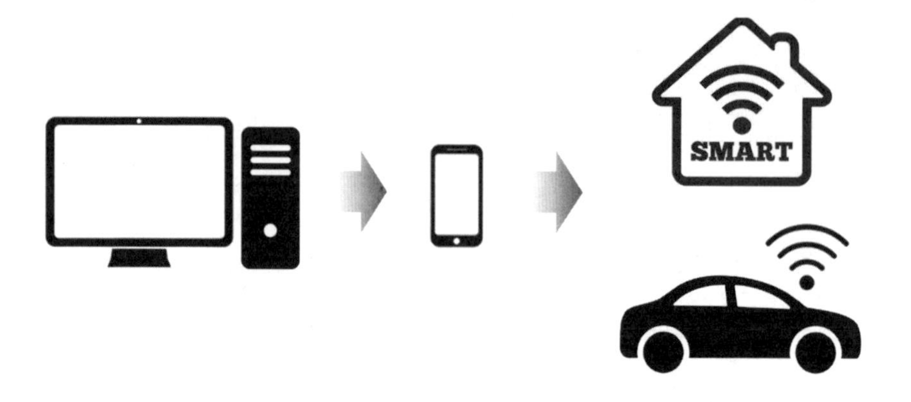

그림 18. 온라인 서비스 채널의 진화

인터넷 기반의 서비스 경쟁력을 보유하고 있기 때문에 앞으로 인터넷 서비스 사업자들이 스마트홈 시장의 다크호스가 될 것으로 보입니다.

물론 이 외에도 에스원이나 ADT캡스 같은 출동보안 회사, 이마트나 롯데마트 같은 대형할인점, 그리고 세탁, 청소, 음식배달 같은 다양한 형태의 생활 서비스 사업자들이 스마트홈 분야에 진출할 것으로 예상됩니다. 물론, 금융이나 미디어 컨텐츠 사업자도 가능성이 없지는 않을 것입니다. 이들 중에 어느 기업이 스마트홈 분야에서, 더 나아가 앰비언트 분야에서 새로운 왕좌를 차지할지는 모르겠지만, 왕위에 오르는 건 인공지능 스피커와 같은 사용자 인터페이스 장치를 활용하여 가장 빠르게 사용자 기반을 확보하는 기업이 되리라 생각합니다. 우리나라에서도 아마존과 구글처럼 앰비언트 시대를 선도하는 기업이 등장하기를 기대해 봅니다.

킬러 서비스 사업자가 주도하는 마이데이터 사업

기존 인터넷 시대 혹은 스마트폰 시대에는 개인의 제품 구매 이력 혹은 서비스 이용 이력을 바탕으로 이와 유사한 제품이나 서비스를 추천하는 것이 일반적이었습니다. 혹은 나이, 성별, 직업 등 사용자와 비슷한 특성이나 성향을 가진 사람들이 좋아하는 상품을 추천해주기도 합니다. 이를 두고 콘텐츠 기반 필터링(contents-based filtering) 및 협업 필터링(collaborative filtering)이라고 합니다. 더 큰 관점에서는 데이터 기반의 개인화 추천 혹은 큐레이션(curation)이라고도 하는데요, 맞는 것도 있고 그렇지 않는 것도 있는 것 같습니다. 다른 사람들과 몇 가지 특성이 유사하다고 해서 당신도 이것을 좋아할 것이라고 한다면, 같은 집에 사는 가족들은 입맛이 모두 비슷해야 한다고 주장하는 것과 뭐가 다르겠습니까?

그렇다고 해서 현재의 온라인 서비스 사업자들을 탓하고 싶지는 않습니다. 이것이 그들이 할 수 있는 최선이기 때문입니다. 그들이 이용할 수 있는 건 컴퓨터나 스마트폰에서 생성된 데이터밖에 없기 때문에 그 이상의 무엇인가를 한다는 것은 사실상 불가능합니다. 물론, 고객의 검색 이력, 특정한 페이지에서 체류 시간, 특정한 상품에 대한 별점이나 이용 후기 같은 데이터들을 이용해서 더 정확한 추천을 할 수 있을지도 모릅니다. 그러나, 서비스 사업자들의 기대와 달리 이런 데이터들은 쉽게 변질될 수 있는 것들이며 제품이나 영화 후기를 쓰는 사람들도 그렇게 많지 않다는 문제점이 있습니다.

하지만, 앰비언트 시대에는 상황이 달라지리라 생각합니다. 사용자의 성향이나 특성을 파악하기 위해 이용할 수 있는 데이터와 정보의 종류와 양이 어마어마하게 늘어날 것이기 때문입니다. 사용자 주변에 존재하는 센서들은 끊임없이 사용자와 관련된 데이터를 생성할 것이며 다양한 스마트 디바이스를 통해 제공된 서비스 정보도 함께 이용될 것입니다. 물론 어떤 제품이나 서비스를 추천하는 과정에 이 모든 데이터나 정보가 이용되지는 않을 것입니다. 하지만, 서비스 사업자들은 어떤 정보가 자신들이 제공하려는 서비스와 상관관계가 높은 것인지 찾기 위해 노력할 것이며, 이를 바탕으로 고객들에게 최고의 맞춤형 서비스를 선제적으로 제공하려 할 것입니다.

앰비언트 시대에는 앰비언트 인텔리전스가 제공한 서비스에 대한 즉각적이고 명확한 피드백을 받는 것도 용이해집니다. 나에게 제공된 서비스가 마음에 들면 말이나 행동으로 좋다는 반응을 보이면 되고 마음에 들지 않으면 싫다는 반응을 보이면 되기 때문입니다. 저의 경우 인공지능 스피커로 음악을 듣다가 마음에 드는 곡이 있으면 "Alexa, I like this song."이라고 말을 합니다. 그러면 알렉사는 "Got it!"이라 말하며 저의 성향을 학습하게 됩니다. 반면, 음악이 연주 중일 때 "Alexa, Next!"라고 하면 그 노래가 마음에 들지 않는다고 판단합니다. 이후 알렉사에게 음악을 틀어 달라고 하면 제가 좋다고 한 노래와 비슷한 노래들을 틀어주게 됩니다. 그렇다고 해서 반드시 의식적으로 의사 표시를 할 필요는 없습니다. 스마트 카메라를 통해 서비스 제공 후의 사용자의 행동만 모니터링 하면 되기 때문입니다. 만약 위아래로 고개를 끄덕거리거나 리듬을 타는 모습이 인식된다면 해당 서비스에 만족하는 것으로 이해할 수 있으며 고개를 갸우뚱하거나 얼굴 표정이 찌그러진다면 만족하지 않는 것으로 이해할 수 있기 때문입니다.

이런 관점에서 앰비언트 시대에는 사용자 데이터의 중요성이 더욱 커질 것이며 따라서 사용자 데이터를 활용하기 위한 사업이 매우 주목받을 것으로 예상됩니다. 우리나라의 경우 2022년 1월 5일부터 마이데이터 사업을 진행하고 있는데요, 다양한 기관 및 서비스 사업자에 흩어져 있는 개인 데이터를 한곳에 통합하여 관리하고 새로운 서비스를 개발하자는 것입니다. 마이데이터 사업은 현재 금융과 보건 분야만을 대상으로 사업이 진행되고 있는데요, 향후 정보통신, 교육, 유통, 문화 및 여가 등 우리의 일상생활과 관련된 모든 분야로 그 대상이 확대될 것으로 예상됩니다.

그렇다면 마이데이터 사업을 성공적으로 수행하기 위해서 가장 중요한 부분은 무엇일까요? 저는 킬러 서비스(Killer Service)를 확보하는 것이라고 생각합니다. 킬러 서비스라는 것은 스마트폰 시대의 킬러 앱(Killer Application)과 거의 동일한 개념인데요, 배달의민족이나 카카오택시처럼 특정한 분야에서 누구나 다 쓰는 서비스를 만들어야 한다는 것입니다. 쉬운 일은 아니지만, 앰비언트 시대에 살아남기 위해서는 막대한 마케팅 비용이 들어가더라도 반드시 킬러 서비스를 확보해야만 할 것입니다. 사용자들은 킬러 서비스 사업자 혹은 그들이 운영하는 서비스 플랫폼을 중심으로 자신과 관련된 데이터들을 모을 가능성이 크기 때문입니다.

실제로 이런 현상은 금융과 관련된 마이데이터 서비스에서도 이미 확인되고 있습니다. 사람들은 여러 금융기관에 흩어져 있는 금융 데이터를 주계좌가 있는 금융 사업자 앱에 통합해서 이용합니다. 즉, 평소 자주 사용하는 금융 앱에서 모든 금융 관련 데이터를 모아서 통장 잔고를 확인하거나 소비 패턴을 관리하게 됩니다. 이 과정에서 해당 금융 앱을 운용하는 금융 기관은 다른 금융 기관보다 더 많은 고객 관련 데이터를 확보할 수 있게 되며 결과적으로 경쟁사가 할 수 없는 새로운 서비스를 제공하거나 금융 이외의 다른 분야의 서비스 사업자와의 제휴 기회까지 확보할 수 있게 되는 것입니다. 따라서, 자신들의 서비스를 킬러 서비스로 만들기 위한 방법을 반드시 찾아내야만 할 것입니다.

스마트폰 시대에 만들어진 킬러 앱 대부분은 초창기에 무료로 자사의 서비스를 체험해 볼 수 있도록 했습니다. 이를 통해 신규 고객을 확보하고 서비스를 경험해 보도록 한 후 해당 서비스를 다시 이용하도록 하는 것입니다. 보통은 무료 이용 기간이 끝나고 나면 자동으로 유료로 전환시키기 때문에 최초 서비스 이용 시 꼭 결제수단을 등록하도록 하고 있습니다. 일반적인 매스 광고에 비해 고객 획득비가 많이 들기는 하지만 초기 사용자 기반을 확보하는 가장 확실한 방법 중의 하나입니다.

이런 방법은 앰비언트 시대에도 어느 정도 효과가 있을 것으로 보입니다. 하지만, 스마트 디바이스를 기반으로 하는 앰비언트 시대에는 다소 다른 접근법을 활용하는 것이 바람직해 보입니다. 바로 서비스의 개시 및 이용 수단이 되는 스마트 디바이스를 활용하는 것입니다. 즉, 스마트 디바이스를 무료로 혹은 저렴한 가격에 제공하면서 신규 고객을 확보하는 것입니다. 대표적인 것이 인공지능 스피커인데요, 애플의 경우 자신들의 인공지능 스피커인 홈팟 미니를 구매하면 애플 뮤직을 6개월 동안 무료로 이용할 수 있게 하고 있습니다. 사실상 홈팟 미니 가격을 60%나 할인해서 제공하는 셈입니다. 실제로 애플은 이 방법을 통해 미국의 인공지능 스피커 시장 점유율을 빠르게 끌어올릴 수 있었습니다. 따라서 서비스 기업들은 어떤 디바이스가 우리 서비스를 고객에게 잘 전달할 수 있는지 고민해 봐야 할 것입니다.

앰비언트 시대의 마케팅

스마트폰 시대에 옥외 광고 혹은 디스플레이 광고의 영향력은 크게 줄어들었습니다. 아무리 현란한 색상을 이용하고 감각적인 영상을 제공하더라도 사람들의 시선은 작은 스마트폰 화면만을 향했기 때문입니다. 이런 상황은 앰비언트 시대가 되면서 더욱 심각해질 것으로 보입니다. 예를 들어, 앰비언트 서비스의 사용자가 조용히 책을 읽고 있는데 인공지능 스피커에서 갑자기 신제품 광고가 나온다면 매우 짜증이 날 것입니다. 기업들은 이런 방식 대신 드라마 속의 PPL 광고처럼 사용자에게 제공하는 서비스 속에 자연스럽게 녹아든 광고를 해야 할 것입니다.

이를 위해 필요한 것이 사용자와 관련된 방대한 데이터와 이를 분석하기 위한 인공지능 기술입니다. 앞에서도 언급했던 것처럼, 사용자의 다양한 서비스 이용 패턴이나 일상생활에서 확보되는 데이터는 사용자의 다음번 서비스 이용에 대한 많은 힌트를 줍니다. 예를 들면, 매주 금요일에 가족들과 치맥을 하는 사람이 있다고 생각해 봅시다. 이 사람은 이번 금요일 저녁에도 치맥을 주문할 가능성이 높을 것입니다. 아니나 다를까 인공지능 비서에게 늘상 주문하던 치맥을 주문하도록 요청합니다. 이때 마케팅이 끼어들 수 있습니다. "최근에 A라는 브랜드에서 B라는 치킨이 새로 나왔는데요 그걸로 주문하면 만원이 할인됩니다. 어떻게 할까요?" 사용자는 호기심에 제안을 받아들여 새로운 치킨을 주문하게 될 것입니다. 그리고 다음번에 "지난 번에 먹었던 치맥 부탁해!"라고 말을 하게 되면 성공하게 되는 것입니다.

그런데 여기서 주의해야 할 것이 있습니다. 마케팅을 하려는 제품이 사용자의 취향에 맞는 것이어야 한다는 것입니다. 사용자의 취향에 맞지 않

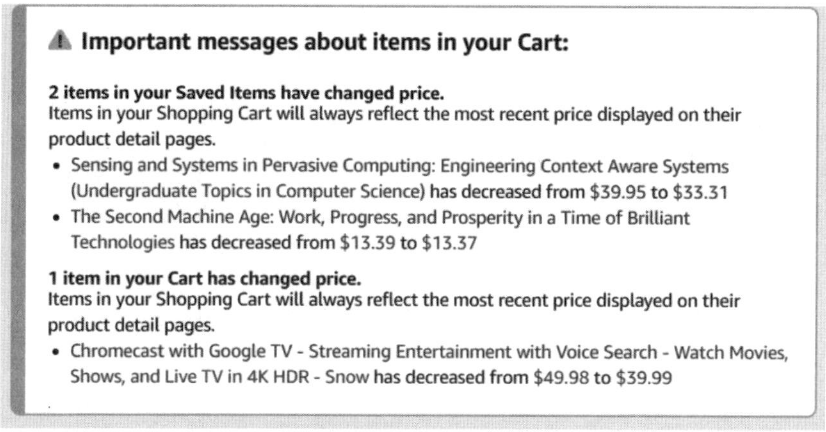

⚠ Important messages about items in your Cart:

2 items in your Saved Items have changed price.
Items in your Shopping Cart will always reflect the most recent price displayed on their product detail pages.

- Sensing and Systems in Pervasive Computing: Engineering Context Aware Systems (Undergraduate Topics in Computer Science) has decreased from $39.95 to $33.31
- The Second Machine Age: Work, Progress, and Prosperity in a Time of Brilliant Technologies has decreased from $13.39 to $13.37

1 item in your Cart has changed price.
Items in your Shopping Cart will always reflect the most recent price displayed on their product detail pages.

- Chromecast with Google TV - Streaming Entertainment with Voice Search - Watch Movies, Shows, and Live TV in 4K HDR - Snow has decreased from $49.98 to $39.99

그림 19*. 상품의 가격 변동을 수시로 반영하는 아마존

는 것을 추천하는 경우 서비스 제안 자체에 대한 신뢰가 무너질 수 있습니다. 예를 들어, 사용자는 치즈를 별로 좋아하지 않는데 새롭게 추천한 치킨이 치즈가 많이 뿌려진 제품이라면 어떤 일이 벌어질까요? 아마도 인공지능 스피커의 다음 제안들에 대해서도 거절할 가능성이 높아질 것입니다. 즉, 사용자와의 신뢰관계를 유지하기 위해 기업이 노력을 해야 한다는 것입니다. 이는 고객의 취향이나 관심사와는 상관없이 일방적이었던 기존의 마케팅과는 다른 것입니다. 당장에 돈이 되지 않더라도 고객이 앰비언트 서비스를 전적으로 신뢰할 수 있도록 해야 합니다.

그런 관점에서 아마존은 고객의 신뢰를 얻기 위한 다양한 노력을 하고 있습니다. 만약 고객이 자신의 장바구니에 담아 놓은 제품의 가격에 변동

* 출처: 아마존, <www.amazon.com>

이 발생하면 그때 그때 알려줍니다. 사용자들이 왜 가격이 오르고 내리는지는 알 수 없지만, 적어도 아마존의 가격 정책은 투명하다는 것을 각인시키는 것입니다. 이런 식으로 아마존을 신뢰하게 된 고객들은 더 이상 경쟁기업에서 판매하는 제품이나 서비스에 관심을 두지 않게 될 것입니다. 더 나아가 아마존을 믿고 자동으로 주문되는 앰비언트 서비스를 이용하게 될 것입니다.

새로운 디지털 소비계층으로 부상하는 시니어들

앰비언트 시대는 처음부터 끝까지 모든 것이 디지털입니다. 사용자와 관련된 데이터도 디지털 형태로 수집, 저장, 관리, 활용되며 서비스를 제공하기 위한 결정도 디지털 기술에 의해 내려집니다. 그리고 일부 서비스는 디지털 방식을 통해 고객에게 전달되거나 이용되기도 합니다. 그런데, 이처럼 디지털화가 가속화되면 '정보격차(digital divide)'도 심화된다고 합니다. 정보격차 현상은 정보에 대한 접근과 이용할 수 있는 기회에 있어서의 차이를 말하는 것인데요, 처음에는 주로 경제적인 이유, 즉 컴퓨터나 스마트폰, 그리고 인터넷을 사용하기 위한 초기 비용의 유무에 의해 발생한다고 생각되었습니다. 그러나, 최근에는 경제적인 이유보다는 정보의 접근 및 활용 정도에 의해 발생한다고 이야기됩니다. 그도 그럴 것이 60대 이상의 스마트폰 보급률이 90%를 넘어서고 있고 어디에서나 무료 와이파이를 이용할 수 있는 상황에서도 정보격차 현상이 발생하고 있기 때문입니다.

문제는 이런 정보격차 현상이 '스마트 격차(smart divide)'로까지 이어진다는 사실입니다. 스마트 격차라는 말은 컴퓨터나 스마트폰을 넘어 다양한 스마트 디바이스들 혹은 여기서 더 나아가 빅데이터나 인공지능 같은 디지털 기술을 이용하는 과정에서 발생하는 격차를 말합니다. 일반적으로 스마트 격차는 정보격차와는 달리 정보뿐만 아니라 다양한 온라인 서비스에 대한 접근과 이용할 수 있는 기회에 있어서의 차이를 말합니다. 어떤 정보나 지식을 넘어 일상생활의 편의나 삶의 질과 관련된 것이라 할 수 있습니다. 스마트 격차가 발생하는 주된 원인도 경제적인 측면 및 정보와 서비스에 대한 접근과 활용 측면에서 찾을 수 있는데요, 이 외에도 디바이스의 이용 방법을 배워야 한다는 측면에서도 그 원인을 찾을 수 있습니다. 즉, 스마트 디바이스를 제대로 이용하는 것이 매우 어렵다는 것입니다.

그러나 다행히도 최근 인공지능 스피커와 같은 음성 인터페이스 장치가 빠른 속도로 보급되고 있고 스마트홈 연동 표준인 매터가 본격적으로 활용되기 시작하면서 상황이 빠르게 바뀌고 있습니다. 디바이스의 설치 및 이용법을 모르더라도 디바이스가 자동적으로 설치되고 사용자에게 필요할 것 같은 서비스가 추천되기 때문입니다. 그래도 모르겠다면 자신이 원하는 것을 말하기만 하면 모든 것이 끝납니다. 따라서, 디바이스를 구매하는 부담만 없다면 이제 누구나 앰비언트 서비스를 이용할 수 있는 상황이 되어 가고 있습니다.

이처럼 스마트 디바이스를 이용할 수 있는 상황과 환경이 만들어지면서 그동안 스마트 디바이스를 별로 이용하지 않았던 중장년층이 새로운 소비자로 빠르게 유입될 것으로 보입니다. 이들은 누구보다 관심과 도움이 필요한 계층이며 청년층에 비해 경제적인 여유도 있기 때문입니다. 이들은 단지 스마트 디바이스를 구매해서 이용하는 것을 넘어 이들을 통해 일상생활에 필요한 다양한 생활 서비스도 적극적으로 이용할 것으로 보입니다. 즉, 그동안 스마트폰에서 이용하던 서비스들을 인공지능 스피커나 스마트 가전 등 서비스 관련 장치를 이용해서 이용할 가능성이 큽니다. 인공지능 스피커를 통해 트로트 음악을 듣거나 냉장고나 오븐을 통해 음식을 주문하고 안마의자나 혈압계를 통해 원격진료 및 건강 관리 같은 서비스를 이용하게 될 것입니다. 작은 스마트폰 화면을 통해 굳이 잘 보이지도 않는 메뉴들을 하나씩 클릭하는 것보다는 그냥 말을 하는 것이 더 편하기 때문입니다.

이에 아마존과 같은 기업들은 인공지능 비서인 알렉사 및 관련 서비스를 일반 가정은 물론 호텔이나 병원, 노인 생활 시설에 보급하기 시작하고 있습니다. 2021년에는 병원이나 노인 요양 시설에서 알렉사를 이용할 수 있는 '알렉사 스마트 프라퍼티(Alexa Smart Properties)'를 출시했으며, 2022년 여름에는 55세 이상의 사람들을 위한 서비스 아이디어 공모전인 '알렉사

스킬 콘테스트'를 개최하기도 했습니다. 또한 2020년 말에는 알렉사 지원 장치를 활용하여 활동을 추적하고 비상시에 알렉사가 연락할 수 있도록 하는 '알렉사 케어 허브(Alexa Care Hub)'를 출시하기도 했습니다. 이를 통해 시니어들은 스마트폰이나 다른 시스템을 사용하지 않고 단순히 평소처럼 말하거나 소리를 내는 식으로 자신이 필요한 서비스나 도움을 요청할 수 있습니다.

아마존의 이런 노력들은 주로 MZ세대만을 대상으로 서비스를 제공하는 우리 기업들 및 관련 정부부처에게도 시사하는 바가 크다고 생각합니다. 앰비언트 시대의 비즈니스는 디지털 기기에 익숙한 청년층뿐만 아니라 모두를 대상으로 해야 한다는 것입니다. 통계청의 〈중·장년층 행정통계〉 자료에 따르면, 2020년 11월 기준 우리나라 중장년층의 인구는 약 2,008만 명으로 전체 인구의 40.1%를 차지합니다. 고객층도 두텁고 경제력도 있는 블루오션을 절대로 외면해서는 안 될 것입니다. 또한, 정부 입장에서는 시니어 계층의 스마트 격차도 줄이고 앰비언트 서비스 산업도 활성화시킬 수 있다면 일석이조가 아닐까 생각합니다.

내일을 준비하지 않은 자에게 미래는 없다

미국의 공상과학 소설가이자 미래학자인 윌리엄 깁슨(William Gibson)은 이렇게 말했습니다. "미래는 이미 와 있다. 단지 널리 퍼져 있지 않을 뿐이다" 앰비언트 컴퓨팅도 예외는 아닙니다. 단지 우리가 인식하지 못할 뿐 시나브로 다양한 앰비언트 서비스들이 우리들의 일상 생활 속에서 이용되고 있습니다.* 그리고 인공지능 기술이 보편적인 기술이 되어 감에 따라 그 속도는 더욱 빨라질 것입니다. 따라서, 이 장에서는 앰비언트 세상이 도래했을 때 우리 사회의 모습이 어떻게 바뀌게 될 것이며 그렇게 변화하는 세상에 어떻게 대응해야 할 지에 대해 생각해 보고자 합니다.

기존의 인터넷 세상이나 스마트폰 세상과 비교했을 때 앰비언트 세상의 가장 큰 특징은 디바이스에 집중하지 않아도 된다는 것입니다. 사람들은 의식적으로 디바이스 이용법을 배울 필요도, 디바이스가 제공하는 서비스를 이용하기 위해 스마트폰의 작은 화면에 집중할 필요도 없습니다. 또

---

* 앰비언트 서비스는 그 자체가 인식하지 못하는 사이에 제공되는 것이므로 더욱 더 인식하기가 어렵습니다.

한, 쉴 새 없이 울리는 알람에 반응할 필요도 없습니다. 대신 자신이 중요하게 생각하는 일이나 일상생활에 집중하면 됩니다. 중요하지 않은 일들은 앰비언트 인텔리전스가 우리의 배경에서 대신 처리해줄 것이기 때문입니다.

그렇다고 모든 것이 좋아지는 것만은 아닙니다. 우리는 자신과 관련된 정보를 그만큼 많이 공유해야만 합니다. 그런데 이것은 동시에 우리가 언제든지 디지털적 위험에 처할 가능성을 내포합니다. 악의적인 해커에 의해서 회복할 수 없는 피해를 입을 수도 있지만 그냥 평범하고 선한 사람의 작은 실수에 의해서도 불가피하게 피해를 입을 수 있습니다. 게다가 온라인을 통해 구축된 디지털 세상은 시간과 장소의 제약도 없으며 약자에 대한 배려도 없습니다. 따라서, 개인정보의 활용과 더불어 개인정보 보호에 더욱 신중해야 할 것입니다. 또한, 과거처럼 고객들의 개인정보가 기업의 이익만을 위해 활용되는 것이 아니라 고객의 이익을 위해 활용되어야 할 것입니다. 이런 측면에서 기업은 물론 고객들도 개인정보의 공유와 활용에 대한 관점을 바꿀 필요가 있다고 생각합니다.

앰비언트 시대에 인공지능은 중요한 역할을 합니다. 일반적으로 인공지능은 사용자와의 인터페이스 및 지능화된 서비스의 생성 및 제공 과정에 두루 사용됩니다. 사용자의 말과 행동을 이해하고 이를 바탕으로 사용자의 습관이나 성향을 학습하며 더 나아가 사용자의 의도까지 파악할 뿐만 아니라 사용자에게 최적화된 서비스를 찾아내고 그 서비스를 제공할 최적의 시간을 결정하기 위해 고민을 할 것입니다. 그러나, 이런 과정에 인공지능을 악용하거나 오용할 가능성이 자리하고 있습니다. 인공지능이 사용자가 아니라 사업자를 위해서만 사용될 가능성이 크며 대의를 위해 개인의 이익이나 안전이 피해를 볼 수도 있습니다. 따라서, 인공지능의 도입 및 활용에 대한 고민도 함께 진행되어야 합니다.

앰비언트는 기술 용어가 아닙니다. 따라서, 클라우드 컴퓨팅이나 분산 컴퓨팅 기술처럼 매우 구체적인 표준이나 통신 프로토콜이 존재하지 않습니다. 특정한 빅데이터나 인공지능 기술을 사용해야 하는 것도 아니고 그렇다고 해서 뭔가 구체적인 부분이 있는 것도 아닙니다. 앰비언트는 우리가 생활하고 일하는 방식의 변화, 기업들이 비즈니스를 운영하는 방식의 변화, 그리고 궁극적으로는 인간 문화의 근본적인 변화에 관한 것입니다. 따라서, 과거 사물인터넷이나 인공지능, 블록체인과 비트코인 같은 기술들이 등장했을 때처럼 기술 관점에서 접근해서는 안 됩니다. 사람에 대한 이해, 사람과 사람 사이의 소통, 사람들이 하는 일, 즉 프로세스에 대한 이해를 바탕으로 접근해야 할 것입니다.

포노 사피엔스는 잊어라!

2022년 8월 10일, 삼성전자는 온라인으로 개최된 '삼성 갤럭시언팩

2022' 행사에서 신형 폴더블폰 '갤럭시Z 플립4'와 '갤럭시Z 폴드4'를 공개했습니다. 삼성전자의 네 번째 폴더블폰이 출시된 것입니다. 새로 출시된 제품들은 전작에 비해 스마트폰의 두뇌 역할을 하는 어플리케이션 프로세서(AP)의 성능이 약간 좋아졌고 카메라 해상도 및 밝기도 약간 개선되었습니다. 그리고, 두 개의 화면을 연결하는 힌지 부분이 조금 얇아졌고 그만큼 배터리 용량이 개선되었습니다. 그러나 그게 전부입니다. 전반적으로 향상되고 개선되고 좋아졌지만 이렇다할 혁신은 눈에 띄지 않습니다. 그럼에도 불구하고 삼성전자는 이 제품들이 전작에 비해 더 많이 팔리기를 기대하고 있습니다. 그리고 이런 상황은 2023년에도 2024년에도 비슷하게 반복되리라 생각합니다.

앞에서도 이야기했던 것처럼 앰비언트 시대가 되면 스마트폰의 역할은 점점 줄어들 것으로 보입니다. 앰비언트 시대에는 우리 주변에 수많은 컴퓨팅 장치들이 존재할 것이며 필요에 따라 스마트폰 대신 특화된 장치들이 이용될 것이기 때문입니다. 집이나 사무실과 같은 앰비언트 공간이 아닌 곳에서는 웨어러블 디바이스가 스마트폰을 대체할 것입니다. 이로 인해 스마트폰의 교체 주기는 길어질 것이며 그만큼 스마트폰의 판매량도 줄어들 것입니다. 그럼에도 불구하고 스마트폰은 여전히 우리가 이용하는 장치 중에서 가장 중요한 역할을 할 것입니다. 하지만, 삼성전자 같은 일등기업이라면 이제는 슬슬 스마트폰 이후의 시대, 즉 포스트 스마트폰 시대를 대비해야만 할 것입니다.

앰비언트로 대표되는 포스트 스마트폰 시대를 주도하기 위해서는 디바이스보다 서비스 플랫폼을 장악해야 합니다. 이는 제가 2021년에 출간한《온리원 – 단 하나의 플랫폼이 세상을 지배한다》에서 언급한 것처럼 아마존이나 구글 같은 전통적인 플랫폼 사업자뿐만 아니라 삼성전자나 현대차 같은 디바이스 제조사들에게 있어서도 예외는 아닙니다. 메타버스 시대에도 서비스 사업자들은 스마트폰과 비슷한 기기를 바탕으로 모바일 서비스 플랫폼과 비슷한 서비스 생태계를 만들려고 할 것입니다. 하지만, 앰비언트 시대는 기존과는 완전히 다른 모습을 띨 것입니다. 기존 플랫폼에서는 서비스 제공자의 규모나 서비스 이용자의 규모가 중요했지만, 앞으로는 이들이 생성해내는 데이터의 양이나 질이 더 중요한 시대가 되기 때문입니다. 게다가 그런 데이터가 단순히 서비스를 이용할 때 발생하는 것일 뿐만 아니라, 일상생활 속에서 사용자 주변에 있는 컴퓨팅 장치들에 의해서도 생성되기 때문입니다. 따라서, 컴퓨팅 장치의 보급에도 노력해야 하고 이들로부터 생성되는 데이터를 활용하기 위한 방법들도 찾아내야 할 것입니다.

삼성전자처럼 기존에 스마트폰이나 스마트워치, 무선 이어폰과 같은 웨어러블 장치들은 물론 냉장고, TV, 에어컨 같은 스마트 가전제품을 생산하던 기업들은 제대로 된 서비스 플랫폼만 만들면 서비스 제공자, 서비스 이용자, 그리고 컴퓨팅 장치를 확보하는 것이 매우 용이할 것입니다. 기존처럼 무상 AS를 조건으로 자사 제품을 구매하는 고객들로 하여금 삼성전자의 서비스 플랫폼에 가입하도록 유도하면 되고 이를 바탕으로 서비스 공급자를 확보하면 되기 때문입니다. 이 과정에서 부가 서비스 제공을 위해 사용자 관련 데이터의 활용 동의를 받으면 됩니다. 이런 식으로 서비스 이용자만 확보한다면 서비스 제공자들은 알아서 몰려들게 됩니다.

네이버나 카카오 혹은 통신사들처럼 자체적인 컴퓨팅 장치를 생산하지 않는 기업들은 매터와 같은 스마트홈 연동 표준을 활용하면 됩니다. 서비스 플랫폼이 매터 표준만 따른다면 매터를 지원하는 장치들을 모두 이용할 수 있기 때문입니다. 다만, 고객들이 경쟁사의 플랫폼이 아닌 우리 플랫폼에 컴퓨팅 장치들을 등록해서 사용하도록 하고 이 과정에서 사용자 관련 데이터의 활용 동의를 확보해야 할 것입니다. 이 때 활용할 수 있는 것이 인공지능 스피커와 같은 사용자 인터페이스 장치들입니다. 따라서 기업은 사용자들로 하여금 인공지능 스피커를 더 다양하게 활용하는 습관을 들일 필요가 있습니다.

반면, 특정 분야에 전문성을 가지고 있는 서비스 기업들은 자신들의 서비스를 앰비언트 서비스 플랫폼으로 확장시켜 나갈 수 있습니다. 즉, 기존에 컴퓨터나 스마트폰을 통해 제공하던 서비스를 그 서비스와 관련성이 높은 디바이스를 통해 제공하도록 하는 것입니다. 다만 특정한 서비스만 제공한다면 컴퓨터나 스마트폰에 비해 서비스 확장성이 떨어질 수 있으므로 해당 서비스와 관련성이 있는 몇몇 서비스들을 제휴나 인수 등을 통해 추가함으로써 초기 플랫폼의 규모를 확대하는 것이 필요하리라 봅니다.

스마트홈 이용을 자주 하게 해야 한다

띵동! "택배요!" 드디어 기다리던 택배가 도착했습니다. 지난 번 블랙프라이데이 행사 기간에 40~60% 정도 할인 받아 구매한 제품들이 도착한 것입니다. 택배 상자를 들고 자랑스럽게 거실로 들어오자 "아이고, 이번에는 또 뭘 산 거야? 지난 번에 산 거는 어쩌고 또 샀어!"라며 아내의 핀잔이 이어집니다. 그러면 저의 대답은 항상 똑같습니다. "이걸로 밥 벌어먹고 사는데 다 이용해 봐야지! 강의 때 거짓말을 치더라도 직접 이용해 본 놈이 더 차지게 칠 수 있는 거라고!"

그렇습니다. 저는 수입의 10% 정도를 새로운 스마트 디바이스를 구입하거나 관련 서비스를 이용하는 데 사용합니다. 그리고, 제품을 설치하고 설정하고 이용하는 모든 과정을 유심히 살핍니다. 이들 중에는 일상 생활에서 유용하게 사용하는 것들도 있지만, 대부분은 강의자료를 만들기 위한 소재로만 활용됩니다. 제품의 등록 방법이나 이용 방법, 제품에 사용된 부품이나 소자, 사용자 인터페이스 방식들을 경험해 보는 것만으로도 스마트 디바이스나 서비스를 보는 눈이 달라지기 때문입니다. 그 덕에 제 강의를 듣는 분들은 다른 강사들이 제공하지 못하는 디테일한 내용들과 비즈니스적인 인사이트까지 얻을 수 있다며 만족해합니다. 전세계에서 가장 앞서가는 기업들이 고민한 기술과 서비스를 그 이유 및 관련 전략에 대한 해석과 함께 전달해 드리니 만족스럽지 않을 수 없는 것입니다.

사실, 제가 이 책을 쓰게 된 계기도, 즉 머지 않아 스마트폰 시대가 저물고 앰비언트 시대가 도래할 것이라는 확신을 갖게 된 것도, 매터라고 하는 스마트홈 연동 표준이 대세가 될 것이라고 판단한 것도 결국은 수많은 디바이스를 이용하는 과정에서 발견한 통찰 덕분이었습니다. 그리고 삼성전자, 삼성물산, LH, LG전자, 한샘 등 주요 기업에 고객 관점의 스마트홈 자문을 할 수 있었던 것도 바로 이런 투자 때문이었을 것입니다. 그래서 똑같은 이유로 이 책을 읽는 분들도 책을 읽는 데에 그칠 것이 아니라 인공지능 스피커나 스마트 램프, 스마트 플러그와 같은 기본적인 디바이스 또는 이미 사용하고 있는 스마트 가전제품을 이용해 보실 것을 권해드립니다. 말로만 스마트홈과 앰비언트 세상을 이야기하는 것보다 직접 이용하고 경험해 보는 것이 훨씬 낫기 때문입니다.

다행히도 최근 3년 사이에 스마트 디바이스를 이용해 보려는 사용자가 빠르게 늘어나고 있는 것 같습니다. 시장조사 기관인 인터프리트(Interpret)가 2022년 초에 실시한 조사에 따르면 스마트홈 이용자의 절반 이상이 최근 3년 사이에 첫번째 스마트홈 기기를 구매했다고 합니다. 그것도 통신사나 스마트홈 시스템 통합 사업자들로부터 패키지 혹은 구독서비스 형태로 구매한 것이 아니라 개인이 직접 구매한 것으로 나타나고 있습니다. 한두 개의 단독형 디바이스를 구매해 이용해 봄으로써 직접 스마트홈 경험을 시작하고 그것이 자신에게 유용하다는 판단이 들 때 추가로 스마트홈 기기를 구입하면서 스마트홈을 완성시켜 나가고 있다고 합니다. 정말 바람직한 모습이라 하지 않을 수 없습니다.

이 과정에서 주목할 만한 사실은 소비자의 1/3만이 처음 구입한 채널에서 추가 디바이스를 구입한 반면, 나머지 2/3는 최고의 가치를 찾고자 하는 마음에 여러 채널에서 다양한 디바이스를 구매하는 것으로 나타났다는 점입니다. 서로 다른 채널에서 구매하는 경우 연동의 어려움이 존재할 수 있지만, 디바이스 제조사의 브랜드보다는 보안 및 안전, 편리성 증대, 에너지 비용 절감, 아이 돌봄 등 각자 자신들의 니즈에 맞는 경험과 고객가치를 더 중요시하기 때문입니다. 따라서 기업들은 디바이스보다는 디바이스가 제공하는 고객가치 및 서비스를 중심으로 스마트홈 생태계를 구축하고 사용자 기반을 확대해야 할 것입니다. 그럼으로써 고객들에게 앰비언트 경험을 제공하고 이와 동시에 자신들의 수익 기반을 마련해야 할 것입니다.

이런 전략을 잘 사용하고 있는 기업이 영국의 화재보험사인 하이로(Hiro)입니다. 하이로는 스마트 디바이스 기반의 화재보험 상품을 판매하고 있는데, 이 상품은 스마트홈 디바이스를 많이 사용하면 할수록 보험료가 저렴해지는 상품입니다. 따라서 보험 가입 고객들은 더 많은 보험료 할인을 받기 위해서 대상이 되는 스마트 디바이스를 추가로 구매해야 하는데, 그런 디바이스의 구매 및 설치 서비스를 보험 상품과 함께 제공하는 것입니다. 고객은 보험료를 줄이기 위해 추가 디바이스를 구매함으로써, 하이로의 매출과 수익성을 개선하는데 기여하게 됩니다.

고객이 스마트 디바이스를 이용하고 이에 만족해서 새로운 스마트 디바이스와 서비스를 이용하게 되었다면 다음으로 해야 할 일은 그런 스마트 디바이스와 서비스들을 더 자주 더 많이 이용하도록 만드는 것입니다. 그래야만 앰비언트 시대의 연료인 데이터를 더 많이 생성할 수 있기 때문입니다. 데이터가 충분히 쌓이면 고객 맞춤형 서비스는 물론 지능화된 서비스를 선제적으로 제공하는 것도 가능해집니다.

그렇다면, 디바이스나 서비스를 더 많이 더 자주 이용하도록 하기 위해서는 어떻게 해야 할까요? 기본적으로 디바이스의 기능이나 이를 바탕으로 제공되는 서비스가 만족스러워야 할 것입니다. 동시에 이와 별도로 디바이스를 쉽게 이용할 수 있도록 해야 할 것입니다. 그 방법 중의 하나가 매터와 같은 스마트홈 연동 표준이 될 것이며 음성 명령과 같은 비접촉식 인터페이스 방식이 될 것입니다. 또한, 삼성전자의 〈일상도감〉 시리즈처럼 다양한 활용 사례들을 바탕으로 이용자에 맞는 서비스를 선제적으로 제안하는 것도 좋은 방법 중 하나입니다.

개인정보에 대한 관점의 변화가 필요한 시기

2022년 8월, 아마존은 미국 최대의 로봇청소기 제조사인 아이로봇

(iRobot)을 인수한다고 밝혔습니다. 아마존은 아이로봇 인수 이유에 대해 구체적으로 밝히지 않았지만, 세간에서는 스마트홈 분야에 진심인 아마존이 스마트홈 액세서리에 이어 로봇 청소기 분야마저 독점하려고 한다거나 혹은 2021년 말에 출시한 홈서비스 로봇 사업을 강화하기 위한 것이라는 분석이 주를 이루었습니다. 그러나 며칠이 지나자 아마존이 로봇청소기를 이용하여 사용자의 프라이버시를 침해할 것이라는 위협적인 기사들이 등장하기 시작했습니다.

그도 그럴 것이, 그동안은 집 안에 있는 가구나 구조물과의 충돌을 피해가며 청소를 하던 로봇청소기에 최근 카메라가 탑재되었기 때문입니다. 진공청소기의 고질적인 문제였던 양말이나 걸레 끼임 현상을 막고 전선이나 강아지 똥을 피해가면서 청소를 하기 위해서는 이동에 방해가 되는 장애물뿐만 아니라 바닥에 있는 작은 사물도 인식할 수 있는 기능이 필요했습니다. 이를 가능하게 했던 것이 근거리 라이다(Lidar) 센서와 카메라였던 거죠. 문제는 카메라가 양말이나 전선만 인식하는 것이 아니라 가족 구성원과 애완동물은 물론 집 안의 가구나 가전제품까지도 모두 인식할 수 있다는 점입니다. 그리고 이런 정보들을 자신들의 비즈니스를 위해 얼마든 활용할 수 있다는 점입니다.

예를 들어, 거실을 청소하며 TV를 촬영하게 됐는데, 10년이 훨씬 더 지난 제품이었다면 아마존은 적절한 시점에 4K 혹은 8K TV를 추천해줄 것입니다. 사용자가 아마존닷컴에서 전혀 TV를 검색하거나 조회한 적이 없더라도 이 집에 새로운 TV가 필요하다고 판단할 수 있기 때문입니다. TV를 추천하는 과정에서는 가족 구성원의 정보를 활용하거나 에어컨이나 냉장고 등 현재 이용하고 있는 다른 제품들의 가격 수준 또한 반영할 수 있습니다. 만약 유아용 침대나 강아지가 촬영됐다면 유아 용품 및 애견용품을 추천해줄 수도 있을 것입니다. 그래서인지 아마존이 이전에 링(Ring)이나 블링크(Blink) 같은 다른 기업들을 인수할 때보다 우려의 목소리가 더욱 커졌습니다.

이런 상황, 즉 다양한 스마트 디바이스를 판매한 기업들이 디바이스에서 수집한 사용자 정보를 자신들의 비즈니스를 위해 활용하는 것에 대해 어떻게 생각하시나요? “감히 내 정보로 니들이 돈을 벌어!!”라며 아마 기분이 나쁘다는 분들이 대부분일 것입니다. 사실 저도 얼마 전까지는 그렇게 생각했습니다. 그런데 다양한 관점에서 앰비언트 시대에 대해 고민하다 보니 조금씩 생각이 바뀌고 있습니다. 내 정보를 사용하는 것은 좋은데, 기업들만 이득을 보지 않고 다 같이 이득을 볼 수 있다면 괜찮겠다는 것입니다.

사실, 우리가 개인정보에 대해 우려하는 것은 그 정보가 바르게 사용되는 것이 아니라 악용되거나 오남용되기 때문일 것입니다. 악용이라는 것은 개인정보를 불법적으로 취득 혹은 탈취하여 자신들의 이익을 위해 활용하는 것이고 오남용이라는 것은 개인정보를 사용자의 동의 하에 합법적으로 취득하기는 했지만 이를 사용자의 기대나 생각과는 달리 자신들의 이익을 극대화하기 위해서만 이용하는 것을 의미. 따라서, 저는 기업들이 이 두 가지 약속만 지켜준다면, 즉 개인정보를 안전하게 지키기 위해 노력하고 이를 기업과 고객 모두에게 이익이 되는 방향으로 활용한다면 제 개인정보를 활용하는 것에 대해서 아무런 문제도 되지 않는다고 생각합니다. 만약, 저에게 돌아오는 이득이 더 크다면 제 개인정보를 최대한 활용하는 것이 오히려 더 바람직하다고 생각합니다. 실제로 다양한 조사 결과에 따르면 고객 보상(rewards)이 충분하다면 적게는 50%의 고객이 많게는 99%의 고객이 자신들의 개인정보를 공유할 수 있다고 합니다.

예를 들어보겠습니다. 아마존이 인수한 룸바(Roomba) 청소기가 우리집 TV가 오래됐다는 것을 확인하고 아마존을 통해 TV를 판매하려 합니다. 일반적으로는 제가 아마존 사이트에 접속했을 때 TV 광고가 뜨겠지만, 정상가보다 30%나 할인 판매하는 프라임데이나 블랙프라이데이 정보를 알려준다면 어떨까요? 아마존도 TV를 판매함으로써 매출이 늘어나겠지만, TV를 저렴하게 샀으면 하고 바라던 저도 좋은 가격에 TV를 살 수 있어서 고맙게 생각할 수 있을 것 같습니다. 물론, 그래도 싫다면 개인정보를 사용하지 못하도록 하면 됩니다.

사용자의 개인정보를 공유하는 것이 사용자에게는 손해보다는 이득이 더 많을 것임에도 불구하고 사용자들이 개인정보의 공유나 활용에 대해 이렇게 부정적인 이유는 사실 이기적인 기업들 때문입니다. 개인정보 활용 동의를 하지 않으면 서비스 가입조차 불가능하게 함으로써 강제로 동의를 하게 하고, 그래서 어쩔 수 없이 동의를 하면 날라오는 것은 스팸 메일이나 스팸 문자밖에 없으니 이를 좋게 볼 사람이 어디 있겠습니까? 2022년 여름 강제로 사용자 정보활용 동의를 요구했다 철회한 메타가 단적인 예가 아닐까 생각합니다. 결국 기업에 대한 불신 때문에 개인정보의 공유 및 활용 자체에 대해 부정적인 시각이 만들어졌다고 생각합니다.

그렇다면, 기업들은 어떻게 해야 할까요? 첫째로, 불필요한 고객정보는 처음부터 수집하지도 요구하지도 않는 것입니다. 사용하지도 않을 정보를 모으는 것 자체가 그 기업에 대한 신뢰를 무너뜨리는 행동이 될 수 있기 때문입니다. 두 번째로는 수집한 고객정보를 최대한 안전하게 보호하며 고객이 허용한 범위에서만 활용하는 것입니다. 이를 위해 기업은 고객정보의 안전한 관리 및 활용에 대한 명확한 기준을 마련하여 고객들에게 제시하고 주기적으로 그것을 잘 준수하고 있다는 것을 증명해야 할 것입니다. 세 번째로는 고객정보를 자신들만이 아니라 고객의 이익을 위해서 활용해야 하며 가능한 고객의 이익이 극대화되도록 노력해야 합니다. 이를 통해 고객의 만족도가 높아지고 신규 고객이 유입되도록 만들고 그 결과로써 웹 3.0(web 3.0)의 개념을 선제적으로 도입하는 것입니다.

아마존은 미국에서 가장 많은 스마트 초인종과 카메라가 내장된 스마트 도어락을 판매한 회사입니다. 아마존은 고객들이 이 장치들을 활용하여 방문자를 확인하고 택배가 도착했다는 사실도 알려주지만, 경찰당국의 요청을 바탕으로 집 주변을 어슬렁거리는 범죄자들 정보를 수집하기도 합니다. 그리고 이 사실을 해당 장치 소유자와 지역 언론을 통해 공표까지 합니다. 개인의 프라이버시를 침해하기 위해서가 아니라 범죄자를 감시함으로써 그 지역의 치안 수준을 끌어올리기 위해서라는 것을 명확하게 하는 것입니다. 물론, 그럼에도 불구하고 프라이버시 침해에 대한 우려를 제기하는 목소리가 더 높습니다. 하지만, 동네 곳곳에 보안카메라가 설치되어 있지 않은 미국에서는 유용한 보안 솔루션이 될 수 있다고 생각합니다. 개인정보 보호 및 프라이버시 침해 이슈에 대해서는 흐트러짐이 없어야 하겠지만, 다가올 앰비언트 시대에는 개인정보를 활용하는 것에 대한 관점을 긍정적으로 바꿀 필요도 있어 보입니다.

인공지능 활용에 대한 기준이 필요하다

2017년 4월 버거킹은 새로운 TV 광고를 론칭합니다. 광고에서는 버거킹 유니폼을 입은 한 남자 직원이 나와 "허용된 광고 시간 15초로는 와퍼버거에 들어간 신선한 재료를 모두 설명할 수 없어요. 저에게 좋은 생각이 있어요. 오케이 구글, 와퍼 버거가 뭐지?"라고 말합니다. 그게 광고의 전부입니다. 와퍼 버거에 신선한 재료들이 많이 들어갔다는 느낌이 들긴 하지만 광고 자체가 시청자들의 눈길을 끄는 것 같지는 않았습니다. 하지만 광고가 나간 그날 오후부터 언론에서는 버거킹의 새로운 광고를 대대적으로 소개했습니다. 도대체 무슨 일이 있었던 것일까요?

다시 버거킹의 광고로 돌아가 보겠습니다. 버거킹 직원은 광고 마지막에 "오케이 구글, 와퍼 버거가 뭐지?"라는 질문을 던집니다. 그렇습니다. 시청자들이 아닌 구글 홈 스피커에게 와퍼 버거가 무엇인지 질문한 것입니다. 광고가 끝나자마자 각 가정에 있는 구글 홈 스피커는 한참 동안 와퍼 버거에 대해 설명해 줍니다. 구글 홈이 인터넷 백과사전인 '위키피디아'에 나온 와퍼 버거에 대한 소개를 읽어 준 것입니다. 사실 버거킹은 구글 홈의 동작 방식을 정확하게 이해하고 있었고 일반적으로 TV 옆에 인공지능 스피커를 놓고 사용한다는 사실도 알고 있었습니다. 그래서 와퍼 버거에 대해 고객에게 전달하고자 하는 내용을 미리 위키피디아에 정리해 놓았던 것입니다. 포브스의 말대로 '버거킹이 구글 어시스턴트를 하이재킹'한 것입니다.

이 사실이 알려지고 몇 시간이 지난 후 구글은 구글 홈이 더 이상 이 광고에 나온 목소리에 반응하지 않도록 조치를 취합니다. 하지만, 버거킹은 이런 조치에 대비해 목소리가 다른 여러 버전의 광고를 준비한 상태여서 이 사태는 한동안 지속되었다고 합니다. 정말 치밀하다는 생각이 들 정도입니다. 결국 버거킹은 새로운 광고를 중단할 수밖에 없었지만, 그럼에도 불구하고 지금 제가 버거킹의 와퍼 광고를 소개하는 것처럼 시간이 지나도 수많은 언론 매체, 광고 업계, IT 업계에서 버거킹의 기발한 광고 기법을 소개하고 있으니 광고 효과는 제대로 누린 것 같습니다. 게다가 이 광고로 버거킹은 2017년 10월 개최된 칸 광고제(Cannes Lions 2017)에서 DIRECT 부문 그랑프리를 수상하기까지 했습니다.

하지만, 이 광고는 구글의 승인을 받지도 않은 것이고 사용자의 동의를 받은 것도 아니었습니다. 허락도 없이 구글 홈 스피커에서 특정 기업의 광고가 흘러나오는 것을 좋아할 사용자는 없었겠지요. 그래서 이에 뿔난 일부 사용자들이 위키피디아의 와퍼 버거 항목에 와퍼 버거를 비방하거나 부정적인 설명들을 추가하는 바람에 역효과가 일어나기도 했습니다.

인공지능 스피커와 관련해서 논란이 되었던 또 다른 사건이 있었습니다. 2021년 12월 30일, 집에 있던 10살 여자 아이가 아마존의 인공지능 스피커인 에코에 대고 "알렉사, 뭐 도전해 볼 게 없을까?"라는 질문을 합니다. 그러자 알렉사가 "휴대전화 충전기를 콘센트에 반쯤 꽂은 뒤 동전(페니) 한 개를 덜 꽂은 충전기 부분에 갖다 대 봐!"라고 대답한 것입니다. 다행히 근처에 있던 엄마가 이 소리를 듣고 추가 행동을 말리는 바람에 감전 사고로 이어질 수 있는 상황을 막을 수 있었습니다. 이 일 역시 알렉사가 인터넷에서 '도전'을 검색해서 찾은 '페니 챌린지'를 소녀에게 추천했기 때문에 일어난 일입니다. 이후 아마존 측은 해당 오류를 시정했다고 밝혔습니다.

이 외에도 인공지능 스피커나 더 나아가 인공지능 기술을 활용하면서 발생한 비상식적인 일들은 너무도 많습니다. 마이크로소프트나 아마존 등이 직원 채용 과정에서 여성이나 유색인종을 차별했다는 사실이 밝혀져 해당 기술의 사용을 중단했던 것은 너무나도 잘 알려진 일입니다. 어쩌면 이처럼 밝혀진 사건들은 빙산의 일각일 뿐일지도 모릅니다. 누군가는 영화 〈마이너리티 리포트〉에 나오는 것처럼 인공지능을 이용한 범죄 예측 시스템을 개발하고 있을지도 모릅니다.* 그것이 의도적이든 혹은 비의도적이든 인공지능은 어느 분야에 어떻게 사용되느냐에 따라 우리 삶을 편리하고 풍요롭게도 해 줄 수도, 해를 끼치거나 분노하게 만들 수도 있습니다.

기술 전문가들은 상상해낸 모든 일들을 실행시키려고 할 것이며, 사업가들은 돈이 된다면 뭐든지 할 것입니다. 하지만 이런 의도가 모두 받아들여진다면 어느 순간 사람들은 편리함을 넘어 수많은 빅 브라더들로부터 감시받고 구속당할지도 모릅니다. 따라서, 인공지능 기술의 기술적 혹은 사업적 가능성을 모두 수용할 것이 아니라 사용자 관점에서의 기준이나 가이드를 마련할 필요가 있습니다.

인공지능에 의한 피해를 막기 위해 유럽연합(EU)은 2021년 4월 인공지능 기술 발전 방향을 규제하기 위한 '인공지능법(AI Act)' 초안을 발표했습

* 실제로 시카고 대학의 이샤누 처토파탸이 교수 연구팀 연구 결과에 따르면 자체 개발한 AI 모델을 사용해서 시카고의 단위 지역별 범죄율 데이터를 학습시킨 결과 범죄 발생 예측 정확도가 90%였다고 합니다.

니다. 이번 초안은 2020년 발표된 디지털 서비스법(DSA)과 디지털 시장법(DMA)의 연장으로, 인공지능의 신뢰성을 제고하고 미래 변화에 대비하며 인공지능을 활용하는 개인의 안전과 기본권을 확보하는 등 인공지능에 의해 발생할 수 있는 모든 피해를 방지하는 것을 목표로 하는 최초의 법입니다.

위험 수준	내용
불허용 위험	국민의 안전, 생계, 권리에 대한 명백한 위협이 되는 것으로 사용자의 자유의지를 따르지 않는 AI 시스템 또는 응용이 포함됨
고위험	국민들의 권리, 생명, 건강과 관련하여 위험성이 높은 것으로 공공 서비스, 교육, 채용, 신용 판단, 사법 집행 등이 포함됨
제한적 위험	명확한 투명성이 요구되고 조작의 위험성이 있는 것으로 사용자가 기계와 상호작용하고 있다는 것을 인식하고 제공되는 정보에 따라 결정을 내릴 수 있어야 함
최소 위험	대다수의 AI 시스템이 이 유형에 해당하며, 국민들의 권리나 안전에 대한 위험도가 낮은 비디오 게임, 스팸 필터와 같은 응용이 포함됨

표 3. 인공지능 위험 구분 (출처: EU, 2021.4.21)

이 법안은 회원국 간의 협의 및 승인 과정을 거쳐 2023년 이후 시행될 것으로 예상됩니다. 그러나 현재 논의 중인 이 법안은 여러 난제에 부딪히고 있습니다. 어떤 종류의 인공지능을 고위험으로 분류할 것인가? 국가 안보를 위해서라도 안면 인식 기술을 전면 금지해야 하는가? 등입니다. 또한,

기술적으로도 데이터 세트에 오류가 없어야 하며 사람들이 인공지능 시스템의 동작 방식을 완전히 이해할 수 있어야 한다는 비현실적인 규정 등이 담겨 있기도 합니다. 설령 이런 부분들에 대한 합의가 이루어진다 하더라도 기업들이 법규의 준수 여부를 확인하기 위해 외부 감사나 규제 당국이 그들의 소스코드와 알고리즘에 접근할 수 있도록 의무화한 부분을 받아들일지는 모르는 일입니다.

개가 아닌 사자가 되어라

최근, 기업들이 가장 주목하는 경영 트렌드 중 하나가 바로 '디지털 전환(digital transformation)'입니다. 디지털 전환은 디지털 기술을 이용해서 기존의 상품이나 비즈니스 프로세스, 더 나아가서는 비즈니스 모델까지 혁신하자는 일종의 경영 방식입니다. 이를 통해 고객경험과 수익성을 동시에 개선하는 것이 궁극적 취지입니다. 그런데, 교육이나 자문을 하러 가면 대부분의 기업들은 혁신의 대상이나 혁신의 이유에 대해서 고민하기보다는 혁신 방법에 대해서만 고민하는 모습을 보입니다. 즉, 우리가 어떤 것을 혁신해야 하고 그것을 왜 혁신해야 하는지에 대한 명확한 이유를 찾기보다는, 일단 정해진 것을 어떤 디지털 기술을 이용해서 개선할 수 있는지에 대해서만 고민하는 것입니다. 그러다 보니, 교육이나 자문의 방향성이 디지털 전환 대상 및 방법의 발굴이 아니라 직원들에게 어떤 디지털 기술을 어떻게 얼마나 교육시켜야 하느냐로 흘러갑니다.

이런 모습은 앰비언트 시대에도 비슷하게 나타날 것으로 보입니다. 2023년이 될지 아니면 그 이후가 될지 모르겠지만, 우리나라에서도 본격적으로 앰비언트 컴퓨팅이 핵심적인 비즈니스 트렌드로 부상하고 기업들이 앞다투어 우리도 앰비언트 기업이라고 떠들기 시작할 즈음이면 너나 할 것 없이 직원들에게 앰비언트 기술 교육을 시키기 위해 혈안이 될 것이 불을 보듯 뻔합니다. 앰비언트의 본질은 고객 경험을 개선해서 수익성을 제고하는 것인데, 그에 대한 고민은 하지 않고 기술 교육만 하면서 직원들만 괴롭히는 것입니다.

역대 조사의 어록인 담긴 전등록(傳燈錄)에 '한로축괴(韓獹逐塊) 사자교인(獅子咬人)'이라는 말이 나옵니다. 중국 전국시대에 '한로(韓獹)'라는 명견이 있었는데, 아무리 명견이지만 개의 습성을 버리지 못하고 사람이 흙덩이를 던지면 한로는 흙덩이를 쫓았다고 합니다. 반면, 백수의 왕인 사자는 흙덩이를 던지면 흙덩이를 쫓는 것이 아니라 자신에게 그 흙덩이를 던진 사람을 물어버렸다고 합니다. 사자는 자신에게 던져진 흙덩이의 본질이 무엇인지를 정확히 알고 있는 것입니다. 달을 가리키는 손가락을 보지 말고 본질인 밝은 달을 보라는 말과 일맥상통한다고 할 수 있습니다. 디지털 전환이 됐든 앰비언트가 됐든 중요한 것은 새로운 기술 트렌드가 아닙니다. 왜 그 기술이 필요하고 주목받는지에 대해 이해해야 하는 것입니다.

그런 측면에서 몇몇 선도적인 기업들은 디지털 전환에 대한 인식이 남다릅니다. DT 혹은 DX로 표현하기도 하는 디지털 전환을 Digital Experience의 약자로 확대 해석하는 것입니다. 디지털 기술을 통해 고객 경험을 개선하겠다는 생각이 명확해 보입니다. 고객 경험을 어떤 식으로 개선하고 그렇게 하기 위해서 어떤 방법이 필요한지를 먼저 고민하는 것입니다. 그런 측면에서 삼성전자의 DX도 스마트 디바이스를 이용해서 고객 경험을 개선하겠다는, 즉 앰비언트 컴퓨팅의 목적이 고객 경험의 개선에 있고 이를 통해 기업의 수익성을 제고하는데 있다는 것을 명확히 보여준다고 생각합니다. 기술보다 더 중요한 것은 '왜 그 기술을 써야 하는가'라는 사실을 명심하길 바랍니다.

맺음말

앰비언트 혁명 이후 우리 삶의 모습

인간을 가리키는 말 중에 호모 파베르(Homo Faber)라는 말이 있습니다. 도구의 인간, 즉 인간은 도구를 제작하고 사용할 줄 안다는 것입니다. 그런 이유로 인류는 오래 전부터 다양한 형태의 도구를 만들고 이용해 왔습니다. 선사유적박물관이나 민속박물관에 전시된 유물들은 인간이 도구의 인간임을 증명하고도 남을 것입니다. 물론 그렇다고 해서 인류가 박물관에 전시된 유물들처럼 단순한 도구만 만든 것은 아닙니다. 1800년을 전후해서 발명한 직조기와 증기기관은 최초의 산업혁명을 일으켰고 1900년 전후로 발명된 전기와 컨베이어벨트는 산업화의 속도를 가속시켰습니다.

그리고 1947년 트랜지스터를 발명한 이후로는 컴퓨터와 스마트폰을 포함한 다양한 컴퓨팅 기기와 이들을 연결하는 인터넷까지 만들어 냈습니다. 최첨단의 위성과 이를 쏘아 올리기 위한 로켓도 예외는 아닐 것입니다.

이런 기기와 서비스들은 아날로그가 아닌 디지털 기술을 이용함으로써 성능과 다양한 기능을 모두 챙겼습니다. 어떤 제품들은 수십 개의 버튼을 포함하기도 하고 심지어는 버튼을 누르는 횟수에 따라 기능이 달라지기도 합니다. 이런 제품들이 제공하는 기능들이 너무 많아 다 이용하기도 어려울 정도이며 기능이 많은 장치들의 사용설명서는 웬만한 소설책만큼 두꺼울 정도입니다.

문제는 여기에서 시작됩니다. 새롭게 소개되는 제품이나 서비스들이 너무 많은 기능을 포함하고 있는 데다가 사용법마저 복잡하다는 것입니다. 아무리 기능이 다양하고 성능과 디자인이 뛰어나다 할지라도 사용하기 어려우니 무용지물이 되고 있는 것입니다. 물론 이런 기능들이 누군가에게는 반드시 필요한 기능일 것일 수도 있습니다. 그러나 대부분의 사람들에게는 그렇지 않은 것 같습니다. 게다가 디자인을 간소하게 하려고 기능 버튼 같은 인터페이스 수단의 개수를 줄임으로써 사용성마저 크게 떨어뜨리고 있습니다. 사용 방법을 배우지 않고서는 절대로 어떤 기능들이 있는지 알 수도 없고 그런 기능을 이용하는 방법을 알 수도 없습니다.

그래서 최근에는 고객 경험을 중심으로 제품의 기능과 사용법을 설계하는 시도들이 이루어지고 있습니다. 서비스 디자인이나 디자인 씽킹이 대표적입니다. 하지만 이런 노력도 한계가 있다고 생각합니다. 아무리 보편성을 추구한다 하더라도 그렇게 도출된 기능들이 모두를 만족시킬 수 있는 것은 아니며 그렇게 도출된 이용법이 누구에게나 직관적이지는 않을 것이기 때문입니다. 따라서 앞으로는 모든 도구가 누구나 쉽게 이용할 수 있는 것이면서 동시에 개인에게 맞추어진 형태로 만들어지고 이용되어야 할 것입니다.

저는 그 방법이 앰비언트 컴퓨팅이라고 생각합니다. 앰비언트 컴퓨팅은 수많은 컴퓨터가 사용자를 둘러싼 환경에 자연스럽게 혹은 보이지 않게 녹아 들어 존재하는 것을 말합니다. 더 자세히 말하면, 사용자가 이들의 존재를 인식하고 이들의 이용 방법을 학습해서 필요할 때 필요한 기기를 이용하는 것이 아니라, 이들이 사용자의 존재를 인식하고 사용자의 명시적인 혹은 묵시적인 니즈를 파악한 후 필요한 서비스를 적시에 사용자에 특화된 방법으로 제공하는 것을 의미합니다. 사람들이 필요로 할 때는 짠 하고 등장해서 필요한 일을 해 주지만, 그렇지 않을 때는 조용하게 배경으로 사라지는 것이죠.

이를 가능하게 하기 위해 앰비언트 컴퓨팅은 항상 사용자를 관찰해야만 합니다. 그리고 사용자를 이해하기 위해 노력해야 합니다. 사용자를 둘러싸고 있는 수많은 컴퓨터들은 고유한 방식으로 연결된 후 자신만의 방식으로 사용자와 관련된 정보를 수집하고 분석합니다. 이를 바탕으로 사용자의 반복적인 일상 생활을 이해하고 사용자의 성향이나 기호까지 파악하게 됩니다. 그리고 이렇게 학습한 결과를 바탕으로 사용자 맞춤형 서비스를 선제적으로 제공하게 됩니다. 또한 시간이 지나면서 달라지는 사용자의 성향이나 주변 환경의 변화까지도 반영하여 작동하게 됩니다.

앰비언트 세상에서 디바이스는 단순히 사용자와 소통하고 사용자와 관련된 정보를 수집하며 인터넷 어딘가에서 결정된대로 작동하기만 하면 됩니다. 따라서 디바이스나 디바이스 제조사들의 역할은 크게 줄어들 것입니다. 반면에 디바이스가 수집하고 인공지능이 분석한 결과를 바탕으로 서비스를 제공하는 서비스 사업자들의 역할은 전에 없이 중요해질 것입니다. 즉, 앰비언트 컴퓨팅 시대에는 제조업 및 공급자 중심의 산업이 서비스업 및 이용자 중심의 산업으로 빠르게 전환될 것입니다. 중요한 것은 사용자가 필요로 하는 서비스를 얼마나 정확하고 선제적으로 제공할 수 있는지, 끊임없이 바뀌는 사용자의 성향과 환경 변화에 얼마나 빠르고 적절하게 대응할 수 있는지입니다.

이와 관련해서 가장 중요한 것은 사용자에 대한 데이터를 분석하고 이로부터 비즈니스 인사이트를 도출해 내는 인공지능 기술입니다. 물론, 인공지능이 사용할 데이터를 생성해주는 사물인터넷과 새롭게 등장하는 연동 기술도 중요합니다. 그리고 직관적인 방식으로 사용자와 소통하는 숨겨진 인터페이스 기술도 중요합니다. 앞으로는 키보드를 통해, 마우스 클릭이나 화면을 터치를 통해 컴퓨터에게 명령을 내리지 않을 것입니다. 사람의 존재 자체가 하나의 명령이 될 수 있으며, 말과 동작을 포함하여 얼굴의 방향이나 눈짓처럼 자연스러운 행동 하나하나가 명령이 될 것입니다. 따라서, 이를 가능하게 해주는 비접촉 인터페이스 기술 및 생체 기반의 사용자 인증 기술도 중요할 것입니다.

완전한 앰비언트 시대가 도래하기까지는 5년에서 10년 이상의 시간이 필요할 것입니다. 하지만, 선도적인 서비스 기업들의 노력들을 보다 보니 앰비언트 시대는 생각보다 빨리 현실이 될 수도 있다는 생각이 듭니다. 아마존의 스마트홈 서비스에서 음성명령에 의해 개시되는 서비스의 비율은 전체의 30%나 되며 자동화 루틴에 의한 것까지 포함하면 무려 90%에 가깝다고 합니다. 또한, 일반적인 상황에 대한 인식 기술은 부족한 식재료나 생필품을 알아서 주문해 주기도 하고 더 나아가 가스불을 잠그지 않거나 창문을 열어놓은 채 외출하는 일을 미연에 방지할 정도입니다. 앰비언트 컴퓨팅은 보이지 않아서 사람들이 인식할 수 없기 때문에 천천히 다가오는 것처럼 느껴질 수도 있지만, 사실 이미 우리 주변에 녹아들었을지도 모릅니다.

이런 앰비언트 세상이 도래해서 우리를 둘러싼 수많은 장치들이 우리가 필요로 하는 일들을 모두 해주게 된다면 어떤 일들이 벌어질까요? 여러 가지 놀라운 일들이 일어나겠지만, 무엇보다도 디지털 정보 격차 현상이 크게 줄어들 것입니다. 지금까지는 젊은 사람들이 노년층에 비해 더 많은 기기, 더 많은 정보와 편의 서비스에 접근할 수 있었지만, 앰비언트 시대에는 기기 사용법을 배울 필요가 없으니 누구나 다양한 컴퓨팅 서비스를 이용할 수 있게 되기 때문입니다. 물론, 이는 앰비언트 컴퓨팅 환경이 구축되었다는 것을 전제로 하기 때문에 정부는 디지털 리터러시 교육보다는 앰비언트 컴퓨팅 환경 구축에 노력을 집중해야 합니다.

앰비언트 세상에서는 앰비언트 인텔리전스가 모든 것을 알아서 해줄 것이기 때문에 사람들은 오롯이 자신들의 일상 생활에 집중하게 될 것입니다. 공기청정기를 켜야 할 정도로 공기가 나쁜지, 나올 때 가스를 잠갔는지, 창문은 다 닫았는지 신경 쓰지 않아도 됩니다. 냉장고 안에 유효기간이 지난 식품은 없는지, 주말에 먹을 식샷거리는 충분한지 걱정하지 않아도 되며 화장실의 두루마리 휴지나 세탁기 세제가 얼마나 남았는지 걱정하지 않아도 됩니다. 그것이 의미가 있는 일이든 의미가 없는 일이든 그저 자기가 좋아하거나 중요하게 생각하는 일만 하면 되고 가족이나 지인 등 주변 사람들과 행복한 시간을 즐기면 됩니다.

결국 인간이 직접 기계를 조작하지 않아도 되는 앰비언트 시대는 인간이 도구를 만들기 이전의 시대와 비슷해지리라 생각합니다. 사람들이 소모적이고 반복적인 일을 하지 않아도 되므로 창의력을 발휘해 혁신에 몰두하고 새로운 가치를 창출하게 만들 것입니다. 그런 창의력이 새로운 도구나 서비스는 물론 새로운 철학이나 가치를 생각해 내는 데 도움을 줄지도 모릅니다. 뉴턴 같은 천재들이 여유로울 때 인류사를 바꿀 수많은 법칙들을 발견해 낸 것처럼 말입니다. 호모 파베르는 단순히 도구를 만들고 이용하는 인간을 말하는 것이 아닙니다. 자아를 실현하기 위해 그 도구들을 적절하게 사용하는 것이 바로 호모 파베르인 것입니다.

앰비언트

초판 1쇄 발행 · 2023년 1월 15일

지은이 · 김학용
펴낸이 · 김동하

편집 · 이주형
펴낸곳 · 책들의정원
출판신고 · 2015년 1월 14일 제2016-000120호
주 소 · (10881) 경기도 파주시 회동길 445, 4층 402호
문 의 · (070) 7853-8600
팩 스 · (02) 6020-8601
이메일 · books-garden1@naver.com
인스타그램 · www.instagram.com/text_addicted

ISBN · 979-11-6416-138-6 (03320)

· 이 책은 저작권법에 따라 보호받는 저작물이므로 무단 전재와 무단 복제를 금합니다.
· 잘못된 책은 구입처에서 바꾸어 드립니다.
· 책값은 뒤표지에 있습니다.

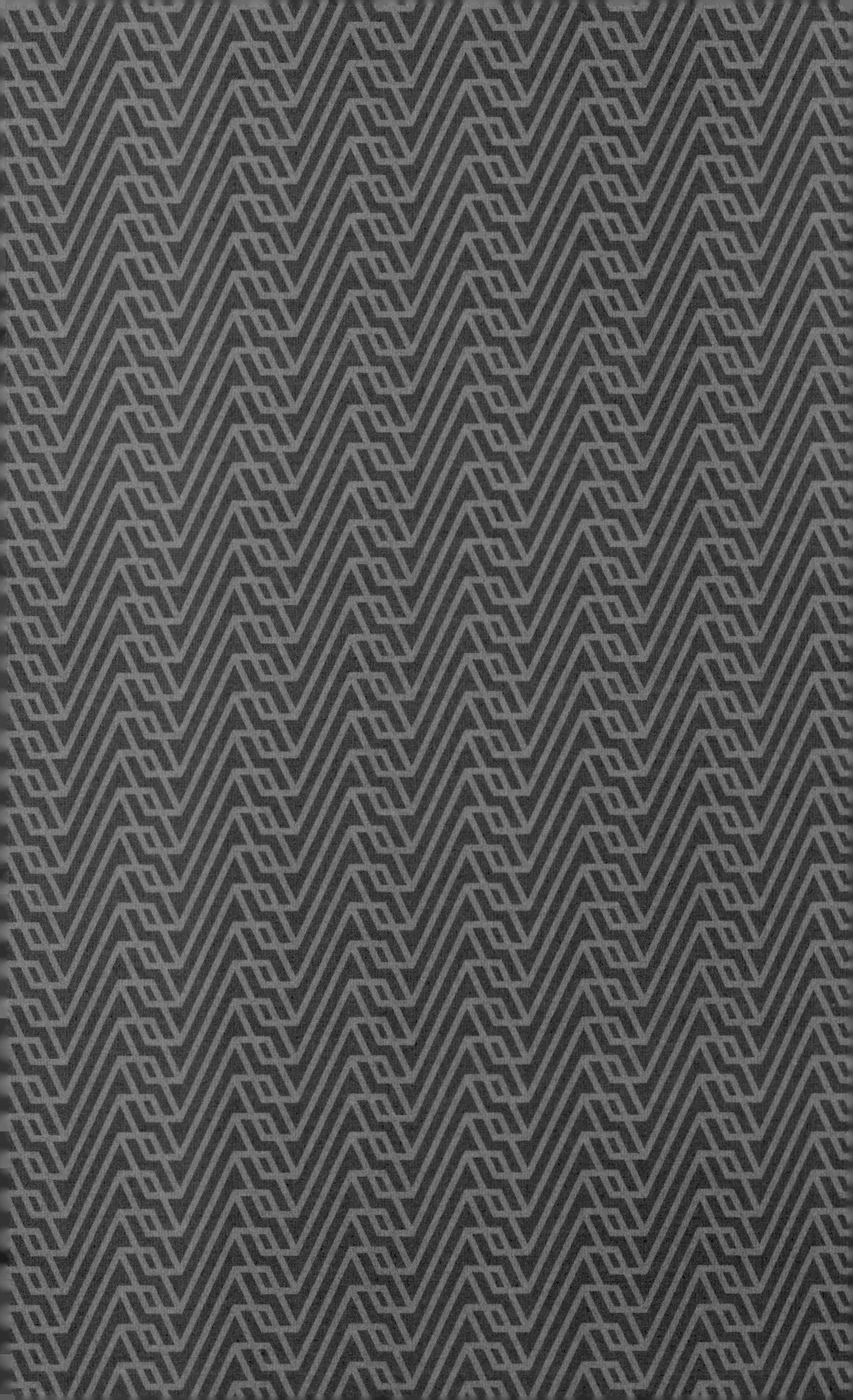